U1003507

天津社会科学院学术著作出版基金资助项目

中国制造业转型升级的实施路径研究

/孙德升　著/

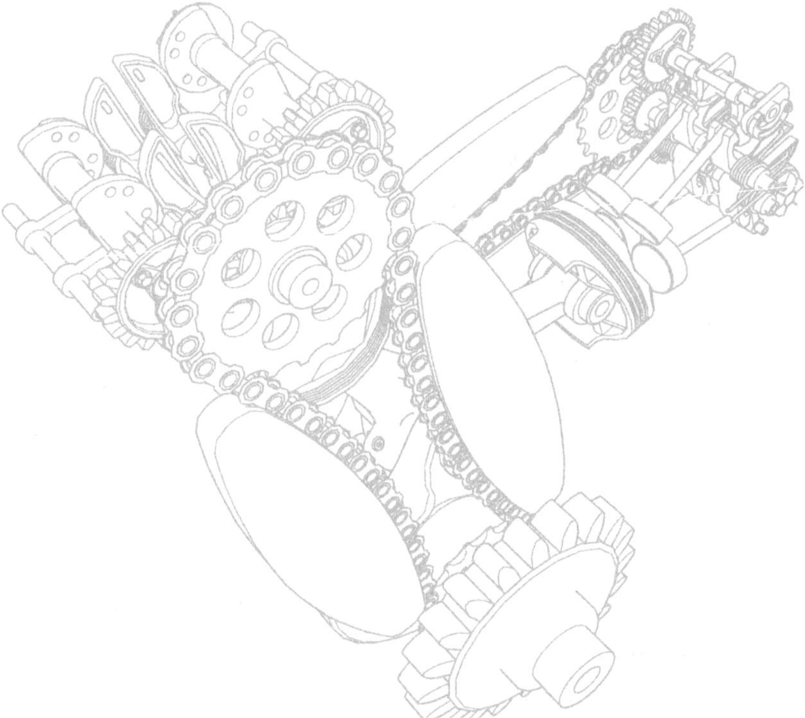

天津社会科学院出版社

图书在版编目（C I P）数据

中国制造业转型升级的实施路径研究 / 孙德升著
. -- 天津 : 天津社会科学院出版社, 2020.9 (2021.7 重印)
ISBN 978-7-5563-0660-2

Ⅰ. ①中… Ⅱ. ①孙… Ⅲ. ①制造工业一产业结构升级一研究一中国 Ⅳ. ①F426.4

中国版本图书馆 CIP 数据核字(2020)第 187161 号

中国制造业转型升级的实施路径研究
ZHONGGUO ZHIZAOYE ZHUANXING SHENGJI DE SHISHI LUJING YANJIU

出版发行：天津社会科学院出版社
地　　址：天津市南开区迎水道 7 号
邮　　编：300191
电话/传真：（022）23360165（总编室）
（022）23075303（发行科）
网　　址：www.tass-tj.org.cn
印　　刷：北京建宏印刷有限公司

开　　本：880×1230　毫米　1/32
印　　张：9.5
字　　数：205 千字
版　　次：2020 年 9 月第 1 版　2021 年 7 月第 2 次印刷
定　　价：68.00 元

版权所有　翻印必究

目 录

第一章 概 述

目前,制造业转型升级已经成为中国实业界和理论界讨论的热点问题之一。作为研究的起点,本章主要在讨论研究背景的基础上提出了研究问题,指出了研究意义,并对具体研究内容、所采取的研究方法和研究思路等做了介绍。

第一节 研究问题的提出

一、研究背景

(一)现实背景

当前,中国经济发展进入新阶段、外资加速撤离中国、欧美国家实施再工业化和第四次工业革命已初现雏形等共同构成了中国制造业转型升级的现实背景。

1. 中国经济进入新的发展阶段

在经过了30多年高速增长之后,中国的经济增长进入了新的发展阶段。在这一阶段,中国经济呈现出一些新的特点。对这些特点,习近平同志在2014年举办的亚太经合组织工商领导人峰会开幕式上及其一系列的讲话中进行了准确地阐释①:

一是中国的经济增长从高速增长阶段进入中高速增长阶段。根据国家统计局统计,2003—2011年中国实际的经济增长率年均达到10.7%,但从2012年开始,经济增长率逐年下滑,到2019年GDP(国内生产总值)增速已经下滑至6.1%,而且估计在未来较长一段时间之内,这一下滑的趋势仍将持续。这一阶段,中国的经济增速虽然放缓,但由于经过30多年高速增长,中国经济体量已今非昔比,实际增量依然非常可观。即使是6%左右的增长,无论是速度还是体量,在全球也是名列前茅的。

二是从规模速度型粗放增长转向质量效率型集约增长。中国过去的增长方式以规模速度型粗放增长为主,这一增长方式很容易产生忽视技术进步、产业结构失衡、收入分配不平衡等一系列问题,很容易落入"中等收入陷阱"。而在新的阶段,中国的经济增长将从规模速度型粗放增长转向质量效率型集约增长,更多依赖国内消费需求拉动,协同推进新型工业化、信息化、城镇化、农业现代化,化解各种"成长的烦恼",使中国经济增长更趋平稳,增长动力更为多元。

三是从要素投资驱动转向创新驱动。习近平同志多次指出,中国原有的主要依靠资源等要素投入来推动经济增长和规模扩张

① 习近平在亚太经合组织工商领导人峰会开幕式上的演讲(全文),新华网2014年11月9日,http://politics.people.com.cn/n/2014/1109/c1001—25999767.html。

的粗放型发展方式是不可持续的，在新的阶段，“必须坚定不移走中国特色自主创新道路，增强创新自信，深化科技体制改革，不断开创国家创新发展新局面，发挥科技创新的支撑引领作用，加快从要素驱动发展为主向创新驱动发展转变”①。

2. 外资制造业从中国向东南亚等地区转移

随着中国经济增速的放缓和劳动力成本的大幅上升，占全球价值链主导地位的跨国公司为了追逐更多的利润，把越来越多的制造企业从中国向越南、印尼、印度、泰国等低成本的东南亚、南亚国家转移。据统计，外商及中国港澳台投资工业企业数量由 2013 年 11 月的 5.72 万家下降至 2019 年 5 月的 4.6 万家，减少了 19.6%，尤其是一些世界著名的制造业企业都在加速撤离中国。例如，阿迪达斯、耐克等国际知名服装品牌和运动品牌均已关停中国境内的直属工厂，为其代工的裕元集团 2015 年大陆的产量占比由前几年的 50%以上下降至 25%，已经低于越南（占比 42%）和印尼（占比 32%）的产量；全球硬盘生产巨头希捷科技宣布关闭苏州工厂，并将产能整体迁移到泰国，三星也已宣布了工厂迁徙计划。外资制造业的外迁已经对中国的就业产生了较大影响，截至 2017 年底，中国外资企业就业人数由 2013 年的 2963 万人下降至 2530 万人，四年间累计降幅达到 14.6%，造成了数百万中国制造业工人失业。

① 慎海雄：《以“创新驱动”引领实现“中国梦”》，《新华每日电讯》2013 年 3 月 8 日。

3. 欧美发达国家积极实施再工业化战略

2008年全球金融危机的爆发，使得很多欧美发达国家重新认识了工业在经济中所发挥的重要作用，他们意识到，没有制造业的支持，服务业的发展也难以为继，于是，他们纷纷开始实施再工业化战略。英国自2008年开始，提出了一系列制造业发展计划，并出台《英国先进制造领域一揽子新政策》《绿色经济转型计划：政府和企业合作》等政策，以帮助英国重新振兴制造业。德国则在2013年正式发布“工业4.0”战略，力图通过引领第四次工业革命来进一步巩固自己在制造业的领先地位。日本则推出《应对日元升值综合经济对策》《工业强国计划（2011—2014）》等政策来大力发展制造业。

4. 第四次工业革命雏形初现

人类工业的发展已经经历了三次工业革命：蒸汽技术革命、电力技术革命和信息技术革命。随着移动互联网、智能技术、新能源等新技术的出现，第四次工业革命的雏形已经悄然出现。移动互联技术的蓬勃发展，使得互联网与传统行业出现了不断融合的趋势，滴滴打车、共享单车、网络外卖等新的商业模式不断出现，“互联网+”成了重要的发展趋势。随着煤炭、石油、天然气等传统能源的逐渐枯竭和对环境的危害日益严重，太阳能、生物质能、风能、地热能等绿色环保的可再生能源技术越来越受到重视和欢迎，新能源技术的不断突破促进了第四次工业革命的发生。而物联网、大数据、云计算等智能技术的出现，使得智能机器人大范围替代人工成为可能，无人工厂、智能制造逐渐成为一种新的生产方式。而当前的这些变化，仅仅是第四次工业革命的初步体现，随着新技术的不断涌现，新的工业革命将会展现出越来越大的魅力，出现越来越多无法想象的、新的商业模式、生产方式和产业。

（二）理论背景

1. 制造业转型升级问题渐成国内研究热点

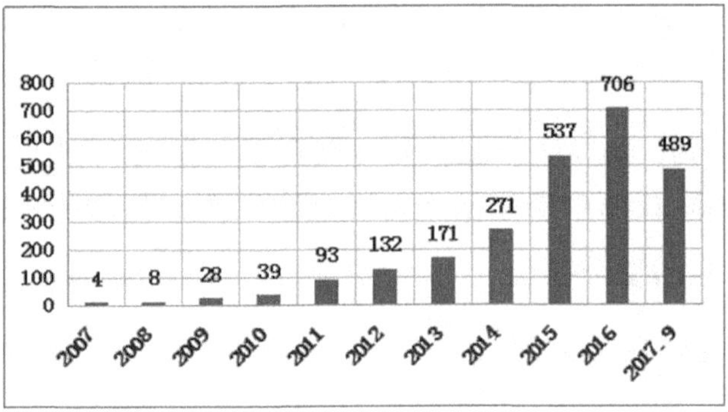

图 1.1　以“制造业转型升级”为主题的知网文献搜索

近年来，中国制造业转型升级问题渐成研究热点。以“制造业转型升级”为主题通过知网进行搜索，可以发现从 2007 年至 2017 年 9 月 19 日，共有相关文献 2478 篇，其中大部分文献都发生在 2012 年以后，尤其是近年来相关文献呈现出越来越多的趋势（如图 1.1 所示）。

2. 制造业转型升级理论研究总结与述评

总体来看，国内外学者对制造业转型升级的研究主要集中在以下三个方面：一是对“制造业”和“转型升级”的概念进行界定，他们出于各自的研究目的，对“什么是制造业”“什么是转型升级”等概念做出了自己的界定；二是对制造业转型升级的理论基础进行研究，比较优势理论、全球价值链理论、生命周期理论、技术创新理论、产业转型升级理论、企业核心竞争力理论等多个理论被引入了制造业转型升级的研究中；三是对制造业转型升级实施路径进行研究，例如 Bibeault(1982)提出企业转型升级的类型可以分为五种，即管理模式转型、商业模式转型、竞争环境转型、产品创新转型和政府政策推动转型，[①]Humphrey 和 Schmitz(2001)则将企业转型升级的具体实施路径分为四种：转行、转轨、创新和整合[②]，而很多国内学者将 1992 年施振荣提出的微笑曲线看作企业转型升级的普遍性理论，认为中国制造业应该通过向附加值高的价值链两端攀升来实现转型升级[③]。

二、研究问题的提出

(一)中国制造业亟待转型升级

制造业是中国的立国之本、兴国之器、强国之基。经过数十年的快速发展，中国制造业规模已经连续 9 年蝉联世界第一，成为支撑中国经济，乃至世界经济发展的重要力量。但与日、德等经济发达国家相比，中国制造业仍然存在着大而不强、自主创新能力弱、产业结构不合理、质量效益差等明显问题。2015 年武汉大学学者

---

① Bibeault D. B. ,"Corporate Turnaround,Mcgraw—Hill,"1982.

② Humphrey,J. H. ,"Schmitz:Governance in global value chains,"*IDS Bulletin*,2001,32(3)；孙德升：《天津市万企转型升级的实施路径探析》，《中国商论》2014 年第 21 期。

③ 余建形、徐维祥、楼杏丹：《"微笑曲线"和高技术产业发展》，《经济问题探索》2005 年第 9 期；吴敬琏：《向"微笑曲线"两端延伸》，《新经济导刊》2010 年第 8 期。

的一项研究成果表明，中国制造业质量竞争力仅为0.26，在所比较的15个国家中，仅比印度(0.18)、泰国(0.24)略高，排名倒数第三，与瑞士(0.92)、瑞典(0.83)、日本(0.80)、德国(0.68)的制造业质量竞争力差距极大。究其原因，学者们认为："我国的制造业产品质量水平不高，导致市场竞争力不强，从而使得产品的利润率较低，处于价值链的低端。"①因此，中国制造业亟待转型升级。

(二)研究问题的提出

然而，中国制造业到底应该如何进行转型升级，应该选择什么样的实施路径，成为长期困扰实业界和理论界的重大难题。在各地政府的支持下，实业界也进行了一些有益的尝试，如辽宁省制定出台传统工业转型升级实施方案、河北省实施了工业转型升级攻坚行动、天津市实施了万企转型升级行动计划等，但从实施效果来看，整体收效甚微，与预期差距较大，中国制造业的转型升级任重而道远。

如前所述，理论界也对中国制造业的转型升级进行了大量研究，取得了较为丰富的成果。然而，尽管已经有了大量关于制造业转型升级的研究文献，但这些文献提出的制造业转型升级策略大同小异，对中国制造业转型升级的实际支持作用并不大，这也是中国制造业转型升级成效不佳的重要原因之一。因此，中国制造业要实现转型升级必须突破原有理论的束缚，寻求新的理论支撑。基于此，本书将对中国制造业转型升级的实施路径进行研究，冀望

① 《报告:中国制造业产量全球第1 整体竞争力仅第13》，http://money.163.com/15/0424/13/ANVJT7V000252G50.html。

能够在理论上和实践上更好地指导中国制造业的转型升级。

本书将主要回答以下几个问题：

问题1：支持制造业转型升级的理论都有哪些？这些理论的主要观点和理论基础是什么？它们是怎么支持制造业，尤其是中国制造业转型升级的？

问题2：发达国家的制造业是如何进行转型升级的？它们在转型升级过程中有哪些经验和启示可供我们借鉴？

问题3：中国制造业转型升级的实施路径到底有哪些？能否提出更适合中国国情的新的支持理论？所提出的新理论能否在实践中得到支持？在新的理论指导下，如何推动中国制造业实现转型升级？

问题4：当前，中国各级政府在推动制造业转型升级过程中已经出台了很多政策，也做了大量工作，那么，当前中国在推动制造业转型升级中存在哪些问题，该采取什么样的政策举措？

三、研究目的与研究意义

（一）研究目的

研究目的主要有三个：一是利用理论与实践相结合的方法研究更适合中国制造业转型升级的实施路径，以帮助和支撑中国制造业早日实现转型升级；二是突破已有转型升级理论研究的局限，提出更适合中国国情的、新的支持中国制造业转型升级的理论；三是根据本研究所提出的新理论提出具有针对性的政策建议，为中国制造业的转型升级提供良好的政策环境。

（二）研究意义

本书在理论与现实两方面均具有十分重要的意义。

从理论角度看，本书的价值主要体现在将有助于深化企业转型升级，尤其是制造业转型升级的相关研究。企业转型升级，尤其是制造业的转型升级一直是经济学和管理学研究的热点问题之一，很多管理学和经济学的理论被引入研究中。本书拟突破传统的理论，提出支持制造业转型升级的新的理论模型，为传统的企业转型升级理论和制造业转型升级理论研究提供新的研究思路，进一步丰富已有的相关理论研究。

从现实角度看，本书具有两方面的意义：一方面，本书的最大价值在于能够为中国制造业实现转型升级提供重要的理论支持。中国制造业到底如何实现转型升级，选择什么样的转型升级路径，一直是困扰中国理论界和实业界的重大难题，本书将有助于解决这一难题，帮助中国制造业真正实现转型升级。另一方面，本书有助于政府相关部门制定更有效的支持政策，进一步提高政府在支持制造业转型升级方面的决策质量。

第二节　研究思路与研究方法

一、研究思路

研究思路是对课题研究的规划设计与具体安排，本书的整体研究思路如图 1.2 所示：

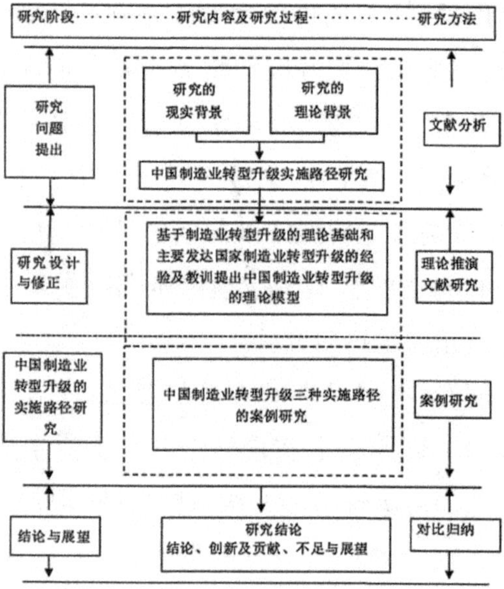

图 1.2　本书的整体研究思路

二、研究方法

根据上述研究思路，本书采用了理论与实践相结合的多种研究方法，具体包括以下两种：

1. 文献研究

文献研究是一切研究的基础和起点，通过对国内外文献进行研究，能够帮助人们更清楚地了解研究主题的研究现状和存在的主要问题，寻找到理论和实践的研究机会。本书主要通过以下渠道搜集相关文献：一是以“制造业转型升级”为主题词搜索知网、维普、万方、人大复印资料、超星数字图书馆、中国数字图书馆、EBSCO、JSTOR、PQDD、Emerald、Springer Link、ScienceDirect 等国内外的电子数据库;二是通过国家图书馆、南开大学图书馆、中国科学技术发展战略研究院资料室、天津社会科学院图书馆等查阅电子数据库中未收录的以"中国制造业转型升级"为主题的学术期刊和专著;三是搜集各种会议论文集,寻找与研究主题相关的还没有正式发表的相关论文;四是通过百度学术搜索、谷歌学术搜索等搜索引擎来搜集上述渠道未发现的相关学术论文和专著;五是从国务院、发改委、工信部、科技部等政府官方网站搜集各种支持中国制造业转型升级的政策资料。

2. 案例研究

案例研究是重要的实证研究方法之一,通过对典型案例的具体分析,来进行理论构建和理论解释。案例研究这一方法对本书的研究主题尤为适用。本书在研究中国制造业转型升级的具体实施路径过程中,主要采用了这一研究方法。首先根据提出的理论框架,选择合适的案例,并通过文件、档案纪录、实地访谈等多种方法搜集案例素材,并对这些素材进行分析、整理,最终形成了中国制造业转型升级的三种实施路径的案例材料。

第三节 研究内容与章节安排

一、研究内容

本书主要就以下内容进行重点研究：

1. 中国制造业转型升级的理论研究

作为近几年的研究热点，中国制造业转型升级受到很多学者的关注。比较优势理论、全球价值链理论、企业生命周期理论、技术创新理论、微笑曲线理论等多种经济学和管理学的相关理论被引入制造业转型升级的研究中。本书对相关文献进行了仔细梳理，并结合中国的实际情况及西方发达国家制造业转型升级的经验教训，从中找到了研究机会，并利用理论推演的方法进行重大的理论创新，提出了更符合中国实际的支持中国制造业转型升级的新理论。

2. 中国制造业转型升级的实施路径研究

这一部分是本书的研究重点，主要基于所提出的中国制造业转型升级新理论——新微笑曲线理论，指出中国制造业转型升级的三种基本实施路径，利用案例研究的方法，对所提出的理论和三种具体实施路径进行验证，从而证明了所提出理论的正确性和适用性，同时指出每一种转型升级实施路径的具体适用条件、主要不足，并提出一些关于中国制造业转型升级的创新性观点。

3. 中国制造业转型升级中存在的主要问题与政策建议

根据本书所得出的研究结论，认真查摆中国各级政府在推动制造业转型升级中所存在的主要问题，并有针对性地提出了支持中国制造业转型升级的政策建议。

二、章节安排

基于上述研究内容，本书共分为八章，各章之间的逻辑关系与相对应的研究问题如图 1.4 所示。各章的主要内容为：

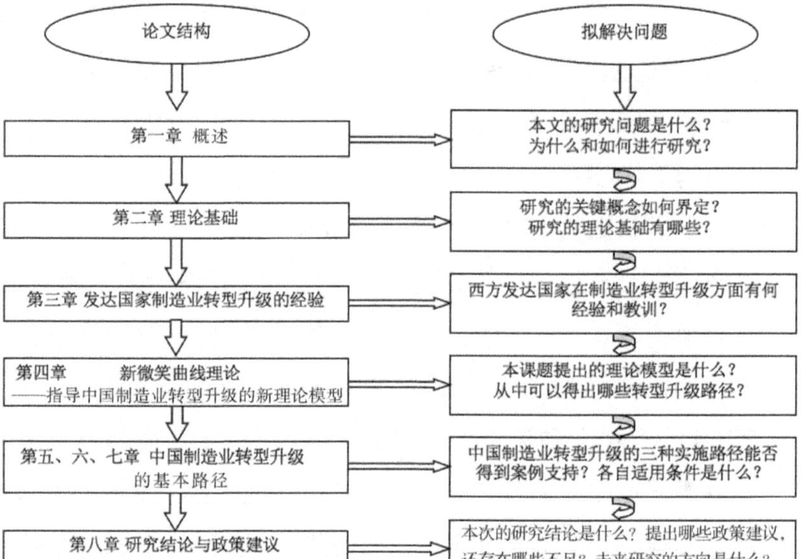

图 1.4 本书章节安排及逻辑关系图

第一章为概述。主要通过考察中国制造业转型升级在理论上和实践中两方面的研究背景，提出了本书的研究问题，确定了主要研究思路和采用的主要研究方法，介绍主要的研究内容，并对本书的整体结构进行说明。

第二章为理论基础。主要对中国制造业转型升级的一些重要概念，如“制造业”“转型升级”等做了界定，并对比较优势理论、全球价值链理论、生命周期理论、技术创新理论等支持中国制造业转型升级的多种相关理论和研究成果做了系统性介绍，为本书理论模型的提出奠定了理论基础。

第三章为发达国家制造业转型升级的经验。主要介绍了日本、德国等发达国家的制造业转型升级历程，从中找出了可供中国制造业转型升级借鉴的经验和启示，为深入研究中国制造业的转型升级问题提供参考。

第四章为新微笑曲线理论——指导中国制造业转型升级的新理论模型。主要通过理论推演的方法，突破已有理论的束缚，提出了本书的理论模型——新微笑曲线理论，并对这一新的理论模型进行了讨论，从中指出中国制造业转型升级的三种基本路径。

第五章、第六章和第七章为中国制造业转型升级的三种基本路径。主要通过多样本案例研究的方法对中国制造业转型升级的三种基本实施路径进行了分析，验证所提出的新微笑曲线理论，并探讨每种实施路径的具体适用条件。

第八章为结论与政策建议。首先，总结、提炼了本书的研究结论，指出了中国在制造业转型升级中存在的主要问题，并提出了针对性的政策建议;其次,指出了本书的主要创新点、理论和实践上的主要贡献;最后,指出了本书存在的研究局限以及未来可能的研究方向。

第二章 理论基础

本章主要对中国制造业转型升级的相关科研成果进行文献研究，寻找理论渊源，为下一步的研究提供重要支持。本章首先对几个研究中的重要概念进行了界定，为下一步顺利开展研究奠定基础；然后，对比较优势理论、全球价值链理论、生命周期理论、技术创新理论等支持制造业转型升级的重要理论进行了介绍、回顾和评述。

第一节 关键概念的界定

对研究中的关键概念进行准确界定有助于明确研究边界和顺利开展研究，是一切研究的起点。本书的关键概念主要有两个："制造业"和"转型升级"，下面将结合已有研究对这两个概念进行界定。

一、制造业

在以往的研究中，大部分学者通常采用国家统计局颁布的《国民经济行业分类(GB/T 4754—2017)》中关于制造业的定义："经物理变化或化学变化后成为新的产品，不论是动力机械制造或手工制作，也不论产品是批发销售或零售，均视为制造；建筑物中的各种制成品、零部件的生产应视为制造，但在建筑预制品工地，把主要部件组装成桥梁、仓库设备、铁路与高架公路、升降机与电梯、管道设备、喷水设备、暖气设备、通风设备与空调设备，照明与安装电线等组装活动，以及建筑物的装置，均列为建筑活动；本门类包括机电产品的再制造，指将废旧汽车零部件、工程机械、机床等进行专业化修复的批量化生产过程，再制造的产品达到与原有新产品相同的质量和性能。"[①]根据这一分类标准，制造业可具体细分为 31 个大类，详见表 2.1。

表 2.1　中国制造业细分行业大类

行业代码	细分行业名称
C13	农副食品加工业
C14	食品制造业
C15	酒、饮料和精制茶制造业
C16	烟草制品业
C17	纺织业

① 国家统计局:《国民经济行业分类(GB/T 4754—2017)》http://www.stats.gov.cn/tjsj/tjbz/201709/t20170929_1539288.html。

续表

行业代码	细分行业名称
C18	纺织服装、服饰业
C19	皮革、毛皮、羽毛及其制品和制鞋业
C20	木材加工和木、竹、藤、棕、草制品业
C21	家具制造业
C22	造纸和纸制品业
C23	印刷和记录媒介复制业
C24	文教、工美、体育和娱乐用品制造业
C25	石油、煤炭及其他燃料加工业
C26	化学原料和化学制品制造业
C27	医药制造业
C28	化学纤维制造业
C29	橡胶和塑料制品业
C30	非金属矿物制品业
C31	黑色金属冶炼和压延加工业
C32	有色金属冶炼和压延加工业
C33	金属制品业
C34	通用设备制造业
C35	专用设备制造业
C36	汽车制造业
C37	铁路、船舶、航空航天和其他运输设备制造业
C38	电气机械和器材制造业
C39	计算机、通信和其他电子设备制造业
C40	仪器仪表制造业

续表

行业代码	细分行业名称
C41	其他制造业
C42	废弃资源综合利用业
C43	金属制品、机械和设备修理业

此外，随着科技创新和各类新技术在制造业中的运用，一些学者还提出了“新型制造业”的概念，李廉水、杜占元（2004，2005）认为，新型制造业是指那些“依靠科技创新、降低能源消耗、减少环境污染、增加就业、提高经济效益、提升竞争能力，能够实现可持续发展的制造业”①。他们认为，与传统的制造业相比，新型制造业的内涵主要体现在以人为本、科技创新、环境友好、面向未来四个方面，具有“生产方式由单一产品的大规模、标准化生产向小批量、多品种生产转变”“增长方式由依靠资源等要素投资投入驱动向创新驱动、降低能耗、保护环境、提高效益等方面转变”“发展观由粗放化、规模化向集约化、可持续发展转变”三大突出特征。②

本书主要研究中国制造业的转型升级问题，研究对象更多的是传统制造业，并不需要对传统制造业和新型制造业进行严格区分，因此本书采用绝大多数研究者所采用的国家统计局颁布的《国民经济行业分类（GB/T 4754—2017）》中的定义，在这一定义中，既包括传统制造业，也包括新型制造业。

① 李廉水、杜占元：《“新型制造业”的概念、内涵和意义》，《科学学研究》2005 年第 2 期。

② 李廉水、杜占元：《“新型制造业”的概念及评价指标体系研究》，第七届中国科学技术指标学术研讨会论文集，北京，2004。

二、转型升级

“转型升级”是本书的核心概念，需要对其进行准确界定才能更好地进行后续研究。一些学者将“转型升级”分为“产业转型升级”和“企业转型升级”两个不同的概念，但在本书中，并没有将两者做明显的区分，而是将之视为同一个概念，因为笔者认为制造业的转型升级必须通过具体制造企业的转型升级来实现，从这种意义上来说，制造业的转型升级实际上就是制造企业的转型升级，将两者进行区分并无实质意义。

而对于“转型升级”的具体界定，学术界目前还没有一个统一的、被广泛接受的定义，很多学者出于不同的研究目的，从不同的研究角度对其做了不同的界定。一些学者将“转型”和“升级”视为两个不同的概念。例如，林佩君（2002）认为“转型”是指一个产业或者一家企业从原有的核心技术或者经验领域跨入到一个新的核心技术或者新的经验领域而重新获得竞争优势，“升级”则是指一个产业或者一家企业通过进一步提升已经有的核心技术或者经验而获得新的竞争优势。① 吴家曦和李华燊（2009）则将“转型”界定为两种完全不同状态之间的转换，如企业从原有产业进入一个新的产业（即转行），再如，企业通过新的商业模式、管理转型等实现发展模式的转换（即转轨）；将“升级”界定为企业通过开发新产品、打造品牌等创新和整合手段实现产业链上的位置提升的过程，即

① 转引自代宏坤《企业转型研究进展》，《生产力研究》2008 年第 8 期。

企业从传统的劳动密集型迈向技术密集型和资本密集型的过程。①

还有一些学者并没有将“转型”和“升级”视为两个不同的概念，而是将“转型升级”视为一个整体概念。例如，Levy 和 Merry (1988)将企业的转型升级视为为了可持续发展，对公司使命、发展目标、组织结构、企业文化等进行的全面彻底的变革。② Poon (2004)提出转型升级就是经济角色转移的过程，制造商成功地从生产劳动密集型低附加值产品，向生产资本或技术密集型高附加值产品转变。③ 毛蕴诗等(2015)认为转型升级是企业面临生存危机、突破现状时的一种手段，通过持续不断的改革，迫使领导者思考未来的经营方向，为组织注入新的活力，让企业更具竞争力与应对环境转变的弹性。④

无论是“转型”还是“升级”，都是帮助一个产业或者企业克服经营困难，重新获得竞争优势的过程，因此本书认为应将“转型升级”视为一个整体概念，将“制造业转型升级”定义为“制造产业或者制造企业在遭遇困境时，采取多种手段，包括对原有核心技术进行科技创新，不断推出新技术和新产品，从原有经验领域进入一个新的经验领域，从而获得持续竞争优势的连续行为或者持续过

① 吴家曦、李华燊：《浙江省中小企业转型升级调查报告》，《管理世界》2009 年第 8 期。

② Levy A, Merry U. , “Organizational Transformation: Approaches, Strategies, and Theories,” *Administrative Science Quarterly*, 1988, 33(3), p. 471.

③ Poon T S C. , “Beyond the Global Production Networks: a Case of Further Upgrading of Taiwan's Information Technology Industry,” *International Journal of Technology and Globalisation*, 2004, 1(1), pp. 130—144.

④ 毛蕴诗、张伟涛、魏姝羽：《企业转型升级：中国管理研究的前沿领域——基于 SSCI 和 CSSCI(2002—2013 年)的文献研究》，《学术研究》2015 年第 1 期。

程”。从这一定义可知,制造业或者制造企业的转型升级不是一个行为,而是多个行为的集合;制造业或者制造企业的转型升级也不是到某一个时间点或者取得了一定的成效就说明企业已经成功完成转型升级,而是一个不断进行的持续过程。从这个意义上说,制造业或者制造企业的转型升级就是产业或者企业永续经营,不断获取持续竞争优势的过程。

第二节　主要理论基础

作为研究热点,中国制造业转型升级受到很多学者的关注。比较优势理论、全球价值链理论、生命周期理论、技术创新理论等多种经济学和管理学的相关理论被学者引入制造业转型升级的研究中。本节将对这些理论一一进行梳理,为下一步的研究奠定基础。

一、比较优势理论

1. 比较优势理论及其发展

学术界一般将亚当·斯密在《国富论》中所提出的绝对优势理论看作比较优势理论的最早起源。亚当·斯密认为,如果一个国家在生产某种产品时拥有绝对优势,即成本绝对低于他国,它就可以利用这一优势,通过生产和出口这一产品来交换本国所需要的、本国不具有绝对成本优势的、他国生产的其他产品,从而能够帮助两个国家都能获得更大的收益。[①] 例如,甲国生产A产品的成本是每单位1美元,生产B产品的成本是每单位2美元,而乙国生产A产品的成本是每单位2美元,生产B产品的成本是每单位1美元,如果两个国家不进行贸易,甲国和乙国生产一单位A产品和一单位B产品的成本均为3美元,而如果甲国只生产其拥有绝对成本优势的A产品,乙国只生产其拥有绝对成本优势的B产品,通过国际贸易交换本国不生产的产品,那么在不考虑交易成本的情况下,甲国和乙国获得一单位A产品和一单位B产品的成本均为2美元,较贸易前降低1美元,甲乙两国都从中获得了收益。

然而,绝对优势理论无法解释如果某一国家的所有产品都拥有绝对优势情况下为什么还会存在国际贸易这一现象,于是,大卫·李嘉图提出了比较优势理论。他认为,国际贸易之所以存在,在于不同的国家之间存在着不同的比较优势。即使一个国家在两种产品上都具有绝对劣势,但只要它在这两种产品上的劣势存在较大差异,它也在劣势较轻的产品方面具有一定的比较优势,从而能够通过国际贸易,出口其具有比较优势的产品,进口具有比较劣势的产品而从中获益。他认为,国家间的贸易应该遵循"两利相权取其重和两害相权取其轻"的原则,各自生产出口其具有比较优势的产品,从而实现互惠互利。[②]

后来,赫克歇尔和俄林在大卫·李嘉图的比较优势理论基础上提出了要素禀赋论,即H·O理论(Heckscher·Ohlin theory)。

---

① [英]亚当·斯密著,谢宗林、李华夏译:《国富论》,中央编译出版社2013年版。

② [英]大卫·李嘉图著,周洁译:《政治经济学及赋税原理》,华夏出版社2013年版。

这一理论用生产要素的丰缺来解释国际贸易的产生和一国的进出口贸易类型，认为要素禀赋的不同是国际贸易产生的根本原因。俄林认为，一个国家的要素禀赋对其比较优势有重要影响，如果一个国家某种生产要素丰富，其价格自然便宜，利用这种生产要素所生产的产品就具有比较优势，有利于出口；而如果某种生产要素比较稀缺，其价格就高，利用这一要素所生产的产品就具有比较劣势，不利于出口。因此，各国应尽可能利用供给丰富、价格便宜的生产要素，生产廉价产品输出，以交换别国物美价廉的商品。

然而，上述比较优势理论多是基于静态的分析，忽略了各国的比较优势实际上不是一成不变的，而是会发生变化的，因此，一些学者提出了动态比较优势理论。日本经济学家小岛清(Kiyosh Kojima)认为，一个国家原先具有比较优势的产业会随着时间的变化而逐渐丧失比较优势，甚至有可能会沦为比较劣势，而同时这一产业却可能在别的国家具有比较优势或者潜在的比较优势。所以，这个国家可以将这一产业从本国通过海外投资转移到具有比较优势或者潜在比较优势的国家。陈伟(2010)认为，一国应该在本国大力发展比较优势产业，而将那些比较劣势产业通过国外直接投资(FDI)或海外经营转移到其他国家进行，在比较优势产业不断变化、转移的过程中实现遵循传统比较成本原则的产业结构升级。[①] 筱原三代平则认为，一个国家不应简单按照传统比较优势参与国际分工进行国际贸易，而应该从长远角度出发，充分发挥政府在产

① 陈伟:《比较优势理论与我国出口制造业发展及产业结构升级策略新析》，华东政法大学2010年硕士学位论文。

业政策方面的主导地位，利用产业政策来保护本国的“幼稚”产业，大力支持科技密集型和资本密集型产业的发展，通过产业结构的升级来不断建立动态比较优势。①

贝拉·巴拉萨(Bela Balassa)则提出了比较优势阶梯理论。他将处于不同发展阶段的国家划分为发达国家、新兴工业化国家、次级新兴工业化国家和地区、其他发展中国家和地区四个由高到低的不同阶梯，认为尽管比较优势在各国客观存在，但并不是静态的、一成不变的，比较优势会随着物质资本、人力资本的相对密集使用程度而不断变化。因此，各阶梯国家应该分别按照比较优势原则生产并进行国际贸易，而且通过这一过程进行生产要素积累，形成规模效应、学习效应，逐步提升本国的科技水平和劳动生产率，在上述积累达到质变时，该国就可以从低层阶梯国家进入高一级的阶梯国家，发展新的比较优势产业，而把沦为比较劣势的产业转移给低层级的阶梯国家。

杨小凯则进一步将比较优势分为内生比较优势和外生比较优势两大类，指出外生比较优势是在给定技术和禀赋差异的基础上由自然条件所产生的比较优势，而内生比较优势则是指通过技术创新或者专业学习与经验积累人为创造的比较优势。他认为，如果一国接受外生比较优势的观点，就会导致贸易产品、方向和格局的静态化，最终导致发生低端产业锁定效应，而如果接受内生比较优势的观点，则会帮助该国通过专业化学习和科技创新不断创造

① 陈伟：《比较优势理论与我国出口制造业发展及产业结构升级策略新析》，华东政法大学2010年硕士学位论文。

出新的比较优势，从而成为贸易发展和经济增长的持续不断的源泉。

2. 比较优势理论与中国制造业的转型升级

比较优势理论为制造业的转型升级提供了重要的理论支持，很多学者主张应该按照比较优势原则发展中国制造业。林毅夫(2002)认为，加入世贸组织之后，只要中国能够按照比较优势原则来调整中国境内的制造业，善于利用外国的资本来辅助中国资本的不足，对于中国制造业而言机遇将远大于挑战。① 国务院发展研究中心的陈清泰曾就中国入世后国家发展战略问题发表看法，认为中国劳动密集型加工制造业有极强的比较优势。②

一些学者以比较优势理论作为理论基础，以实证研究的方法来探究中国制造业的比较优势。张海波(2006)从净出口额和净出口率分析了中国制造业的比较优势，认为总体上中国制造业的比较优势主要分布在劳动密集型行业中，而且这种比较优势在短期内不会有太大的改变。③ 耿伟、战楠(2006)采用独立随机增量过程马尔可夫链的方法对中国 149 个制造业行业的比较优势动态变迁进行实证分析，结果显示：产业比较优势的各个状态均以较高的概率保持在原有状态，由此反映出中国制造业的比较优势模式和专业化分工模式的演变具有固化性的特征。④ 廖涵等(2016)运用“投入—产出”模型及有关方法，基于出口增加值的视角对垂直专业化

① 林毅夫：《按比较优势调整中国制造业》，《领导决策信息》2002 年第 18 期。
② 陈清泰：《我国劳动密集型加工制造业有极强比较优势》，《包装世界》2002 年第 1 期。
③ 张海波：《中国制造业的比较优势与发展战略》，《统计与决策》2006 年第 12 期。
④ 耿伟、战楠：《中国制造业比较优势变迁的实证分析》，《现代财经》2006 第 12 期。

分工和贸易下中国制造业14个部门的比较优势及要素含量进行了实证研究，发现中国制造业劳动密集型部门的比较优势得到巩固，而部分资本、技术密集型部门已经具有了一定的比较优势，另一些部门的比较劣势则得到了改善。① 杨永华（2013）实证分析了不考虑和考虑国际分割生产的两种情况下中国制造业比较优势的变化，结果表明随着中国参与国际分割生产，中国制造业具有出口比较优势的行业增多了，特别是高技术含量行业的比较优势上升了。而分离了国际分割生产导致的贸易后，中国制造业的出口比较优势明显下降。②

另外一些学者直接运用比较优势理论对中国制造业的转型升级进行了研究。例如，高敬峰（2008）基于要素禀赋理论对中国制造业的比较优势和产业结构升级进行了研究，发现虽然劳动密集型行业仍是比较优势的主导行业，但部分资本相对密集的行业也正成为比较优势行业或其比较劣势在减小，中国制造业出口结构与生产结构相关程度的不断提高，为中国制造业通过比较优势引导产业结构调整奠定了坚实的基础。他还从长期动态角度提出了中国制造业利用比较优势实现产业结构升级的循环封闭路径：要素禀赋→比较优势→产业结构→产出→储蓄→资本积累→要素禀赋，并提出了“继续发挥比较优势，积极参与国际分工”，“改善物质资本和人力资本积累状况”，“融入产品内国际分工并提升在分工

① 廖涵、谢靖、范斐：《基于出口增加值的中国制造业比较优势研究》，《宏观经济研究》2016年第10期。

② 杨永华：《国际分割生产条件下的我国制造业比较优势分析》，《国际贸易问题》2013年第1期。

中的地位”，三大推动中国制造业转型升级的举措。[①] 王福君(2009)以辽宁省为例研究了比较优势演化和装备制造业升级的问题，提出了辽宁省装备制造业升级应该选择技术创新推动模式、产业集群发展模式和外向带动发展模式一体化的发展路径，并提出了三种模式下的具体对策以及制度对策。[②]

此外，还有一些学者利用比较优势理论研究了中国地方制造业的转型升级问题。李跃、蒙永胜(2014)以新疆为例，研究了比较优势与地区制造业升级研究问题，发现新疆维吾尔自治区制造业升级“困境”的根源在于选择了优先发展资源依赖型产业，而忽视了提升自身的比较优势。[③] 岳琪琳(2010)对比较优势演化中的河北省装备制造业升级路径与对策进行了研究，提出河北省装备制造业升级应该选择技术创新推动模式、产业集群发展模式一体化两种发展路径。[④] 高敬峰(2009)对山东制造业比较优势与产业结构升级进行了探讨，发现山东制造业各行业在 1997—2006 年间的进出口贸易及其比较优势状况发生了较大变化，其出口结构和生产结构的相关程度在逐渐提高，以资本自主积累为基础的比较优势内生变化机制在山东制造业产业结构升级过程中发挥着积极作

① 高敬峰:《中国制造业比较优势与产业结构升级研究》,山东大学 2008 年博士学位论文。

② 王福君:《比较优势演化与装备制造业升级研究——基于辽宁省的实证研究》,东北师范大学 2009 年博士学位论文。

③ 李跃、蒙永胜:《比较优势与地区制造业升级研究——以新疆为例》,《企业经济》2014 第 4 期。

④ 岳琪琳:《比较优势演化中的河北省装备制造业升级路径与对策分析》,《经济论坛》2010 年第 7 期。

用。[①] 冯梅(2013)则对上海制造业比较优势演化与转型升级的路径进行了研究,发现资本和技术是近 10 年来上海制造业的比较优势的主要来源,并提出了推动上海制造业转型升级的具体实施路径:“进一步丰富和完善要素禀赋结构、大力改善和提高要素配置效率、优化产业链分工和功能升级和与周边地区形成合理分工。”[②]

二、全球价值链理论

1. 全球价值链理论

全球价值链理论是在波特的价值链理论上发展起来的。波特(1985)在其《竞争优势》一书中提出了价值链的概念,他认为可以将企业看作研发设计、生产制造、产品销售、内外部物流、售后服务等基本活动和企业基础设施、人力资源管理、原材料采购等辅助活动构成的集合体,而这些互不相同而又相互关联的活动分别产生了不同的价值,共同构成了价值增值链,即价值链。[③] 而且,价值链不仅存在于企业内部,而且存在于企业外部。企业的供应商、制造商、销售商,甚至消费者也分别构成了自己的价值链,这些不同的价值链共同构成了一个价值链系统。

Gereffi 进一步发展了价值链理论,他将价值链理论应用到了跨国公司的研究中,发现这些跨国公司的价值链中都存在着某个

① 高敬峰:《山东制造业比较优势与产业结构升级探讨》,《经济与管理评论》2009 年第 2 期。

② 冯梅:《上海制造业比较优势演化与转型升级的路径研究》,《上海经济研究》2013 年第 5 期。

③ [美]迈克尔·波特著,陈小悦译:《竞争优势》,华夏出版社 1997 年版。

领导者，这些领导者可以是生产者或者购买者，他们在整个价值网络中对各个价值环节起着直接或者间接的指挥领导、监督推动作用。在此基础上，他将这些围绕某一产品或者某一商品而形成的某一跨国公司主导的全球制造网络称之为全球商品链，其具有三个突出特征：一是社会结构性，二是特殊适配性，三是地方聚集性。[①] 他还根据领导者的不同将全球商品链划分为两大类：一是以家乐福、沃尔玛等大型零售商，或者耐克、阿迪达斯等著名品牌商等采购者起核心作用的全球商品链，即采购者驱动型商品链；二是以苹果、大众等大型跨国制造商起核心作用的全球商品链，即生产者驱动型商品链。[②]

2001 年，Gereffi 在全球商品链的基础上正式提出了全球价值链的概念，提出了一种基于网络、地理分布和组织特征的全球产业价值创造和分配的分析方法，建立了全球价值链的基本理论框架。[③] 此外，一些国际组织和研发机构也分别对全球价值链的概念进行了界定，如联合国工业发展组织（UNIDO，2002）将全球价值链定义为"在全球范围内为实现商品或服务价值而连接生产、销售、回收处理等过程的全球性跨企业网络组织，涉及从原料采集和运输、半成品和成品的生产和分销，直至最终消费和回收处理的过

① Gereffi, The organization of buyer—driven global commodity chains: How U. S. retailers shape overseas production networks. InGereffi, KorzeniewiczM(eds). Commoditychain-sandglobalcapitalism, *Westport*: *Praeger*, 1994, pp. 95—122.

② 陈柳钦：《全球价值链：一个关于文献的综述》，《兰州商学院学报》2009 年第 5 期。

③ Gereffi, "Beyond the Producer - driven/Buyer - driven Dichotomy The Evolution of Global Value Chains in the Internet Era," *Ids Bulletin*, 2001, 32(3), pp. 30—40.

程。它包括所有参与者和生产销售等活动的组织及其价值利润分配,并通过自动化的业务流程和供应商、合作伙伴以及客户的链接,以支持机构的能力和效率"①。

2. 全球价值链理论与中国制造业转型升级

从全球价值链理论来看,制造业转型升级就是已经嵌入或者尚未嵌入全球价值链的制造产业或者制造企业通过全球价值链来获取技术进步和市场联系,从而提高最终的竞争力,获取更多利润和价值的过程。很多学者利用全球价值链理论对制造业的转型升级问题进行了研究。Gereffi(1999)将制造企业转型升级路径归纳为从委托组装(OEA)到委托加工(OEM)到自主设计和加工(ODM)再到自主品牌生产(OBM)这一不断演进的过程。② Humphrey 和 Schmitz(2002)基于全球价值链理论将制造业转型升级路径总结为四种类型:工艺流程升级、产品升级、功能升级和链条升级。③ 其中,工艺流程升级是指通过整合生产系统或者引入先进技术含量较高的加工工艺而提高投入产出率实现转型升级;产品升级是指引入新产品或者对已有产品进行改善提高其技术含量来实现转型升级;功能升级是对全球价值链中的环节进行重新组合,通过改变制造业在价值链中的位置实现转型升级;链条升级则是指

① United Nations Industrial Development Organization. Competing through innovation and learning— the focusof UNIDO's industrial development 2002/2003, *Vienna*, 2002, pp. 107—116.

② Gereffi, "International Trade and Industrial Upgrading in the Apparel Commodity Chain," *Journal of International Economics*, 1999(48), pp. 187—215.

③ Humphrey J. and Schmitz H., "How does insertion in global value chains affect upgrading in industrial clusters?" *Regional Studies*, 2002, 9(36), pp. 1017—1027.

制造企业从原有的全球价值链条转换到新的全球价值链条中来实现转型升级。

国内很多学者也利用全球价值链理论对中国制造业的转型升级进行了研究。涂颖清(2010)研究了全球价值链下中国制造业的升级问题,对中国制造业在全球价值链中所处位置的原因、中国制造业升级的影响因素、中国制造业升级的路径等问题进行了分析,提出了同一产品分工链上的升级、同一产业内产品结构的升级、不同要素密集度产业间升级多条升级路径。[①] 阚放(2016)基于对外直接投资(OFDI)的角度对推进中国在全球价值链分工中地位升级的路径进行了研究,提出了基于全球价值链的宏观战略、产业发展策略、对外直接投资策略、企业"走出去"策略等多种路径。[②] 曾繁华等(2015)基于全球价值链治理视角,对创新驱动制造业转型升级机理、演化路径进行了深入剖析,提出了推动中国制造业由全球价值链低端环节向高端环节跃迁的实施路径。[③] 邱红、林汉川(2014)以珠三角纺织企业的实证数据,对全球价值链、企业能力与珠三角委托加工(OEM)纺织企业转型升级之间的影响机理和升级路径进行了分析,发现全球价值链驱动下对买方的依赖程度、行业市场集中度以及区域政策环境对委托加工(OEM)企业升级战略选择具有重要影响;而基于企业技术水平、人力资源开发能力和融资

---

① 涂颖清:《全球价值链下我国制造业升级研究》,复旦大学2010年博士学位论文。

② 阚放:《推进中国在全球价值链分工中地位升级的路径研究——基于OFDI的角度》,辽宁大学2016年博士学位论文。

③ 曾繁华、何启祥、冯儒等:《创新驱动制造业转型升级机理及演化路径研究——基于全球价值链治理视角》,《科技进步与对策》2015年第24期。

能力的企业能力则决定了委托加工(OEM)企业的升级路径模式。①

还有一些学者利用全球价值链理论研究了产业集群的转型升级问题,这些研究分为两大类。第一类研究主要通过国外的产业集群升级经验为中国产业转型升级提供借鉴。例如,文婷、曾刚(2003)对意大利、西班牙建筑陶瓷产业集群通过嵌入全球价值链实现集群的升级和发展进行研究,力图探究中国本土建筑陶瓷集群参与全球价值链的转型升级路径。② 张辉、王缉慈(2005)利用全球价值链理论对西班牙鞋业进行了跨越 50 年时空的分阶段、分层次分析,寻求中国地方传统产业的转型升级借鉴。③ 第二类研究则以国内产业集群为研究对象,探寻其转型升级路径。例如,吕文栋等(2005)利用全球价值链理论对中国的青蒿素产业进行了研究,发现中国在青蒿素产业上的"天然"优势并没能有效提升中国青蒿素产业的全球竞争能力,在青蒿素产业的全球价值链上我们并未占据核心价值环节,并提出了全球价值链下构建中国中药产业竞争优势的对策建议。④ 黎继子等(2005)以苏浙粤纺织服装产业集群为例,对全球价值链与中国地方产业集群的供应链式整合问题进行了研究,提出了中国地方产业集群的升级思路和途径。⑤ 任家

① 邱红、林汉川:《全球价值链、企业能力与转型升级——基于我国珠三角地区纺织企业的研究》,《经济管理》2014 年第 8 期。

② 文婷、曾刚:《嵌入全球价值链的地方产业集群发展——地方建筑陶瓷产业集群研究》,《中国工业经济》2004 年第 6 期。

③ 张辉、王缉慈:《全球价值链下的西班牙鞋业集群》,《温州论坛》2005 年第 1 期。

④ 吕文栋、逯春明、张辉:《全球价值链下构建中国中药产业竞争优势——基于中国青蒿素产业的实证研究》,《管理世界》2005 年第 4 期。

⑤ 黎继子、刘春玲、蔡根女:《全球价值链与中国地方产业集群的供应链式整合:以苏浙粤纺织服装产业集群为例》,《中国工业经济》2005 年第 2 期。

华、王成璋(2005)从全球价值链的视角研究了中国高新技术产业集群的升级问题,认为中国高新技术产业集群的升级应沿着全球价值链创新和学习,不断调整嵌入价值链的位置与组织方式。①

三、生命周期理论

1. 生命周期理论

支持制造业转型升级的生命周期理论有三个互相联系又有区别的理论,即企业生命周期理论、产品生命周期理论和产业生命周期理论。

(1)企业生命周期理论

1959年,MasonHaire首先提出了可以将生物学中的生命周期理论应用于企业的观点。后来,哥德纳(J. W. Gardner,1965)、斯坦梅茨(Steinmetz L. L,1969)、丘吉尔和刘易斯(Churchill N. C和Lewis V. L,1983)、葛雷纳(L. E. Greiner,1985)、伊查克·爱迪思(Adizes,1989)、陈佳贵(1995)等学者进一步发展了企业生命周期理论,使得该理论成了重要的管理理论之一。

企业生命周期理论的核心观点是把企业看作像人和其他生物体一样,也会经历诞生、发展、衰退、死亡等不同的发展阶段,而在每个不同的发展阶段有其不同的特点和组织模式,其目的是帮助企业找到能够适应不同发展阶段特点的最优组织模式,发挥不同发展阶段的特长,尽可能延长企业存活时间,使企业能够实现可持

① 任家华、王成璋:《基于全球价值链的高新技术产业集群转型升级》,《科学学与科学技术管理》2005年第1期。

续发展。

学者们通过对企业发展的各自观察，将企业的生命周期分为多个不同的发展阶段。斯坦梅茨（1969）提出企业的发展过程呈“S”形曲线，并将其划分为四个阶段：直接控制、指挥管理、间接控制及部门化组织。丘吉尔和刘易斯（1983）将企业生命周期划分为创立期、生存期、发展期、起飞期和成熟期五个阶段。葛雷纳（1985）将企业生命周期划分为创立期、指导期、分权期、协调期、合作期五个阶段。爱迪思（1989）则将企业生命周期划分为孕育期、婴儿期、学步期、青春期、盛年期、贵族期、官僚初期、官僚期以及死亡期九个阶段。[①] 陈佳贵（1995）则将企业生命周期划分为孕育期、求生存期、高速发展期、成熟期、衰退期和蜕变期六个阶段。[②]

（2）产品生命周期理论

产品生命周期是指企业的产品从最初投入市场到最终退出市场的全部过程，该理论最早可追溯到1957年出版的《新产品管理》中，这本书是由 Booz、Allen and Hamilton 管理咨询公司出版的。该书作者第一次提出了产品生命周期的概念，并根据产品销售额的发展变化，将产品生命周期分为投入期、成长期、成熟期和衰退期四个阶段。[③]

后来，哈佛大学教授 Vernon（1996）是产品生命周期理论集大成者。他认为，产品就像生物体一样，要经历诞生、成长、成熟、衰

① [美]伊查克·爱迪思著，王玥译：《企业生命周期》，中国人民大学出版社2017年版。

② 陈佳贵：《关于企业生命周期与企业蜕变的探讨》，《中国工业经济》1995年第11期。

③ 转引自万君康《论产品生命周期理论的发展及应用》，《武汉商学院学报》1999年第1期。

亡等不同的发展阶段。Vernon 将产品生命周期分为新产品、成熟和标准化三个阶段，从技术密集程度动态变化的角度解释了国际贸易的变化。他认为，在新产品阶段，产品的技术含量最高，这时拥有该项技术的国家拥有比较优势；而随着产品逐渐发展成熟，进入成熟阶段之后，产品的技术含量开始降低，这时该产品就变成了资本密集型产品，比较优势就转移到了拥有资本的国家；而产品生命周期进入标准化阶段之后，产品拥有的技术含量进一步降低，成为劳动密集型产品，这时劳动力充裕的国家就拥有了比较优势。

学者们普遍赞同将典型的产品生命周期划分为引进期、成长期、成熟期和衰退期四个阶段，通过研究不同发展阶段在销售额、利润、现金流、顾客、竞争者方面的不同特征，来确定不同的企业经营策略(如表 2.2 所示)。

表 2.2　产品生命周期的特征与企业经营策略

阶段		引进期	成长期	成熟期	衰退期
特征	销售额	低	快速增长	缓慢增长	衰退
	利润	易变动	顶峰	下降	低或无
	现金流量	负数	适度	高	低
	顾客	创新使用者	大多数人	大多数人	落后者
	竞争者	稀少	渐多	最多	渐少

续表

阶段		引进期	成长期	成熟期	衰退期
企业经营策略	策略重心	扩张市场	渗透市场	保持市场占有率	提高生产率
	营销支出	高	高(但百分比下降)	下降	低
	营销重点	产品知晓	品牌偏好	品牌忠诚度	选择性
	营销目的	提高产品知名度及产品试用	追求最大市场占有率	追求最大利润及保持市场占有率	减少支出及增加利润回收
	分销方式	选择性的分销	密集式	更加密集式	排除不合适、效率差的渠道
	价格	成本加成法策略	渗透性价格策略	竞争性价格策略	削价策略
	产品	基本型为主	改进品，增加产品种类及服务保证	差异化，多样化的产品及品牌	剔除弱势产品项目
	广告	争取早期使用者，建立产品知名度	大量营销	建立品牌差异	维持品牌忠诚度
	销售追踪	大量促销及产品试用	利用消费者需求增加	鼓励改变采用公司品牌	将支出降至最低

(3)产业生命周期理论

产业生命周期理论在三个生命周期理论中发展得最晚，其最早可追溯到 20 世纪 80 年代 Gort 和 Klepper 的研究。Gort 和 Klepper(1982)首先提出了产业生命周期的概念，他们根据产业中不同发展阶段厂商的数量变化将产业生命周期划分为五个阶段：引入期、大量进入期、稳定期、大量退出期和成熟期，即 G—K 模型。后来，很多学者进一步研究了产业生命周期理论，使其成为产业演化经济学理论的重要内容之一。例如，Klepper 和 Graddy 将产业生命周期划分为三个阶段：成长期、淘汰期和稳定期；Klepper 则在对四个产业发展重点案例的研究的基础上，提出了产业生命周期寡头进化理论。特别是在产业生命周期理论基础上发展起来的梯度转移理论是支持产业转型升级的重要理论之一。梯度转移理论认为，地区和国家间的产业会随着时间的推移和产业生命周期的变化而从高梯度区域向低梯度区域转移，发生在高梯度区域的创新活动是其中的关键决定因素。①

研究者们的研究目的不同，对产业生命周期的阶段划分也存在一定的差异，但绝大多数学者都认为一般的产业生命周期与企业生命周期及产品生命周期类似，都可以划分为导入期、成长期、成熟期和衰退期（蜕变期）四个阶段。它通常表现为一条“S”形曲线，如图 2.1 所示。②

2. 生命周期理论与中国制造业转型升级

一些学者利用企业生命周期理论对转型升级问题进行了研究。例如，陈佳贵（1995）对企业生命周期和企业蜕变问题进行了探讨，他认为企业蜕变就是要在企业的经济形体、实物形态和产品（劳务）这三方面发生革命性的、脱胎换骨的变化，并通过变化而获

① 刘婷、平瑛：《产业生命周期理论研究进展》，《湖南农业科学》2009 年第 8 期。

② 张会恒：《论产业生命周期理论》，《财贸研究》2004 年第 6 期。

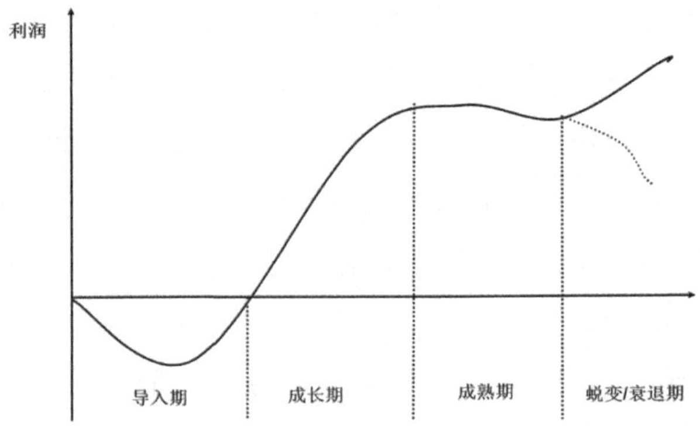

图 2.1 产业生命周期的四阶段划分

得新生。[①] 这里他所讨论的企业蜕变实际上就是企业的转型升级。崔志等(2006)基于生命周期理论对企业转型路径模型进行了研究,认为处于生命周期不同阶段的企业,可以通过确定企业在企业生命周期、行业地位、行业生命周期三个因素所构成的分析空间中的位置,并根据相应空间点的特征选择适宜的竞争优势提升及转型路径方向。[②] 杨勇军、匡建国(2015)从企业生命周期的视角研究了广东中小工业企业转型与成长问题,提出了"优化创业环境、构建企业发展核心能力等"发展对策。[③]

还有一些学者利用产品生命周期理论对产业转型升级进行了研究。刘常勇、刘阳春(2009)探讨了新兴经济地区科技产品生命

① 陈佳贵:《关于企业生命周期与企业蜕变的探讨》,《中国工业经济》1995 年第 11 期。

② 崔志、王吉发、冯晋:《基于生命周期理论的企业转型路径模型研究》,《预测》2006 年第 6 期。

③ 杨勇军、匡建国:《生命周期视角下的广东中小工业企业转型与成长探讨》,《科技管理研究》2015 年第 15 期。

周期与先进地区的不同特征、基于技术—市场生命周期的韩国、新加坡等新兴经济地区高科技产业升级策略以及相关例证，得出了新兴经济地区高科技企业成功升级的三大启示。[①] 张才明(2012)认为新加坡政府利用产品生命周期理论推动产业升级的经验，对推动产业转型升级具有“转变观念，放眼未来，审视生命周期中的关注点”“瞄准开发期，内孕外引，催产一批新产品”“关注培育期，内哺外补，倾心抚育新产品”“扭住成长期，强筋壮骨，扶持新产品成长”“跟踪成熟期，增品强质，稳定产品市场需求”和“研判衰退期，斩尾育新，或延长产品的生命周期或开辟新的生命周期”六方面的启示。[②] 徐欣(2013)基于产品技术生命周期与工艺创新的视角，对技术升级投资与产品成本优势效应进行了实证研究，为中国企业正确把握技术生命周期，适时进行工艺创新，以及控制产品成本提供了理论指导和经验证据。[③] 刘瀚元(2016)利用产品生命周期理论，分析了中国汽车行业现在所处的周期阶段和特点，并得出了对中国贸易模式转型的启示。[④]

产业生命周期理论研究在制造业转型升级中的应用最为广泛。于喜展、隋映辉(2009)基于产业生命周期理论对资源产业转型与科技创新互动进行了研究，认为在资源产业转型过程中科技

① 刘常勇、刘阳春:《产业升级转型的技术与市场生命周期——以新兴经济的高科技产业为例》,《中山大学学报(社会科学版)》2009 年第 1 期。

② 张才明:《产品生命周期对产业转型升级的启示》,《韶关日报》2012 年 11 月 3 日。

③ 徐欣:《技术升级投资与产品成本优势效应的实证研究——基于产品技术生命周期与工艺创新的视角》,《科研管理》2013 年第 8 期。

④ 刘瀚元:《产品生命周期与中国贸易模式的转型——以汽车行业分析》,《港澳经济》2016 年第 5 期。

创新为产业转型提供动力，而产业转型又会对科技创新产生拉动效应。[①] 韦小鸿和张伟伟(2015)利用产业生命周期理论的龚波兹曲线模型对珠三角传统优势产业生命周期进行推断分析，提出了珠三角优势传统产业转型的产业政策建议。[②] 索贵彬、靳素颖(2015)基于产业生命周期理论对矿产资源型产业转型问题进行了研究，认为运用生长曲线模型对矿产资源型产业生命周期阶段进行拟合和分析具有可行性，研究结论可为制定矿产资源型产业发展转型战略，实现区域可持续发展提供参考。[③] 李瑞芳(2016)基于产业生命周期的视角，对英国、德国等典型国家的煤炭产业转型升级的经验进行了总结分析，认为这些经验能从更新理念、化解难题、有机协调、明确路径方面给正处于艰难抉择中的中国煤炭企业更多启示。[④]

四、技术创新理论

1. 技术创新理论

熊彼特是技术创新理论的鼻祖，他第一个提出了创新的概念，并系统阐述了创新理论。他认为，创新是指企业家将新的生产要

① 于喜展、隋映辉：《基于生命周期的资源产业转型与科技创新互动研究》，《内蒙古社会科学(汉文版)》2009 年第 5 期。

② 韦小鸿、张伟伟：《基于产业生命周期理论的珠三角传统优势产业转型政策研究》，《沿海企业与科技》2015 年第 5 期。

③ 索贵彬、靳素颖：《基于产业生命周期理论的矿产资源型产业转型问题研究》，《前沿》2015 年第 6 期。

④ 李瑞芳：《典型国家煤炭企业转型的经验及启示——基于产业生命周期的视角》，《企业经济》2016 年第 7 期。

素和生产条件重新组合,具体可包括新产品、新技术、新方法、新市场、新原料、新组织、新组合等多种形式。[①] 后来,很多学者进一步研究和发展了技术创新理论,并形成了新古典学派、新熊彼特学派、制度创新学派和国家创新系统学派四大理论学派。[②]

新古典学派采用传统经济理论模型作为分析工具,将技术创新视为与劳动力、资本、自然资源一样的生产要素纳入经济增长模型,来探究技术创新的经济增长贡献率。新古典学派的代表人物是著名经济学家罗伯特·索洛(R. Solow),他提出了创新概念成立的"两步论",即首先要有新的想法,其次需要该想法能够在后续阶段实现和发展。他在 1957 年发表的论文《技术进步与总生产函数》中,利用全要素生产率分析方法对 1909—1949 年间的美国制造业增长进行了研究,发现有 87.5%的增长无法用资本和劳动的投入进行解释,他认为是技术进步导致了这部分的增长。

新熊彼特学派更强调技术创新和技术进步在经济增长中的核心作用,该学派将技术创新视为一个相互作用的复杂过程,重视对"黑箱"内部运作机制的揭示,并在分析这样一个过程的基础上先后提出了许多著名的技术创新模型。[③] 爱德温·曼斯菲尔德(Edwin Mansfield)是新熊彼特学派的代表人物之一,他深入研究了新技术的推广问题,通过对技术创新与模仿之间的关系以及二者变动的速度进行分析,建立了新技术推广模型。莫尔顿·卡曼(Mor-

① [美]约瑟夫·熊彼特著,何畏等译:《经济发展理论》,商务印书馆 1990 年版。
② 张凤海、侯铁珊:《技术创新理论述评》,《东北大学学报(社会科学版)》2008 年第 2 期。
③ 余志良、谢洪明:《技术创新政策理论的研究评述》,《科学管理研究》2003 年第 6 期。

ton I. Kamien)、南希·施瓦茨(Nancy Schwartz)等也是新熊彼特学派的代表人物,他们从垄断与竞争的角度对技术创新的过程进行了研究,把市场竞争强度、企业规模和垄断强度三个因素综合于市场结构之中来考察,探讨了技术创新与市场结构的关系,提出了最有利于技术创新的市场结构模型,认为介于垄断和完全竞争之间的中等程度竞争的市场结构最有利于创新。①

制度创新学派则将熊彼特的创新理论与制度经济学的制度理论结合在一起,主要考察国家的制度安排对经济增长的影响作用。该学派的代表人物是兰斯·戴维斯(Lance E. Davis)和道格拉斯·诺斯(Douglass C. North),他们在1971年合著的《制度变革与美国经济增长》一书中,正式提出了制度创新理论。他们将制度作为一种关键变量引入对技术创新环境的一般静态均衡和比较静态均衡分析中,提出能够对个人有效激励的制度是促进经济增长的关键因素,这一制度确立了一种能够使每一项活动的社会收益率和私人收益率几乎相等的所有权。一个社会所建立的所有权体系如果能够切实保护每个人的专有权,降低创新的风险,确保创新者能够获得最大收益,就能够促进经济增长。②

国家创新系统是指一个国家内部由经济、科技、教育等有关部门和机构所共同组成的推动技术创新的网络系统。国家创新系统学派认为,国家创新系统是技术创新的重要推动力量,其主要代表人物是克里斯托夫·弗里曼(Christopher Freeman)和理查德·纳

① 张凤海、侯铁珊:《技术创新理论述评》,《东北大学学报(社会科学版)》2008年第2期。

② 张凤海、侯铁珊:《技术创新理论述评》,《东北大学学报(社会科学版)》2008年第2期。

尔逊(Richard Nelson)等学者。弗里曼对日本的技术发展政策和经济绩效的关系进行了研究,认为第二次世界大战后日本经济崛起的奥秘就在于依靠国家创新系统推动了技术创新,并就此提出了国家创新系统理论。弗里曼将国家创新系统分为广义的国家创新系统和狭义的国家创新系统两大类,广义的国家创新系统包括经济活动中所有涉及创新直接和间接活动的所有机构,而狭义的国家创新系统则只包括与创新活动直接相关的机构。① 而理查德·纳尔逊(1993)则更强调技术变革的必要性和制度结构的适应性,认为科学和技术的发展过程充满不确定性,国家创新系统中的制度安排应当具有弹性,发展战略应该具有适应性和灵活性。②

2. 技术创新理论与中国制造业转型升级

利用技术创新理论研究中国制造业转型升级获得了很多学者的关注。一些学者利用规范研究的方法探讨了技术创新理论对中国制造业转型升级的影响。马建堂(2013)认为转型升级的关键是加大技术创新力度。③ 王军利(2014)认为河北省产业转型升级的关键在于技术创新,尤其是推进以模仿创新为主导形式的技术创新是河北省现阶段广大企业应选择的理想创新战略。④ 李文龙、章羊(2016)从稀土需求结构的升级和供给结构的转型两个方面分析

① [英]克里斯托夫·弗里曼著,张宇轩译:《技术政策与经济绩效:日本国家创新系统的经验》,东南大学出版社2008年版。

② 转引自张凤海、侯铁珊《技术创新理论述评》,《东北大学学报(社会科学版)》2008年第2期。

③ 马建堂:《经济转型升级的关键是加大技术创新》,《中国科技产业》2013年第9期。

④ 王军利:《技术创新机制推动河北省产业转型升级》,《经济研究导刊》2014年第12期。

了技术创新与稀土产业转型升级的相互促进机理，认为技术创新与稀土产业转型升级的协同发展模式是稀土产业持续健康发展的本质，技术创新与稀土产业转型升级是一种螺旋上升的相互促进机理。[①] 李志军(2013)认为依靠技术改造和创新，促进纺织机械行业转型升级，加快提升纺织机械工业的整体水平，增强纺织机械工业自主创新能力，对于增强纺织工业国际竞争力，优化纺织行业和产品结构，加快实现纺织强国具有重要的意义。[②]

还有一些学者利用实证方法研究了技术创新理论与中国制造业转型升级的关系。宋洋、王志刚(2016)以2010—2015年的数据对珠三角制造业转型升级与技术创新路径进行了研究，提出了构建珠三角制造业新发展的三大路径："提升制造业人力资本价值"，"快速完成工业4.0，以科技创新促进产业结构调整"，"构建主导产业、新兴产业和特色产业的新型产业体系"。[③] 任声策、刘颖(2013)利用案例研究的方法对恒瑞医药、海正药业的转型升级进行了研究，发现两者都是先跟随模仿、再消化吸收、后突破超越、最终自主创新，通过产品升级带动企业全面转型升级。[④] 林春艳、孔凡超利用动态空间Durbin模型对技术创新、模仿创新及技术引进与产业结构转型升级的关系进行了研究，发现"技术创新和技术引进有利

① 李文龙、章羊：《技术创新与稀土产业转型升级的耦合机理分析》，《科学管理研究》2016年第6期。

② 李志军：《依靠技术创新促进纺织机械行业转型升级》，《中国国情国力》2013年第11期。

③ 宋洋、王志刚：《珠三角制造业转型升级与技术创新路径研究——以新常态下2010—2015数据分析》，《科学管理研究》2016年第5期。

④ 任声策、刘颖：《基于技术创新的企业转型升级》，《企业管理》2013年第3期。

于本地区产业结构合理化，且存在长期空间溢出效应；而模仿创新能够促进产业结构高级化，且长期正向溢出效应明显”①。何永达等(2013)实证研究了技术创新与浙江省民营经济转型升级的关系，发现技术创新水平对浙江民营经济的转型升级发挥了正向促进作用，是影响民营经济转型升级的重要因素。② 季良玉(2016)利用理论与实证相结合的方法对技术创新影响中国制造业转型升级的路径进行了研究，并从政府和企业两个层面提出了中国制造业转型升级的建议。③

五、产业结构理论

产业结构是发展经济学中提出的概念，产业结构也叫产业体系，是社会经济体系的主要组成部分，一般指产业内部各生产要素之间、产业之间、时间、空间、层次的五维空间关系。产业结构升级是通过产业内部各生产要素之间、产业之间时间、空间、层次相互转化实现生产要素改进、产业结构优化、产业附加值提高的系统工程。经济主体和经济客体的对称关系是最基本的产业结构，是产业结构升级的最根本动力。

产业结构理论最早的思想渊源可以追溯至英国古典经济学家

---

① 林春艳、孔凡超：《技术创新、模仿创新及技术引进与产业结构转型升级——基于动态空间 Durbin 模型的研究》，《宏观经济研究》2016 年第 5 期。

② 何永达、邓云伟、赵志田：《技术创新与浙江省民营经济转型升级的实证研究》，《经营与管理》2013 年第 2 期。

③ 季良玉：《技术创新影响中国制造业转型升级的路径研究》，东南大学 2016 年博士学位论文。

威廉·配第(William Petty)的《政治算术》,他通过研究发现,产业结构的不同是世界各国国民收入水平和经济发展阶段的差异的关键影响因素。[①] 后来,英国的克拉克、德国的霍夫曼和美国的库兹涅茨等学者都对经济增长与收入提高过程中的产业结构变化规律进行过深入的研究,这些对后续研究者产生了深远的影响。经过多年的不断发展,涌现出了关于产业结构演变、影响因素、优化、分析、关联以及产业结构政策等众多具有影响力的理论。

1. 配第-克拉克定理

1940 年,克拉克(Colin Clark)出版了《经济进步的条件》一书,他以配第的研究为基础,对 40 多个国家和地区不同时期三次产业的劳动投入产出资料进行了整理和归纳,总结出随着经济发展和人均国民收入水平的提高,劳动力首先由第一产业向第二产业转移,然后再向第三产业转移的演进趋势,即配第-克拉克定理。

在产业结构理论中,配第-克拉克定理的具体表述为:随着经济的发展,人均国民收入水平的提高,第一产业国民收入和劳动力的相对比重逐渐下降;第二产业国民收入和劳动力的相对比重上升,经济进一步发展,第三产业国民收入和劳动力的相对比重也开始上升。

配第-克拉克定理的主要形成机制有两个:

一是收入弹性差异:第一产业的属性是农业,而农产品的需求特性是当人们的收入水平达到一定程度后,难以随着人们收入增

① [英]威廉·配第著,陈冬野译:《政治算术》,商务印书馆 1978 年版。

加的程度而同步增加，即它的收入弹性出现下降，并小于第二产业、第三产业所提供的工业产品及服务的收入弹性。所以，随着经济的发展，国民收入和劳动力分布将从第一产业转移至第二、第三产业。

二是投资报酬(技术进步)差异:第一产业和第二产业之间，技术进步有很大差别，由于农业的生产周期长，农业生产技术的进步比工业要困难得多，因此，对农业的投资会出现一个限度，出现“报酬递减”的情况。而工业的技术进步要比农业迅速得多，工业投资多处于“报酬递增”的情况，随着工业投资的增加，产量的加大，单位成本下降的潜力很大，必将进一步推动工业的更大发展。

2.库茨涅茨人均收入影响论

库茨涅茨人均收入影响论由著名经济学家、1971年诺贝尔经济学奖得主西蒙·库兹涅茨提出。库兹涅茨在继承配第和克拉克等人研究成果的基础上，依据人均国内生产总值份额基准，考察了总产值变动和就业人口机构变动的规律，揭示了产业结构变动的总方向，从而进一步证明了配第-克拉克定律。他发现的这种变动规律，即产业结构的变动受人均国民收入变动的影响，被称为库兹涅茨人均收入影响论。

库茨涅茨发现，经济发展初期，尤其是在国民人均收入从最低上升到中等水平时，收入分配状况先趋于恶化，随着经济的发展，逐步改善，最后达到比较公平的收入分配状况，呈倒U形。引申而出的第二产业产值比重的倒U曲线，即在农业社会向工业社会转变中，第二产业的产值比重在初期呈现上升趋势，当人均GDP达到一定程度后，第二产业的产值比重就会下降。根据工业化国家的一般经验，当人均GDP达到1000美元左右，第二产业的产值比重达到50%左右，就达到了倒U曲线的拐点。这有助于我们了解工业比重与人均GDP的关系。

库茨涅茨认为，现代经济增长过程中产业结构变化呈现出以下特点：

(1)伴随着现代经济增长，产业结构发生变化，即农业为主导的第一产业比重下降，工业比重增加；在工业内部明显存在着由非耐用品向耐用消费品，由消费资料生产向生产资料生产的转移趋势。

(2)农业劳动力比重下降，且下降速度低于农产品比重的下降速度。工业的劳动力有所增加，但工业劳动力增长率低于工业生产增长率，因为工业在提供劳动生产率的同时其所占比重扩大了，服务业的劳动力明显增加，随着劳动生产率提高，规模也不断扩大。

(3)在资本结构中，农业资本比例下降，工业与服务业资本比例增加。

(4)伴随上述变化，农业由小规模分散经营向大规模专业化生产过度；同时，工业与服务业企业由小规模业主制企业向大规模法人制企业发展。

(5)在工业内部，各产业的雇佣率(从事生产的就业者分为业主、家庭从业者与雇佣者三类，雇佣人数与总就业人数之比即雇佣率)与附加值率同时增长，而采掘业的比重下降。

(6)在服务业中商业的比重上升;家庭服务业比重下降,个人服务业,专门服务业和政府服务业的比重提高。

(7)生产技术变化对产业结构的变化起很大的作用。

(8)上述变动引发与产业间、工种间、区域间的劳动力转移,并且导致人口的城镇化转移。

3. 霍夫曼定理

德国经济学家霍夫曼在1931年出版的《工业化阶段和类型》一书中,提出了著名的霍夫曼定理。在该书中,霍夫曼将产业分为消费资料产业和生产资料产业以及其他产业,并认为在工业化过程中,消费资料工业的净产值与资本资料工业的净产值之比(该比例被称为“霍夫曼比例”)会逐渐下降,即资本资料工业在制造业中所占比重不断上升并超过消费资料工业所占比重。

根据霍夫曼比例,工业化进程包括四个发展阶段。

第一阶段:消费资料工业发展迅速,在制造业中占有统治地位;资本资料工业则不发达,在制造业中所占比重较小,其净产值平均为资本品工业净产值的5倍。

第二阶段:资本资料工业发展较快,消费资料工业虽也有发展,但速度减缓,而资本资料工业的规模仍远不及消费资料工业的规模,但前者的产值仍是2.5倍于后者的净产值。

第三阶段:消费资料工业与资本资料工业在规模上大致相当。

第四阶段:资本资料工业在制造业中的比重超过消费资料工业并继续上升。整个工业化过程,就是资本资料工业在制造业中所占比重不断上升的过程,后者的净产值将大于前者。

这四个阶段的霍夫曼比例分别为5(±1)、2.5(±1)、1(±0.5)、1以下。在工业化前期,通过设定霍夫曼比例,消费资料主要是轻纺工业部门生产的,资本资料主要是重化工部门生产的,因而,霍夫曼对工业结构的研究实际上是在分析工业结构的"重工业化"趋势。实际情况表明,霍夫曼关于工业化过程中工业结构演变规律的理论在工业化前期是基本符合现实的。

但是,在现代经济中"霍夫曼定理"却难以得到印证,主要原因在于:

第一,"霍夫曼定理"是建立在先行工业化国家早期增长模式之上的。在这些国家工业化的早期阶段,经济增长依赖于机器作业对手工劳动的替代。在这一替代过程中必然发生的资本对劳动比例,或资本有机构成的提高,使资本品生产的优先增长成为必然。但是,正如20世纪50年代以来索洛、库兹涅茨、舒尔茨、萨缪尔森等一大批经济学家的研究成果所揭示的,现代经济增长的主要源泉并不是资本投入,而是技术进步和效率提高。在这种情况下,资本品的优先增长就不再是必然的。

第二,霍夫曼对工业化进程中经济结构变化的研究,是在国民经济只存在于工业和农业两个部门的理论框架下进行的,因此,他把资本品工业在工业中的比重的上升和居于主导地位,等同于它在整个国民经济中的比重上升和成为国民经济的主导产业。

而运用20世纪40年代确立的"产业三分"的框架来进行分析,我们看到的真实图景是:无论是英、美,还是德、法,抑或是日本,增长得最快的产业并不是工业,更不是资本品工业或重工业,而是服务业。不论从就业结构看还是从产值结构看，服务业都很快成为国民经济中占主要地位的产业部门。服务业，特别是其中的生产性服务业的发展，对于先行工业化国家生产成本、特别是交易成本的降低和效率的提高，起了重要的作用。

4.钱纳里工业化阶段理论

钱纳里利用第二次世界大战后发展中国家，特别是其中的9个准工业化国家（地区）1960—1980年间的历史资料，建立了多国模型，利用回归方程建立了国内生产总值（GDP）市场占有率模型，提出了标准产业结构。即根据人均国内生产总值，将不发达经济到成熟工业经济整个变化过程划分为三个阶段六个时期，从任何一个发展阶段向更高一个阶段的跃进都是通过产业结构转化来推动的。

（1）初级产业，是指经济发展初期对经济发展起主要作用的制造业部门，例如食品、皮革、纺织等部门；

第一阶段是不发达经济阶段。产业结构以农业为主，没有或极少有现代工业，生产力水平很低。

第二阶段是工业化初期阶段。产业结构由以农业为主的传统结构逐步向以现代化工业为主的工业化结构转变，工业中则以食品、烟草、采掘、建材等初级产品的生产为主。这一时期的产业主要是以劳动密集型产业为主。

（2）中期产业，是指经济发展中期对经济发展起主要作用的制造业部门，例如非金属矿产品、橡胶制品、木材加工、石油、化工、煤炭制造等部门；

第三阶段是工业化中期阶段。制造业内部由轻型工业的迅速增长转向重型工业的迅速增长，非农业劳动力开始占主体，第三产业开始迅速发展，也就是所谓的重化工业阶段。重化工业的大规模发展是支持区域经济高速增长的关键因素，这一阶段产业大部分属于资本密集型产业。

第四阶段是工业化后期阶段。在第一产业、第二产业协调发展的同时，第三产业开始由平稳增长转入持续高速增长，并成为区域经济增长的主要力量。这一时期发展最快的领域是第三产业，特别是新兴服务业，如金融、信息、广告、公用事业、咨询服务等。

(3)后期产业，指在经济发展后期起主要作用的制造业部门，例如服装和日用品、印刷出版、粗钢、纸制品、金属制品和机械制造等部门。

第五阶段是后工业化社会。制造业内部结构由资本密集型产业为主导向以技术密集型产业为主导转换，同时生活方式现代化，高档耐用消费品被推广普及。技术密集型产业的迅速发展是这一时期的主要特征。

第六阶段是现代化社会。第三产业开始分化，知识密集型产业开始从服务业中分离出来，并占主导地位；人们消费的欲望呈现出多样性和多边性，追求个性。

钱纳里在经济发展的长期过程中考察了制造业内部各产业部门的地位和作用的变动，揭示制造业内部结构转换的原因，即产业间存在着产业关联效应，为了解制造业内部的结构变动趋势奠定了基础，他通过深入考察，发现了制造业发展受人均国民生产总值、需求规模和投资率的影响大，而受工业品和初级品输出率的影响小。

5.雁形模式理论

"雁行模式"概念最早是由日本学者赤松要在其《我国经济发展的综合原理》(1932年)一文中提出的。该理论阐释了日本经济通过外贸和替代性生产而不断由低级向高级波浪式发展的进程。工业化初期，日本主要出口丝绸、棉纱、棉布等消费品，换取工业发达国家的纺织机械等生产资料，以此装备本国的纺织品生产；继之，日本对进口纺织机械进行替代性生产，以此带动日本机械工业发展；机械工业的发展又依次带动钢铁、机电等产业发展；日本以在外贸中获取的外汇购买先进技术并予以消化、吸收和推广，逐渐建立起自主技术基础和研究开发体系；日本各产业顺次起飞的这一进程就被形象地称作"雁行模式"。赤松要对日本棉纺工业从进口发展到国内生产，再发展到出口进行历史性考察，认为后进国家的产业发展应遵循"进口—国内生产—出口"的模式，使其产业相继更替发展。"第一只雁"是进口浪潮，由于后进国家的产业结构脆弱，国民经济体系不完善，而市场又对外开放，这就使国外产品大量涌入后进国家的市场，这里的市场基本上是进口产品。"第二只雁"是进口所引发的国内生产浪潮。国外产品的进入，使后进国家的市场得以扩大，这里后进国家可以充分模仿、引进和利用进口产品的生产工艺和技术，并使之与本国的廉价劳动力和优势自然资源相结合，不断增加某些进口产品的国内生产。"第三只雁"是国内生产所引致的出口浪潮。后进国家生产达到一定规模后，由于本国的劳动力和自然资源优势，加上生产到了一定阶段，高新技术转化率和转化速度的提高，经营管理的改善，使原进口产品的生产具有比以往进口产品更大的成本优势，使其产品的销售在国际市场上具有较大的竞争优势和市场地位. 以至形成了原有进口产品开始占领国际市场的浪潮。后来，一些经济学家将这一理论应用于解释 20 世纪后半期东亚各地区经济顺次起飞的态势，即日本—“四小龙”—东盟和中国东南沿海地区依次实现经济追赶的区域分工和贸易模式。领头雁日本依次把本国处于成熟期的产业如纺织、钢铁、化工、机械、造船、家电等通过贸易、技术转让和投资依次传递给“四小龙”和东盟国家及中国东南沿海地区，使这些地区的上述产业迅速成长和发展并形成了大量出口的能力。雁行模式对东亚地区的经济起飞起到了独特的作用。[①]

赤松要的雁行发展理论主要是针对发展中国家提出的，其主旨是发展中国家利用引进先进国家的技术和产品发展本国的产业，因此在贸易圈中势必存在不同发展层次产业结构的国家，这同时也是产业梯度转移的一个动力。

雁形模式表明，后进国家可以通过进口利用和消化先进国的资本和技术、同时利用低工资优势打回先行国市场。这种由于后起国引进先行国资本和技术，扩张生产能力，使先行国已有产业受到国外竞争压力威胁的现象，叫作“反回头效应”。如果后起国善于把握好时机，就能在进口—国内生产—出口的循环中缩短工业

① 佟家栋、周申:《国际贸易学:理论与政策》，高等教育出版社 2007 年版。

化乃至重工业化、高加工度化的过程。雁形产业发展形态说主要用来说明日本的工业成长模式。赤松要认为,本国产业发展要与国际市场紧密地结合起来,使产业结构国际化;后起的国家可以通过四个阶段来加快本国工业化进程;产业发展政策是要根据雁形形态论的特点制定。

日本学者山泽逸平将赤松要先生的雁形产业发展形态理论进行了扩展,提出了引进—进口替代—出口成长—成熟—逆进口五个阶段,从而更加详尽地展示出后进国家如何通过进口先进国家的产品和引进技术,建立自己的工厂进行生产以满足国内需求,不仅可供出口,而且后来居上取代“领头雁”地位并最终实现经济起飞。①

但是,随着东亚各国经济的发展,雁行模式遇到了一系列的挑战:②

首先,雁行模式的挑战一方面来自“领头雁”日本的投资策略。20 世纪 90 年代以前日本主要对华投资集中在宾馆、办公楼等投资少、见效快的行业。20 世纪 90 年代以后日本从自身利益出发在技术转让方面持谨慎保守的态度,向东亚国家经过引进日资过程,不仅没有吸收和引进先进的技术和管理,反而导致了东亚各国产业结构的偏颇,出口产品结构的单一,造成了该地区产品结构的同化,出口竞争的激烈及经济发展战略的单一化,加深了经济增长的对外依附性。另一方面日本对该地区的投资日趋类同,加剧了产

---

① 阎晓东:《实现制造业发展由雁形模式向跨越式发展转变》,《学术论坛》2005 年第 3 期。

② 佟家栋、周申:《国际贸易学:理论与政策》,高等教育出版社 2007 年版。

业结构的单一化，并且有可能导致该地区出现类似19世纪拉美的“新型种植园化”，国家之间的贸易摩擦加剧和对日外资的依赖。

另外，前面提到雁行发展模式的基础是各国产业梯度差的存在。这个梯度差正随着各国经济的发展和日本国内经济不景气的影响而日益缩小，客观上造成了雁行模式的逐渐式微。

最后，客观地说，雁行模式的危机不单来自作为“雁头”的日本和“雁身”的新兴工业经济体、“雁尾”东南亚国家联盟（东盟）和中国之间的矛盾。其所受到的挑战还来自“雁身”和“雁尾”之间，因为这几个地区之间的发展与同一发展层次的经济体在对外出口上的竞争加剧。应该说今后的一段时间东亚地区仍须保持雁行模式，同时也要创制出新的发展模式，从而跳出这个模式。

6. 筱原两基准理论

两基准理论是收入弹性基准和生产率上升率基准的简称，是1957年日本经济学家筱原三代平提出的规划产业结构的两个基本准则。

所谓“收入弹性基准”，是指以需求收入弹性的高低作为选择战略产业的基本准则。在西方经济学中，需求收入弹性（亦称收入弹性）指人们对某一产业的产品的需求量变化对收入变化的敏感程度。不同产业具有不同的收入弹性，不同的收入弹性表明不同产业潜在的市场容量。只有收入弹性高的产业才有可能不断扩大它在市场上的份额，这种产业一般代表着结构变动的方向。

“生产率上升率基准”是从“比较成本说”演化而来，其前提是由于技术进步速度不同造成各产业部门生产率提高速度的差异。

在价格结构一定的条件下，技术进步快、生产率上升率高的产业，由于成本不断降低，能够创造更多的国民收入。向这种产业优先配置资源，可以加快国民收入增长速度。

收入弹性基准要求把积累投向收入弹性大的行业或部门，因为这些行业或部门有广阔的市场需求，便于利用规模经济效益，迅速地提高利润率；生产率上升基准要求积累投向生产率（指全要素生产率）上升最快的行业或部门，因为这些行业或部门由于生产率上升快，单位成本下降最快，在工资一定的条件下，该行业或部门的利润也必然上升最快。

两基准理论以下列条件为基本前提：

（1）基础产业相当完善，不存在瓶颈制约；或者即使存在一定程度的瓶颈制约，但要素具有充分的流动性，资源能够在短期内迅速向瓶颈部门转移，尽快缓解瓶颈状态。

（2）产业发展中不存在技术约束。

（3）不存在资金约束。

如果上述条件不存在，两基准理论就未必成立，利用两基准理论选择优先发展产业也未必可行。

7. 主导产业理论

罗斯托（1960）从部门的角度出发，强调产业结构变化对经济总量增长的作用，提出了主导产业扩散效应理论。他把经济部门分解为主导增长部门即主导部门、辅助增长部门和派生增长部门，并进一步分析了各种不同部门在经济增长中的作用。他认为经济的增长是主导部门依次更迭的结果，在经济发展中要重视发挥主导产业的扩散效应。

根据罗斯托的观点，主导产业是指能够依靠科技进步或创新获得新的生产函数，能够通过快于其他产品的“不合比例增长”的作用有效地带动其他相关产业快速发展的产业或产业群。他认为，作为主导产业，它应同时具备如下三个特征：能够依托科技进步或创新，引入新的生产函数；能够形成持续高速的增长率；具有较强的扩放效应，对其他产业乃至所有产业的增长起着决定性的影响。主导产业的这三个特征是有机整体，缺一就不可成为主导产业。这类产业往往既对其他产业起着引导作用，又对国民经济起着支撑作用。①

主导产业具有四大特点：

第一，主导产业应该是能对较多产业产生带动和推动作用的产业，是前后向关联和旁侧关联度较大的产业。

第二，由于主导产业的存在及其作用会受特定的资源、制度和历史文化的约束，因此不同的国家或同一个国家不同的经济发展阶段主导产业也是不一样的，它会受所依赖的资源、体制、环境等因素的变化而演替。例如，日本的主导产业演替顺序是：纺织工业→钢铁、机械、化学工业→汽车、家电工业→电子工业等高技术产业。

第三，主导产业应具有序列演替性。由于主导产业应能够诱发相继的新一代主导产业，因此，特定阶段的主导产业是在具体条

① 苏东水：《产业经济学》，高等教育出版社2010年版。

件下选择的结果。一旦条件变化,原有的主导产业群对经济的带动作用就会弱化,被新一代的主导产业所替代。

第四,主导产业应具有多层次性。由于发展中国家在产业结构调整和优化过程中,既要解决产业结构的合理化问题,又要解决产业结构的高度化问题,因此,处在战略地位的主导产业应该是一个主导产业群,并呈现多层次的特点,实现多重化的目标。

主导产业的选择有六大基准:

一是产业关联效应。主导产业对经济发展和产业结构的引导带动作用,主要通过其关联效应表现出来,主导产业的关联效应有三种形式:一是前向关联效应,指主导产业广阔的市场前景和持续发展,必然扩大对相关设备、技术和原材料等要素的需求,从而带动为其提供这些要素的产业的迅速发展;二是后向关联效应,指主导产业关联性强,技术领先,发展快速,能够为其后续产业的发展提供更多的产品和技术,创造更好的条件,感应这些后续产业的发展;三是旁侧关联效应,指主导产业的发展,还会引起一系列经济、社会、文化等多方面的变化,对主导产业主要分布地区的市场繁荣、就业面扩大、基础设施建设以及其他产业的形成和壮大产生积极的影响。

二是增长潜力。产业的增长潜力,从根本上说取决于产业的需求收入弹性,因而也称收入弹性基准。收入弹性基准是指在国际和国内市场上,某种产品的需求增长率与国民收入增长率之比,它表明产品的需求增长对收入增长的敏感程度。收入弹性大于1的产品和行业,其增长速度将高于国民收入的增长;弹性小于1的产品和行业，增长速度低于国民收入的增长。随着人均国民收入的增长，收入弹性高的产品在产业结构中的比重逐渐提高，选择这些产业作为主导产业，将促进整个产业持续高增长率，有利于创造更多国民收入。收入弹性系数高的产品的产业部门将获得更快的发展，占有更大的比重。

三是生产率上升率。其是指某一产业的要素生产率与其他产业的要素生产率之比，一般用全要素生产率进行比较。全要素生产率的上升主要取决于技术进步，按生产率上升率基准选择主导产业，就是选择技术进步快、技术要素密集的产业，因此，也被称为比较技术进步率基准。这一基准反映了主导产业迅速有效地吸收技术进步成果的特征，优先发展全生产要素生产率上升快的产业，有利于技术进步、提高创汇能力、改善贸易条件和贸易结构，提高整个经济资源的使用效率。

四是技术密集度。产业的技术密集度不仅通过影响产业技术进步而影响产业的生产率上升率，而且具有提高产业增加值率的作用(技术含量高使附加值高)。产业的生产率上升率与就业功能有一定的反向变动关系。综合生产率(TFP)指标，包括了劳动、资本、中间投入等要素生产率的变动，但劳动生产率毕竟是其中的一个重要方面，劳动生产率增长会相对减少就业量；而产业的技术密集度带来的技术进步、生产率上升率和增加值率，不一定影响产业的就业功能。

五是就业。从产业的要素密集度看，劳动密集型产业的就业功能强，资本密集型产业的就业功能弱，技术密集型产业则分为两种情况:劳动—技术密集型产业的就业功能相对较强,资本—技术密集型产业的就业功能相对较弱。但是,各个产业的实际就业功能及其差别,还要取决于产业的发展水平、趋势和特点。从产业的相对就业密度看,一方面是每亿元工业增加值或产品销售收入所对应的就业人数;另一方面,可以从产业的资本与劳动力比率来分析提供一个就业机会所需要的资本量。

六是可持续性发展。制造业产业的可持续发展性,主要表现在资源消耗(物耗和能耗)低和环境污染小两个方面。这两个方面基本上可以通过产业的经济效益水平来考察,因为物耗和能耗本身就是经济效益的部分内容,而环境污染的大小一般可以通过治理污染的成本反映出来。至于高污染产业有负的外部性,则可以将这些产业排除在外。

8.可持续发展理论

1972年罗马俱乐部的研究报告《增长的极限》一文中明确提出了"合理持久均衡发展"和"持续增长"的概念,指出减少地球资源耗费和限制工业生产能够维持地球的生态环境平衡;1987年世界环境与发展委员会在《我们共同的未来》中正式提出"可持续发展"的概念后,理论界的研究重点转向人类社会经济发展与生态环境承载能力平衡的研究,这标志着可持续发展理论的产生,并逐步形成理论系统和研究途径。20世纪90年代以来,可持续发展理论的研究开始集中于区域经济和环境关系的宏观研究,由于资源的浪费性开采和低效率加工,往往存在资源丰富地区的经济增长速度落后于资源匮乏地区。因此,可持续发展理论要求从转变经济发展方式的角度，从源头上解决环境污染问题和生态平衡问题。

可持续发展概念形成了不同的流派，这些流派或对相关问题有所侧重，或强调可持续发展中的不同属性，比较有影响的有以下几种：

(1)着重于从自然属性定义可持续发展

较早的时候，持续性这一概念是由生态学家首先提出来的，即所谓生态持续性。它旨在说明自然资源及其开发利用程度间的平衡。1991 年 11 月，国际生态学协会(Intecol)和国际生物科学联合会(Iubs)联合举行关于可持续发展问题的专题研讨会。该研讨会的成果不仅发展而且深化了可持续发展概念的自然属性，将可持续发展定义为：保护和加强环境系统的生产和更新能力。从生物圈概念出发定义可持续发展，是从自然属性方面定义可持续发展的一种代表，即认为可持续发展是寻求一种最佳的生态系统以支持生态的完整性和人类愿望的实现，使人类的生存环境得以持续。

(2)着重于从社会属性定义可持续发展

1991 年，世界自然保护同盟、联合国环境规划署和世界野生生物基金会共同发表了《保护地球——可持续生存战略》(简称《生存战略》)。《生存战略》提出的可持续发展定义为："在生存于不超出维持生态系统涵容能力的情况下，提高人类的生活质量"，并且提出可持续生存的九条基本原则。这九条基本原则，既强调了人类的生产方式与生活方式要与地球承载能力保持平衡，保护地球的生命力和生物多样性，同时，又提出了人类可持续发展的价值观和 130 个行动方案，着重论述了可持续发展的最终落脚点是人类社会,即改善人类的生活质量,创造美好的生活环境。《生存战略》认为,各国可以根据自己的国情制定各不相同的发展目标。但是,只有在"发展"的内涵中包括有提高人类健康水平、改善人类生活质量和获得必须资源的途径,并创造一个保持人们平等、自由的环境,"发展"只有使我们的生活在所有这些方面都得到改善,才是真正的"发展"。

(3)着重于从经济属性定义可持续发展

这类定义有不少表达方式。不管哪一种表达方式,都认为可持续发展的核心是经济发展。在《经济、自然资源、不足和发展》一书中,作者把可持续发展定义为"在保持自然资源的质量和其所提供服务的前提下,使经济发展的净利益增加到最大限度"。还有的学者提出,可持续发展是"今天的资源使用不应减少未来的实际收入"。当然,定义中的经济发展已不是传统的以牺牲资源和环境为代价的经济发展,而是"不降低环境质量和不破坏世界自然资源基础的经济发展"。

(4)着重于从科技属性定义可持续发展

实施可持续发展,除了政策和管理国家之外,科技进步起着重大作用。没有科学技术的支持,人类的可持续发展便无从谈起。因此,有的学者从技术选择的角度扩展了可持续发展的定义,认为"可持续发展就是转向更清洁、更有效的技术,尽可能接近'零排放'或'密闭式'工艺方法,尽可能减少能源和其他自然资源的消耗"。还有的学者提出,"可持续发展就是建立极少产生废料和污染物的工艺或技术系统"。他们认为,污染并不是工业活动不可避免的结果，而是技术差、效益低的表现。

(5)被国际社会普遍接受的布氏定义的可持续发展

1988 年以前，可持续发展的定义或概念并未正式引入联合国的“发展业务领域”。1987 年，布伦特兰夫人主持的世界环境与发展委员会，对可持续发展给出了定义：“可持续发展是指既满足当代人的需要，又不损害后代人满足需要的能力的发展。”1988 年春，在联合国开发计划署理事会全体委员会的磋商会议期间，围绕可持续发展的含义，发达国家和发展中国家展开了激烈争论，最后磋商达成一个协议，即请联合国环境理事会讨论并对“可持续发展”一词的含义草拟出可以为大家所接受的说明。1981 年 5 月举行的第 15 届联合国环境署理事会期间，经过反复磋商，通过了《关于可持续的发展的声明》。

在具体内容方面，可持续发展理论涉及可持续经济、可持续生态和可持续社会三方面的协调统一，要求人类在发展中讲究经济效率、关注生态和谐和追求社会公平，最终达到人的全面发展。这表明，可持续发展虽然缘起于环境保护问题，但作为一个指导人类走向 21 世纪的发展理论，它已经超越了单纯的环境保护。它将环境问题与发展问题有机地结合起来，已经成为一个有关社会经济发展的全面性战略。具体地说：

(1)在经济可持续发展方面

可持续发展鼓励经济增长而不是以环境保护为名取消经济增长，因为经济发展是国家实力和社会财富的基础。但可持续发展不仅重视经济增长的数量，更追求经济发展的质量。可持续发展要求改变传统的以“高投入、高消耗、高污染”为特征的生产模式和消费模式，实施清洁生产和文明消费，以提高经济活动中的效益、节约资源和减少废物。在某种角度上，集约型的经济增长方式可以说就是可持续发展在经济方面的体现。

(2)在生态可持续发展方面

可持续发展要求经济建设和社会发展要与自然承载能力相协调。发展的同时必须保护和改善地球生态环境，保证以可持续的方式使用自然资源和环境成本，使人类的发展控制在地球承载能力之内。因此，可持续发展强调了发展是有限制的，没有限制就没有发展的持续。生态可持续发展同样强调环境保护，但不同于以往将环境保护与社会发展对立的做法，可持续发展要求通过转变发展模式，从人类发展的源头、从根本上解决环境问题。

(3)在社会可持续发展方面

可持续发展强调社会公平是环境保护得以实现的机制和目标。可持续发展指出世界各国的发展阶段可以不同，发展的具体目标也各不相同，但发展的本质应包括改善人类生活质量，提高人类健康水平，创造一个保障人们平等、自由、教育和免受暴力的社会环境。这就是说，在人类可持续发展系统中，生态可持续是基础，经济可持续是条件，社会可持续才是目的。下一世纪人类共同追求的应该是以人为本位的自然—经济—社会复合系统的持续、稳定、健康发展。

六、各基础理论的不足之处

作为研究热点，中国制造业转型升级获得了很多学者的关注，将很多理论应用到了中国制造业转型升级的研究中去。本节对支持中国制造业转型升级的五种主要理论(具体包括比较优势理论、全球价值链理论、生命周期理论、技术创新理论、产业结构理论)进行了文献回顾和介绍,但这些理论在中国制造业转型升级的应用中也存在很多限制与不足。

比较优势理论在制造业转型升级中的应用存在以下两大不足:一是比较优势理论各种模型的应用有严格的限制条件,这在实践中很难得到满足;二是已有的比较优势理论与制造业转型升级的研究,大多是基于我国现有出口数据分析比较优势,但实际上这些是既有比较优势所造成的结果,因此在这一基础上所得到的比较优势对制造业进行转型升级培育新的比较优势作用不大,在这一基础上所提出的策略也很有可能南辕北辙,无法得到应用。

全球价值链理论在制造业的转型升级中得到了广泛的应用,也看似得出了一些行得通的转型升级路径。但是,这仅仅是一个美好的愿望,在实际应用中很难实现。这是因为:第一,现在的绝大多数全球价值链都是由跨国公司所主导和掌控的,他们的根本目的是为了获取更多的利润和进一步巩固自己的优势地位,其不愿意也不可能放弃自身的利益,更不会容许我国企业通过融入和参与全球价值重构来逐步升级到高端并最终成为其替代者;第二,我国很多产业已经稳定和饱和,利润微薄,绝大多数企业并不具备从价值链的研发设计和品牌服务两端转型升级的创新能力、人力资源和必要财力,而且向这两端转型升级风险极大,一旦失败将遭受巨大损失;第三,从现实情况来看,很少有企业能够通过融入和参与跨国公司主导的全球价值链实现从低端到高端的转型升级。

生命周期理论对中国制造业转型升级存在以下不足：一是生命周期的各个阶段很难进行清晰的划分，划分标准也不统一，这样就很容易导致不知采用哪些转型升级策略更为合适；二是对于当前的绝大多数中国制造业企业而言，其实际上处于成熟期和衰退期，而根据生命周期理论所提出的这一时期的转型升级策略大多看似挺有道理，但实际的执行效果很难保证，无法真正实现转型升级。

技术创新理论对中国制造业转型升级的不足在于看似提出了一个普遍可行的转型升级之路，但是进行技术创新需要大量的投入，也需要很长的周期，并存在很大的技术风险，而且随着社会的快速发展，技术更新速度非常快，一不注意技术可能就被淘汰了，因此需要很强的前瞻性。而对当前的绝大多数中国制造企业而言，一是不具备进行技术创新的能力，二是不具备相关的财力和耐心，三是不具备新技术的选择能力，技术创新理论对制造业转型升级的支持也存在很大不足。

产业结构理论尽管有很多不同的细分理论，每个理论都对制造业转型升级有自己的解释。然而，这一理论最大的不足在于：一是各个细分理论的应用前提都有严格的限制，在现实中很难得到满足；二是这些细分理论看起来似乎很有道理，但是对于制造业采取怎样的具体实施路径并不十分清晰，对实践的指导意义并不是很强。

总之，尽管已有的理论对制造业的转型升级都有一定的支撑作用，但从实际的应用效果来看，并不是很好，这导致了中国制造业举步维艰的局面很难得到改观。因此，要想真正推动中国制造业的转型升级，就必须对已有的各种理论进行突破，寻求新的理论支撑，而这也正是本书后续研究的主题和重点。

第三节　制造业转型升级的动力机制研究

制造业转型升级的动力机制，也是国内外学者们研究的重点，尽管观点并不完全一致，但是学者们认为制造业转型升级的动力机制主要包括以下五种。

一、要素禀赋

Lin 和 Chang(2009)两位学者指出发展中国家的产业升级，必须与反映物质人力资本积累和要素禀赋结构变化的比较优势变化相一致。[①] 高敬峰(2008)基于要素禀赋理论对我国制造业的比较优势和产业结构升级进行了研究，发现虽然劳动密集型行业仍是比较优势的主导行业，但部分资本相对密集的行业也正成为比较优势行业或其比较劣势在减小，我国制造业出口结构与生产结构相关程度的不断提高，为我国制造业通过比较优势引导产业结构

① Lin J，Chang H J，"Should industrial policy in developing countries conform to comparative advantage or defy it? a debate between justin lin and ha—joon chang，"Development Policy Review，2009，27(5)：483—502.

调整奠定了坚实的基础。[①]

二、市场需求因素

不容置疑，在我国改革开放以来所建立的“两头在外、大进大出”的制造业发展模式中，外需发挥了极其重要的作用。而内需也引起了一些学者的关注，如徐康宁和冯伟(2010)通过构建简要模型并基于案例的分析，对比研究了以企业为主体的技术创新的不同模式，提出了基于本土市场规模效应的技术创新的第三条道路，指出这种创新的模式内生于本土市场，通过合作的方式，在吸收国外先进技术的基础上，形成中国企业的创新能力，主要适用于大规模制造的现代产业，可作为中国产业升级的一种战略选择。[②]

三、技术创新因素

Abmmovtiz(1993)研究发现，发达国家从工业化初期到工业经济成熟期的转变过程中，经济增长由资本积累推动变为技术进步推动。[③] Albert 等学者(2005)认为技术进步能缩小发展中国家与发达国家之间的差距，发展中国家可以通过技术引进获取先进技

① 高敬峰:《中国制造业比较优势与产业结构升级研究》,山东大学 2008 年博士学位论文。

② 徐康宁、冯伟:《基于本土市场规模的内生化产业升级:技术创新的第三条道路》,《中国工业经济》2010 年第 11 期。

③ Abramovitz, M," The search for the sources of growth: Areas of ignorance, old and new,"The Journal of Economic History, 1993, 53(2),, 217—243.

术,从而优化制造业结构。[①] 李胜文、杨学儒和檀宏斌(2016)利用1998—2010年工业企业经验数据,发现技术创业和技术创新对产业升级均具显著贡献,但企业家的技术创业活跃度高时,技术创新的贡献均较大,技术创新对产业升级的贡献由企业家技术创业活跃度决定。[②]

四、制度因素

制度因素也是驱动制造业转型升级的主要动力之一,其主要包括产业和技术政策,Gibbon(2001)、Terutomo Ozawa(2005)以及符瑛(2016)[③]等学者的研究都发现产业和技术政策是制造业转型升级的重要动力之一。盛斌、苏丹妮和邵朝对(2018)借鉴 Wang et al.(2013)的方法,构建了一个基于上游嵌入和下游嵌入的能够反映中国空间路径选择的综合分析框架,并利用1995—2011年的数据刻画了中国嵌入空间路径选择的演变趋势及其影响因素。结果表明非政策贸易壁垒促使中国选择区域性空间路径,而区域贸易协定则有助于中国突破区域性生产网络,向全球性生产网络延伸。[④]

---

① Albert G, Hu Z, Gary H, Jefferson, Qian J, "R&D and Technology Transfer: Firm-Level Evidence from Chinese Industry," The Review of Economics and Statistics, 2005, 87(4): 780-786.

② 李胜文、杨学儒、檀宏斌:《技术创新、技术创业和产业升级——基于技术创新和技术创业交互效应的视角》,《经济问题探索》2016年第1期。

③ 符瑛:《全球价值链视角下我国产业集群转型升级影响因素研究》,《科学管理研究》2016年第3期。

④ 盛斌、苏丹妮、邵朝对:《中国全球价值链嵌入的空间路径选择——事实与影响因素》,《世界经济文汇》2018年第1期。

五、人力资源禀赋

Freeman(2013)认为人力资源禀赋对制造业的转型升级具有促进作用。葛顺奇和罗伟(2015)分析跨国公司进入是否及如何影响制造业企业的价值链并改变中国制造业产业结构,发现跨国公司进入不仅影响生产效率和产出构成等传统变量,还对制造业的工序构成产生直接影响——转移了高劳动力和人力资本密集度的工序,以及间接影响——增加了资本密集度低、劳动力和人力资本密集度高的企业被淘汰的相对概率,促使存续企业更专业化于资本和人力资本密集的工序,总体上提升了制造业中资本和人力资本密集型工序的份额。① 容金霞和顾浩(2016)基于 54 个国家贸易附加值的相关数据,采用固定效应面板回归,研究发现人力资本的积累对于提高一国全球价值链分工地位具有显著的促进作用。②

第四节　制造业转型升级的实施路径研究

制造业转型升级的实施路径是研究的热点,学者们从不同的理论基础出发,提出了很多有益的见解,下面将从国内和国外两方面分别进行回顾。

---

① 葛顺奇、罗伟:《跨国公司进入与中国制造业产业结构——基于 GVC 视角的研究》,《经济研究》2015 年第 11 期。

② 容金霞、顾浩:《全球价值链分工地位影响因素分析——基于各国贸易附加值比较的视角》,《国际经济合作》2016 年第 5 期。

一、国外的相关研究

从已有研究来看，外国学者对制造业转型升级的研究大多从微观视角展开。Gereffi 等(1994)通过对东亚服装产业的研究，提出东亚服装产业升级的路径可以总结为按照原始设备组装(OEA)→原始设备制造(OEM)→原始设计(ODM)→原始品牌制造(OBM)的顺序进行升级。[①] Humphrey 和 Schmitz(2002)则将制造业转型升级路径总结为四种类型：工艺流程升级、产品升级、功能升级和链条升级。[②] 与之类似，Kaplinsky 和 Morris(2002)通过全球价值链分析法也发现，对于发展中国家处在价值链低端环节的企业，可以形成序贯式的升级模式，即依次通过工艺(process)、产品(product)、功能(functional)的升级，达到产业链(industry chain)的升级。[③] Marks 和 Lauren(2005)也认为制造业企业的升级路径可以归纳为如下的升级顺序，即从代加工生产模式向研发设计模式升级，再向自主品牌模式升级。[④] Fankhauser 等(2013)选取了2005—2007 年英国、日本、意大利、法国、韩国、德国和中国的 110 个制造业专利数据，研究了绿色制造对国家行业层面的影响，提出

① Gereffi, G. and Korzeniewicz, M., Commodity Chains and Global Capitalism, Westport: Praeger, 1994.

② Humphrey J. and Schmitz H., "How does insertion in global value chains affect upgrading in industrial clusters?" RegionalStudies, 2002, 9(36): 1017—1027.

③ Kaplinsky. R., Morris, M., A Handbook for Value Chain Research. Institute of Development Studies, 2002: 11—18.

④ Marks, Lauren., "Asia's Next Giant: South Korea and Late Industrialization," Journal of International Affairs, 2005, 58: 20—28.

绿色制造能够改变竞争优势，也是制造业转型升级重要的实施路径。[①]

二、国内的相关研究

我国学者对制造业转型升级实施路径的研究也较为充分。夏先良(2003)认为中国企业需要坚持走原始设备制造与原始品牌制造业务同时并举的多元化发展模式，增强核心能力，谋求向原始设计和原始品牌制造水平升级。[②] 戴勇(2013)以奥康和达芙妮两家制鞋企业作为案例研究对象，探寻传统制造业转型升级背景、路径及影响因素并进行对比研究，发现从原始设备制造到原始品牌制造仍是这类企业普遍的升级路径，具体策略表现为通过企业联盟或并购方式深化产业链，引进技术能力以及渠道分销能力。[③] 曾繁华等(2015)认为创新驱动制造业转型升级的本质在于通过不断提升制造企业科技创新能力，推动我国制造业由全球价值链低端环节向高端环节跃迁，并基于全球价值链治理视角，对创新驱动制造业转型升级的机理、演化路径进行了深入剖析。[④] 罗仲伟、李先军(2015)对“十三五”时期我国制造业转型升级的路径进行了研究，

---

① Fankhauser S, Bowen A, Calel R. ,"Who will win the green race? In search of environmental competitiveness and innovation,"Global Environmental Change. 2013(23):902—913.

② 夏先良:《中国企业从 OEM 升级到 OBM 的商业模式抉择》,《财贸经济》2003 年第 9 期。

③ 戴勇:《传统制造业转型升级路径、策略及影响因素研究——以制鞋企业为例》,《暨南学报》(哲学社会科学版)2013 年第 11 期。

④ 曾繁华、何启祥、冯儒、吴阳芬:《创新驱动制造业转型升级机理及演化路径研究——基于全球价值链治理视角》,《科技进步与对策》2015 年第 24 期。

认为“十三五”及未来更长时期，中国制造业转型升级的指导思想应该从聚焦于数量比例关系的结构优化向体现为产业技术和组织复杂性的能力提升转变，从重视低成本大规模的平面扩张向强调差异性多元化的立体递进转变，需要在要素基础、制造模式、产品生产和市场拓展等方面予以创新，实现要素从引进到全球整合的转型，制造模式从产品制造到产品创造和知识创造的转型，产品类型从标准化、模块化产品向一体化产品的转型，从红海市场向蓝海市场的转型。[①] 高宇飞等(2017)基于供给侧结构性改革背景，通过对苏州、无锡两地典型集成电路制造企业的案例进行比较研究，总结提炼企业在科技创新投入、产品结构调整等方面采取的措施，从而揭示企业的发展轨迹并提炼出其转型升级路径，发现企业应该重点采取提高对行业前景的关注度和前瞻性，激发创新要素活力，形成差异化的竞争优势等策略实现转型升级。[②] 吴小锋等(2018)认为在“互联网＋”背景下，将信息技术与制造业融合发展，实现制造业转型升级成为重中之重，“加快科技制度创新、搭建企业合作平台、构建信息安全机制、支持中小微企业信息化建设、推进供给侧结构性改革”等方式成为传统制造业转型升级的有效途径。[③]

陈瑾和李若辉(2019)梳理了我国制造业智能化发展现状，从

① 罗仲伟、李先军：《“十三五”时期制造业转型升级的路径与政策转向》，《价格理论与实践》2015年第11期。

② 高宇飞、徐敏、陈静、沈旻旻、叶茂林：《供给侧结构性改革背景下制造业企业转型升级路径研究——以无锡、苏州地区集成电路企业为例》，《价值工程》2017年第13期。

③ 吴小锋、盛攀峰、段禄峰：《“互联网＋”背景下传统制造业的转型升级路径——以陕西省为例》，《中国高校科技》2018年第5期。

产业链的智能产品研发、智能生产制造、智能营销管理三个环节，分析了不同创新形式在各环节发挥作用的机理，并探讨智能化发展下各类创新活动推进制造业价值链投入与产出形式的升级过程，从协同创新驱动视角，提出新时代我国制造业应通过产业融合、集群发展、生产要素优化配置、产业链智能拓展等路径来实现产业升级。① 杨蕙馨(2020)等梳理了 1999 年以来国内有关制造业服务化和制造业转型升级的文献及国外部分文献，对制造业服务化和制造业转型升级的概念、制造业服务化对中国制造业转型升级的影响效应和制造业服务化发展模式与实现路径等方面的研究进行评述，认为在消费需求日益多样化、个性化的今天，服务化成为制造业转型升级的路径之一。② 吴画斌(2021)认为中国制造业转型升级迫在眉睫，应通过利用工业大数据促使制造业转型升级，从而实现新旧动能转换，制造业转型升级路径主要包括智能化生产、构建创新生态系统、开展服务型制造与个性化定制、打造制造业双创平台。③

① 陈瑾、李若辉:《新时代我国制造业智能化转型机理与升级路径》,《江西师范大学学报》(哲学社会科学版)2019 年第 6 期。

② 杨蕙馨、孙孟子、杨振一:《中国制造业服务化转型升级路径研究与展望》,《经济与管理评论》2020 年第 1 期。

③ 吴画斌:《数字化背景下制造业企业转型升级路径及保障机制研究》,《改革与战略》2021 年第 3 期。

第五节　本章小结

本章首先对“制造业”“转型升级”和“制造业转型升级”等几个研究中的重要概念进行了界定，将“制造业转型升级”定义为制造产业或者制造企业在遭遇困境时，采取多种手段，包括对原有核心技术进行科技创新，不断推出新技术和新产品，从原有经验领域进入一个新的经验领域，从而最终获得持续竞争优势的连续行为或者持续过程。

其次，对比较优势理论、全球价值链理论、生命周期理论、技术创新理论、产业结构理论等支持制造业转型升级的重要理论及其细分理论分别进行了介绍、回顾和评述，探究了其对制造业转型升级的理论源泉和现实意义，并指出了目前存在的主要局限性和不足之处，为下文提出新的理论奠定基础。

再次，对制造业转型升级的动力机制进行了文献梳理，发现学者们的研究主要包括五种：一是要素禀赋，二是市场需求因素，三是技术创新因素，四是制度因素，五是人力资源因素。同时，已有研究表明，这些动力机制并不是完全独立的，而是相辅相成的，能够互相配合，共同发挥作用。

最后，从国内和国外两方面对制造业转型升级的实施路径进行了文献梳理，发现国外学者对制造业转型升级的研究大多集中在微观层面，探讨制造业企业的具体实施路径，而我国学者对中国制造业转型升级实施路径的研究则更侧重中观和宏观环节,更侧重政府政策,实际上对制造业转型升级实施路径的研究还不够深入,还存在理论与现实脱节的情况。

第三章　发达国家制造业转型升级的经验

制造业的转型升级问题并不是中国所独有，日本、德国等一些发达国家在本国制造业的发展过程中也并不是一帆风顺的，也遭遇过转型升级问题。“他山之石，可以攻玉。”这些国家制造业转型升级的经验给中国制造业转型升级提供了借鉴，本章将对这些经验进行介绍，并总结出对中国制造业转型升级具有参考意义的启示。

第一节　德国制造业的转型升级

一、德国制造业的发展历程

纵观德国制造业的发展历程，可以很明显地分为第二次世界大战前、第二次世界大战后到 2010 年、2010 到现在三个发展阶段。

1.第二次世界大战前的德国制造业

德国的工业化进程最初是在通过大力引进英法等国家先进技术的基础上发展起来的。德国大力推动英法等国家的科研成果在本土的转化工作,在苯胺染料、电动机制造等很多方面从理论到应用的过程比英法等国要快3～5年,这使得很多重要发明出现了“英法开花,德国结果”的情况,从而使德国到1913年发展成为当时全球第二大经济体和仅次于美国的世界制造中心。然而,由于进行了大量的仿制,质次价廉,“德国制造”最初的名声并不好,成了低档货的代名词。为了提升德国制造的声誉,德国的制造商们不断进行技术革新,努力提高产品的质量和性能,在机器设备、化学制药、光学仪器等领域逐渐改变了德国产品价廉质次的坏名声,德国制造成了优质制造的代名词。

2.第二次世界大战后到2010年的德国制造业

第二次世界大战后,德国制造业面对日本等国厂商制造业标准化、规模化生产带来的激烈竞争,集中力量研发工艺技术和技术密集型产品,走出了一条完全不同于美日的、以制造业为主的实体经济发展模式,即德国制造模式。一方面,德国开创了小批量定制模式,并把发展重点聚焦在对技术、工艺和投资要求更高的模具设计、特种设备、精密仪器等技术密集型产品上。另一方面,德国制造主打“技术、性能、品质”等方面的特色规模生产,在汽车制造、工程机械、精密仪器、化学电气等很多领域都处于世界领先水平,德国制造成为世界名牌的标志。尤其是在2007—2009年的全球金融危机中,德国依靠对制造业的专注,不但成功经受住了金融危机的考验，而且经济增长迅速，成为促进欧洲经济复苏，乃至全球经济复苏的最主要驱动力量之一。

3.2010 年到现在的德国制造业

随着移动互联网、智能技术、新能源等新技术的不断出现和深化，第四次工业革命的雏形已经悄然出现。为了应对新工业革命的挑战并保持在制造业方面的竞争优势，德国积极将新一代的信息技术应用到制造业中，正式启动了“工业 4.0 战略”。“工业 4.0”是德国率先提出的概念，根据不同生产技术在工业领域的应用可以将工业发展分为四个明显的不同阶段：“工业 1.0”是指以纺织机、蒸汽机在工业中的应用为标志的机械制造时代，“工业 2.0”是指以电力和自动化技术在工业领域的应用为标志的大规模生产时代，“工业 3.0”是指以电子信息技术，尤其是可编程逻辑控制器(PLC)技术在工业中的应用为标志的电子信息化生产时代，“工业 4.0”则是指以人工智能、物联网、大数据、云计算等新型技术在工业中的应用为标志的智能制造时代。杜传忠、杨志坤(2015)认为德国“工业 4.0 战略”主要包含四个方面的含义：一是第三次工业革命的重要组成部分；二是其核心是构建信息物理系统(CPS)；三是“智能工厂”和“智能生产”是“工业 4.0 战略”的两大主题；四是“工业 4.0 战略”将实现制造业全方位的系统整合。①

① 杜传忠、杨志坤：《德国工业 4.0 战略对中国制造业转型升级的借鉴》，《经济与管理研究》2015 年第 7 期。

二、德国制造业的转型升级经验

从德国制造业的发展历程来看，德国制造业的转型升级是比较成功的，主要有以下可供借鉴的成功经验：

1. 深耕制造业，尤其是在生产制造环节持续发力

与欧美其他发达国家不同，德国在制造业的转型升级过程中，并没有顺势进行制造业空心化，反而继续深耕制造业，将制造业打造为德国长期支柱产业。尤其是在生产制造环节持续发力，集中力量研发工艺技术和技术密集型产品，在产品质量上精益求精，在生产方式上进行创新，开创了小批量定制模式，最终走出了一条完全不同于欧美其他发达国家的制造业转型升级之路。

2. 科技进步是德国制造业转型升级的根本驱动力量

德国在制造业转型升级过程中，充分发挥了科学技术的作用。无论在制造业发展的哪个阶段，德国都非常重视利用科技的力量，既包括在工业化初期大力引进先进发达国家的科研成果，并率先进行成果转化，也包括在最新产业革命爆发的前夜，提出“工业 4.0 战略”，积极抢占未来制造业发展的制高点。同时，德国建立了国家创新体系来大力推动科技进步和技术创新。这一创新体系既包括负责创新外部环境建设的、由各级议会和政府组成的政策决策管理层，也包括科学委员会、创新与增长咨询委员会、各类研究协会、工业协会、企业商会等组成的咨询与协调层、执行层等。①

① 陈明：《向德国学创新（3）中国制造 2025 学什么》，同济大学德国研究在线 http://german－studies－online.tongji.edu.cn/_s5/0f/74/c48a3956/page.psp。

3. 产业政策在德国制造业的转型升级中发挥了重要作用

在德国制造业的发展和转型升级过程中，政府通过各种产业政策来积极引导制造业企业发展方向。一是出台各种战略规划指引制造业转型发展，如推动高科技发展的《德国高科技战略》《高科技战略行动计划》《德国 2020 高科技战略》，推动信息产业发展的白皮书《INFO2000：通往信息社会的德国之路》，指导航空工业发展的《联邦政府航空战略》《德国工业 4.0 战略计划实施建议》等；二是制定出台各种专门政策措施支持制造业转型升级，如加大财政资金对科技创新的投入，通过低息贷款、科研立项、税收优惠等多种财政金融政策来支持制造业企业通过技术创新实现转型升级等。

第二节　日本制造业的转型升级

一、日本制造业的发展历程

纵观日本制造业的发展历程，可以很明显地分为战后恢复期、快速发展期、转型升级期和再工业化期四个发展阶段。

1. 战后恢复期

1945 年第二次世界大战结束到 1955 年，是日本的战后恢复期。这一时期，日本为了迅速恢复经济，采取了政府主导的制造业发展模式，优先发展钢铁、煤炭、船舶、水泥、电力等制造业。同时利用朝鲜战争爆发，美军需求大增的特殊机会大力发展轻工业。

到 1955 年，日本经济已经全面恢复到了第二次世界大战前的最高水平，但这一时期日本的制造业结构仍然以轻工业为主。

2. 快速发展期

1956—1973 年是日本制造业的快速发展期，GDP（国内生产总值）年均增长率在 10%以上，这一时期被称为日本奇迹。这一阶段初期，日本并没有利用当时的廉价劳动力优势发展劳动密集型制造业，而是确立了“大力发展重化工业”和“加工贸易立国”的制造业发展策略。在这一时期，日本大力引进美国的先进技术，并在这基础上进一步消化吸收，大力进行自主创新。经过近 20 年的发展，日本的重化工业发展成为最重要的支柱产业。据统计，1964 年日本重化工业占整个制造业的比重为 64%，到了 1975 年更是高达 75%，高于所有欧美制造业强国。[①] 而且，在面向欧美发达国家的出口中，机械、钢铁、金属制品等重化工业产品也占据了绝大多数。

3. 转型升级期

从 1974 年到 21 世纪初全球金融危机爆发这一阶段，是日本经济的繁荣期，也是日本制造业的转型升级期。这一阶段，日本确立了技术立国的发展战略，积极推动制造业从资本密集型向技术密集型转变，大力发展技术含量较高的汽车、家电、机械、半导体、机器人等高技术产业。到 1985 年，这些高端制造业在整个制造业中的所占比例已经超过了重化工业，因而被称为日本新的支柱产业。到了 1984 年，日本已经成为当时全球尖端技术出口最多的国家，占

① 马文秀：《日本的经济增长与产业结构调整》，《日本问题研究》2000 年第 4 期。

比高达32.1%。[①] 而在20世纪90年代随着本国劳动力成本的上升，包括中国在内的多个新兴工业国家的发展，日本开始去工业化，除了将利润率高的高端制造业保留在国内以外，将大量的制造业低端环节转移到新兴工业国家。

4.再工业化期

在全球金融危机发生后，为了应对欧美等国家的再工业化政策，日本一方面将低端制造业大规模向劳动力更为低廉的越南、马来西亚等东南亚国家转移，另一方面，也开始积极实施再工业化。2009年，日本发布《日本制造业竞争策略》，提出全面推动环保、医疗、机器人等战略性产业的发展。2011年，日本公布《应对日元升值综合经济对策》，提出包括"加大财政补贴、大力发展制造业"等综合政策来应对日元升值和产业空洞化等问题。一些日本公司也开始逐步减少自身的海外制造份额，如欧姆龙公司在2014年就重启了日本本土的电子血压计生产线，面板供应商JDI也将部分显示器的生产迁回茂原工厂。

二、日本制造业的转型升级经验

从日本制造业的发展历程来看，日本制造业的转型升级也是比较成功的，有很多可供借鉴的成功经验，主要包括：

1.产业政策在日本制造业的发展中居功至伟

从日本制造业的发展历程来看，在任何一个阶段，日本的产业

① 孙杭生、丁庆蔚：《日本"世界工厂"繁荣期的制造业转型升级》，《商业研究》2010年第10期。

政策在其中都发挥了极其重要的作用。例如，在战后恢复期和快速发展期，日本并没有利用当时国内劳动力廉价的比较优势，反而在政府主导下大力发展重化工业等当时日本并不具有比较优势的制造产业。再如，在转型升级期和再工业化时期，日本政府通过产业政策积极引导企业的转型升级方向，采取有力政策吸引日本跨国公司将更多的制造岗位迁回本土。此外，日本还从国家层面确立了“技术立国”和“质量救国”的制造业发展战略，鼓励日本企业在大力引进国外先进制造业技术的基础上进行自主创新，颁布《工业标准化法》和《日本国际标准综合战略》等法律和政策，帮助日本企业建立工业标准化和严格的质量管理体系，不断提升生产工艺水平和产品质量。

2.重视自主创新是日本制造业实现转型升级的关键

日本制造业在最初的发展过程中，非常重视各类先进技术的引进工作。无论是当时世界最先进的技术，还是处于实验室中没有进行商业化或者还没有大规模应用普及的先进技术，日本都进行了引进。更重要的是，日本并不是毫无选择地进行技术引进，而是根据自身的实际需要有甄别的引进各种适用的先进技术，而且更重视在引进技术的基础上进行自主创新。日本企业家普遍认为，在第二次世界大战后的特殊时期内，依靠引进西方发达国家的技术，通过模仿的方式快速实现日本国内技术水平的提升是必要的，但是此后必须依靠自主创新发展，否则将只能一直跟在欧美国家的后面，最终失败的将是日本企业。[①] 正是基于这种认知，日本普遍重视自主创新，并最终依靠自主创新成功打造了发达的日本制造业。

3. 在生产制造环节持续发力

日本在制造业的发展过程中非常重视在生产制造环节持续发力，这主要体现在：一是注重产品质量和生产工艺的不断提升，形成了特色的日本质量管理模式；二是根据日本企业的实际情况，对大规模生产方式进行创新，创造了著名的“丰田生产方式”，即准时生产制(Just in Time)；三是发扬“工匠精神”，很多日本制造企业鼓励员工专注于生产制造环节，甚至一辈子把一项技术做到极致，通过无止境的精益求精的技术追求来不断提升产品的技术水平和服务质量。正是依靠生产制造环节的持续发力，“日本制造”在相当一段时间内成了“世界名牌、品质一流”的代名词。尽管爆发过一些日本制造的丑闻，但不能否认生产制造环节的持续发力对日本制造业转型升级所发挥的重要作用。

第三节　发达国家对中国制造业转型升级的启示

通过对德国、日本两个主要发达国家制造业的发展历程及其

① 郑长征：《发达国家怎样“补短板”实现制造业转型升级》，http://www.ccidgroup.com/sdgc/7947.htm。

转型升级的经验进行考察，可以得出以下几点启示。

一、科技创新是制造业转型升级的根本驱动力量

从德国、日本制造业转型升级的过程和经验来看，科技创新均从中发挥了极其重要的作用，可以说，没有科技的进步，没有创新发明，就不会有这些国家发达的制造业。中国制造业的发展也不应例外，科技创新也应该是中国制造业转型升级的根本驱动力量。自从“科学技术是第一生产力”被提出以来，中国非常重视科技创新，尤其是在改革开放后 40 多年的制造业发展过程中，科技创新发挥了重要作用。但是，在当前的制造业转型升级过程中，科技创新所发挥的力度还不够，还需要进一步加强。国家应采取更大的力度鼓励企业进行技术创新，充分发挥科技在制造业转型升级中的作用。

二、产业政策对制造业的转型升级有着重要的引导作用

德国、日本政府均对制造业非常重视，都出台了一系列的产业政策支持制造业的发展和转型升级。例如，德国在不同时期出台了不同的高科技战略及其具体的行动计划，并积极启动“工业 4.0 战略”，引导德国制造企业转型升级方向并主动引领最新产业革命的进展，力求帮助德国企业抢占新一轮产业革命的先机；日本则可以说是利用产业政策主导了日本制造业的发展，无论是在战后恢复期大力发展钢铁、造船等重工业，还是在其余发展阶段主张重点发展重化工业、技术立国、质量救国，日本出台了大量的产业政策。

中国在制造业的发展过程中，很注意学习发达国家的经验，也制定出台了很多的产业政策，实践证明，这些产业政策的实施是成功的。但在制造业转型升级过程中，在具体产业政策的精准化方面还存在一定的不足，需要采取更为精准和有效的产业政策来支持制造业的转型升级。

三、自主创新是制造业转型升级成功的关键

在德国和日本等发达国家的制造业转型升级过程中，自主创新发挥了非常重要的作用。德国和日本除了积极引进各类全球领先的技术以外，更重视自主创新，因为他们知道，不重视自主创新，就无法抢占价值链的高端，就会在技术上受制于人，只能赚取很少的利润。正是依靠自主创新，德国和日本成了世界上制造业非常发达的国家，获得了制造业的大部分利润。因此，自主创新也应是中国制造业转型升级成功的关键。但从我们的实践来看，除了少数企业以外，绝大多数的中国制造企业对自主创新并不是很重视，更愿意采取模仿、引进等手段获取竞争优势，但这些竞争优势并不具有可持续性，很容易陷入低价竞争的怪圈。因此，中国在制造业的转型升级过程中，要更注重自主创新，依靠自主创新来真正实现转型升级。

四、注重在生产制造环节发力和发挥“工匠精神”

尽管制造业转型升级有很多的途径，如制造服务业化、向全球价值链高端攀升等，但德国和日本的制造企业重视在生产制造环

节发力和注重发挥“工匠精神”的经验尤其值得我们学习，因为对于中国的绝大多数制造企业而言，并不具备制造服务业化和向全球价值链高端攀升的条件。而在生产制造环节发力，不断提升生产水平，持续不断地改进生产工艺，在提高产品质量上精益求精，更能发挥中国制造企业的比较优势，也更符合中国绝大多数制造企业的实际情况。“工匠精神”对中国当前制造业的转型升级也极其重要，国家已经充分认识到了这一点，2017年的《政府工作报告》中第一次提出“要大力弘扬工匠精神”①。因此，我们应该更多地借鉴德国和日本的“工匠精神”经验，大力培育“中国工匠”，进一步培养和加强中国制造企业在生产工艺和产品质量上的竞争优势，帮助中国制造业更好地实现转型升级。

① 李克强：《弘扬工匠精神培育众多“中国工匠”》，新浪新闻中心 http://news.sina.com.cn/china/xlxw/2017－03－05/doc－ifycaafp1901351.shtml。

第四章　新微笑曲线理论

——指导中国制造业转型升级的新理论模型

本章主要根据前面的研究和相关理论推导出用于支持中国制造业转型升级的新的理论模型——新微笑曲线理论，并根据所提出的新微笑曲线理论，指出了中国制造业转型升级可供选择的三条基本路径，即向研发设计端、品牌服务端和生产制造端进行升级。

第一节　微笑曲线理论及其不足

由前文的研究可以知道，比较优势理论、全球价值链理论、生命周期理论、技术创新理论等很多的经济学、管理学的理论被应用到了制造业的转型升级研究中，然而这些理论存在很多不足，对中国制造业转型升级的实际支持有限。很多中国学者认为1992年施振荣所提出的微笑曲线理论更适合中国的实际情况，他们认为中国制造业应该通过向附加值高的价值链两端攀升来实现转型升级[①②]。本节将对这一理论及其相关研究进行介绍，并指出其不足之处。

一、微笑曲线理论介绍

（一）微笑曲线理论的主要内容

微笑曲线是1992年宏碁董事长施振荣所提出的，他认为电脑业在发生产业变革前后，新附加值曲线已经由原先向下弯曲的弧形曲线，180度翻转为向上弯曲的曲线（如图4.1所示）[③]。该曲线以纵坐标表示附加值的高低，横坐标表示产业链的上中下游等主要环节，依次为研发设计、生产制造、品牌服务。从图4.1可以看出，电脑业的上游和下游的附加值很高，而位于中游的生产制造环节的附加值最低。因此，施振荣认为宏碁为了获取更高的利润，必须从产业链的生产制造环节沿着微笑曲线向两端进行升级。

后来，随着宏碁公司的不断成功实践，再加上微笑曲线简单形象，易于理解，其很快为实业界和理论界所接受，成为指导制造业转型升级的统治性理论之一。很多学者将该理论的应用从电脑业

---

① 余建形、徐维祥、楼杏丹：《“微笑曲线”和高技术产业发展》，《经济问题探索》2005年第9期。

② 吴敬琏：《向“微笑曲线”两端延伸》，《新经济导刊》2010年第8期。

③ 施振荣：《微笑曲线》，《竞争力·三联财经》2010年第4期。

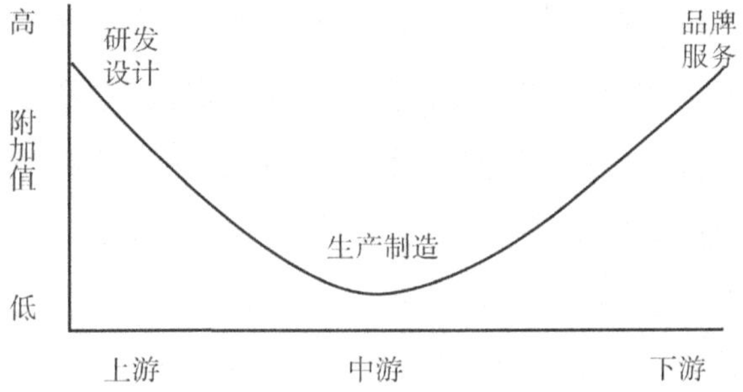

图 4.1　微笑曲线模型

扩展到了高技术产业[①]、环保产业[②]、客车制造业[③]、装备制造业[④]、手机产业[⑤]等具体制造产业以及一般制造业[⑥]，他们一致认为中国制造业应该像宏碁一样向上游研发设计与下游品牌服务端进行转型升级[⑦]。

（二）微笑曲线形成原因研究

从严格意义上来说，微笑曲线并不算是一种理论，它是价值链

① 佘建彤、徐维祥、楼杏丹：《"微笑曲线"和高技术产业发展》，《经济问题探索》2005 年第 9 期。

② 樊宇、吴舜泽、逯元堂、赵云皓、辛璐：《"微笑曲线"视角下的我国环保产业竞争力研究》，《生态经济》2015 年第 11 期。

③ 韩亮、仵琳、张敬、薛梅云：《"微笑曲线"视角下中国客车制造行业竞争战略及其优化》，《长安大学学报（社会科学版）》2016 年第 1 期。

④ 王婷婷、程巍：《不同微笑曲线视角下辽宁装备制造业升级的路径选择》，《沈阳大学学报（社会科学版）》2016 年第 1 期。

⑤ 陈查某：《微笑曲线与上游攻略——对中国手机产业的冷思考》，《企业管理》2003 年第 5 期。

⑥ 马茹：《基于产业微笑曲线解读制造业产业升级发展》，《经济与管理》2015 年第 6 期。

⑦ 杨林、曾繁华：《微笑曲线视角下的我国制造业竞争策略及其演化》，《科技进步与对策》2009 年第 16 期。

及其相关理论（包括产业价值链、全球价值链、价值网络等理论）的延伸，实际上反映了产业链附加值的分布情况。根据价值链及其相关理论，产业链附加值的分布主要受经济租的影响，Kaplinsky 和 Morris 将这些经济租分为内生型和外生型两大类，具体包括技术经济租、人力资源租、组织—机构经济租、营销—品牌经济租、关系经济租等内生经济租和自然资源经济租、政策经济租、基础设施经济租、金融租等外生经济租。[①]

对于微笑曲线上产业链附加值分布的影响因素，也有一些学者进行了研究。马永驰、季琳莉认为，行业类型和资金技术密集度对微笑曲线有重要影响，资金技术密集度越高的产业，其曲线的位置越高，曲线的弯曲度也越大。[②] 吕乃基、兰霞指出："微笑曲线并非存在于产品生命周期的全过程，在生命周期的各阶段微笑曲线的'笑容'各异。"他们认为知识类型的不同是导致微笑曲线上各环节附加值高低的根本原因。[③] 文婷、张生丛提出市场结构是决定微笑曲线上价值链各环节利润分布的关键因素，某个价值链环节的"市场结构"越趋向于完全竞争，其利润获取能力越弱，而某个价值链环节的"市场结构"越趋向于垄断，该环节的价值获取能力越

① 陈柳钦：《有关全球价值链理论的研究综述》，《重庆工商大学学报（社会科学版）》2009 年第 6 期。

② 马永驰、季琳莉：《从"微笑曲线"看"中国制造"背后的陷阱》，《统计与决策》2005 年第 10 期。

③ 吕乃基、兰霞：《微笑曲线的知识论释义》，《东南大学学报（哲学社会科学版）》2010 年第 3 期。

强。[①] 王敏、冯宗宪则认为北方国家对价值链上人力资本密集型中间产品的垄断是“微笑曲线”效应的成因。[②]

二、对微笑曲线理论的批评及其不足

（一）对微笑曲线理论的批评

微笑曲线理论也招致了很多批评。一些学者认为随着以智能制造为代表的新生产方式的产生，微笑曲线理论已经不再适用。如魏志强认为微笑曲线既无法解释个性化需求如何满足，又无法解释智能制造时代高附加值在新价值链的何处，此时应采用穹顶弧线思维框架来替代微笑曲线。[③] 肖新艳并没有完全否定微笑曲线理论，但她认为随着新一代信息技术的广泛应用，原有的供需模式发生改变，新的商业模式逐渐兴起，在这一进程中，全球价值链呈现出“微笑曲线”与“彩虹曲线”并存的“双曲线”特征。[④]

还有一些学者认为，微笑曲线理论过于强调向研发设计和品牌服务两端转型升级，忽视了生产制造环节对企业转型升级的重要作用。毛蕴诗、熊炼根据经济学中的生产与成本对偶性理论提出了对偶微笑曲线模型，认为提升制造能力，降低投入和消耗同样

① 文婷、张生丛：《价值链各环节市场结构对利润分布的影响——以晶体硅太阳能电池产业价值链为例》，《中国工业经济》2009 年第 5 期。

② 王敏、冯宗宪：《全球价值链、微笑曲线与技术锁定效应——理论解释与跨国经验》，《经济管理研究》2013 年第 9 期。

③ 魏志强：《从微笑曲线到穹顶弧线》，《东方烟草报》2015 年 2 月 10 日。

④ 肖新艳：《全球价值链呈现“双曲线”特征——“微笑曲线”和“彩虹曲线”》，《国际贸易》2015 年第 8 期。

可以提升企业价值。① 裴长洪等则在微笑曲线上加入经济创造力，变成三维图之后，发现微笑曲线低端的截面很大，而在上下游高端的截面很小。裴长洪提出企业发展的关键是苦练内功，不论低端还是高端，只要能做深、做精、做细、做透、做绝，就有希望做强、做大。② 还有一些学者援引2004年日本学者在调研中发现的日本制造业利润分布的倒微笑曲线（也称武藏曲线，如图4.2所示）来证明发展好制造环节仍能获得较高的市场回报，中国有必要继续把“世界制造车间”的道路走下去。③④

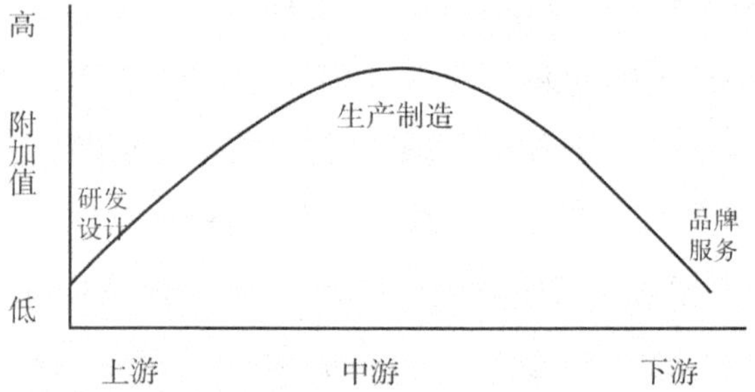

图4.2　倒微笑曲线（武藏曲线）

---

① 毛蕴诗、熊炼：《企业低碳运作与引入成本降低的对偶微笑曲线模型——基于广州互太和台湾纺织业的研究》，《中山大学学报（社会科学版）》2011年第4期。

② 裴长洪、彭磊、郑文：《转变外贸发展方式的经验与理论分析——中国应对国际金融危机冲击的一种总结》，《中国社会科学》2011年第1期。

③ 王茜：《中国制造业是否应向“微笑曲线”两端攀爬——基于与制造业传统强国的比较分析》，《财贸经济》2013年第8期。

④ 邓欣：《浙江民营制造业升级途径研究——基于逆微笑曲线视角》，《经济论坛》2012年第10期。

（二）微笑曲线理论的不足之处

总体来看，理论界已经对支持制造业转型升级的微笑曲线理论进行了较为深入的研究，但仍然存在以下不足：

一是现有理论无法解释附加值曲线在中国呈现微笑曲线形式却在日本呈现倒微笑曲线形式这一非常矛盾的现象。

二是对微笑曲线上附加值分布决定因素的研究忽略了科技进步这一重要影响变量，致使已有的研究解释力度有限。

三是虽然已经有一些学者对微笑曲线理论所提出的两大转型升级方向提出了质疑，也提出需要重视在生产制造环节进行转型升级的重要作用，但仅仅将其作为补充方案，实际上并没有真正找到适合中国制造业转型升级的根本出路。

四是随着互联网、智能制造等新技术的出现，新的生产方式变革已经初现端倪，在新的生产方式下，微笑曲线理论是否依旧适用、会发生哪些变化并不清楚。

第二节　新微笑曲线理论的提出

尽管微笑曲线理论所提出的转型升级路径简单明确，但事实上，附加值高的价值链两端多被发达国家跨国公司掌控，他们在利益的驱动下，为了进一步巩固自己的主导地位、维护现有的经济租金，不断想方设法给其他国家设置越来越多的升级障碍，致使发展中国家在全球价值链上的转型升级之路上步履维艰。因此，中国制造业要实现转型升级必须突破原有理论的束缚，寻求新的理论支撑。基于此，本书尝试将代表科技进步的变量——科技水平引入传统的微笑曲线模型，提出了新的微笑曲线理论，冀望其能够更好地指导中国制造业的转型升级。[①]

一、科技进步是微笑曲线上附加值分布的决定性因素

科技进步对经济发展及产业发展的重要影响已经在很多理论研究中得到了证实。新古典增长理论的代表人物索洛(Solow)通过实证研究发现，大约87.5%的经济增长可以归结为科技进步的贡献，并据此提出了“经济增长就是科技进步”的著名论断。[②] 以罗默和卢卡斯为代表的新增长理论则将科技进步内生化，认为这种内生化的科技进步是推动经济增长的决定性因素。作为经济中最重要的组成部分，产业的发展必然也受到科技进步的重要影响，例如，正是纺纱机、蒸汽机等一批重大科技进步产品的出现，引起了纺织、机械、钢铁等产业的兴起。新增长理论认为专利、发明与创新等科技进步会引起产业结构的调整[③]。谭黎阳从产业层面系统全面地论述了科技进步的作用，认为在发生作用的诸因素中，科技进步是产业结构变迁的根本因素。[④] 顾海通过技术是产业关联的

---

① 孙德升、刘峰、陈志：《中国制造业转型升级与新微笑曲线理论》，《科技进步与对策》2017年第15期。

② Solow, R M., “A Contribution to the Theory of Economic Growth,” *The Quarterly Journal of Economics*, 1956, 70(1): 65—94.

③ 赵新华、李晓欢：《科技进步与产业结构优化升级互动关系的实证研究》，《科技与经济》2009年第4期。

④ 谭黎阳：《论科技进步对产业结构变迁的作用》，《产业经济研究》2002年第1期。

核心、高新技术通过产业化形成新兴产业、科技进步影响社会需求结构三个角度的讨论，提出科技进步是产业结构变动升级的源动力。[①]

因此，本书认为，科技进步是影响产业发展，特别是微笑曲线上产业附加值分布的决定性因素，在产业链上中下游的不同环节中，哪一环节的科技进步快，科技水平高，其获得的相应的附加值也高，而且在不同的生产方式中，微笑曲线的附加值曲线表现形式也不同。

二、不同生产方式下产业附加值曲线的形式变化

为了考察科技进步对微笑曲线产业附加值曲线的具体影响，本书将代表科技进步的变量——科技水平引入传统微笑曲线模型，探讨其在不同生产方式及其变革过程中的形态变化情况。

最初，传统的工业生产采取的是大规模的生产方式，其中以福特汽车的生产流水线最为典型。这一时期基本上属于短缺经济时代，几乎各类产品都处于严重供需不足的状态。在这种情况下，研发设计以及品牌服务等产业链的上下游环节并不重要，企业也很少愿意在这些环节加大科技投入和进行科技创新，更愿意将科技资源投入生产制造过程中，机器、生产线等新的技术被应用到了生产制造环节。这时生产制造环节的科技水平最高，所获得的附加值也最高，而研发设计和销售品牌等环节的科技水平较低，所获得

① 顾海：《科技进步是产业结构升级的基础推动力》，《江苏社会科学》2002 年第 1 期。

的附加值也处于相对低位，整个附加值曲线呈现倒“U”形，就如同一个人微笑时嘴巴上部唇线的样子(详见图 4.3a)。

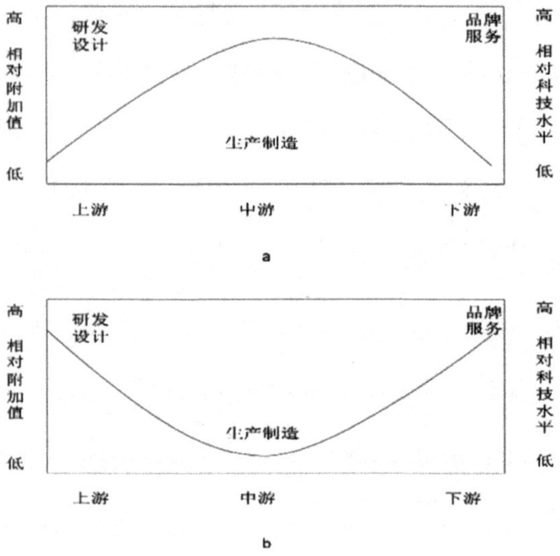

图 4.3　不同生产方式下产业附加值曲线的形式变化

后来，随着模块化、组件化等新生产技术的产生和发展，生产制造环节已经不需要更多的单独科技投入，其科技水平不再处于产业链的最高端，相对水平开始下降。再加上经济全球化的发展，特别是全球价值链的形成，使得跨国公司能够在全球范围内组织生产资源，生产制造环节可替代性越来越强，从而导致该环节所获得的相对附加值开始降低。而另一方面，此时已经进入了一个相对过剩的经济时代，在这种情况下，企业为了获得更高的利润，不得不将更多的新技术、新方法投入研发设计环节和品牌服务环节，导致产业链上游的研发设计环节和下游的品牌服务环节的科技水平大幅提高，从而带动了它们在附加值曲线上的位置不断抬升，最终使得产业附加值曲线由原来的倒“U”形 180 度翻转形成了“U”形曲线，就如同一个人微笑时嘴巴下部唇线的样子，即施振荣所提出的微笑曲线（详见图 4. 3b）。

然而，随着近几年移动互联网、大数据、物联网等新技术的不断涌现，生产方式迎来了新一轮变革，以用工业化的手段、效率、成本制造个性化产品为代表的智能制造成为新一代生产方式的重要特征，产业附加值曲线迎来了又一次变化的契机。一方面，移动互联网发展所带来的大量资讯降低了消费者和生产者之间的信息不对称，消费者受到的品牌、广告等外在因素的影响越来越弱，其行为变得越来越趋于理性，越来越注重产品的品质和一些个性化的要求，再加上各类新型电商服务渠道和商业应用程序的兴起，从而使得原来一些有效的营销技术、品牌服务越来越失去原有的效用，品牌服务环节的科技水平开始不断下降，其所带来的相对附加值也开始下降。另一方面，云计算、大数据、智能终端等新技术的快速发展和普及应用为满足顾客的个性化定制需求提供了可能，消费者的个性化需求得到极大释放，越来越多的消费者参与到了产品的研发设计环节，再加上威客、众包等新型研发设计平台的出现，降低了传统上由少数企业所垄断的研发设计环节的进入门槛和科技投入，使得产业链上研发设计环节的科技水平和相对附加值开始下降。在这种情况下，以智能制造为基础的生产制造环节超越原有的设计研发环节和品牌服务环节，成为满足消费者个性化定制需求的最关键环节，其科技水平和相对附加值开始大幅提升，最终导致附加值曲线再次180度翻转，重新变成了图4.3a所示的形状，即倒微笑曲线。由此可见，在不同生产方式下，产业附加值曲线呈现倒微笑曲线与微笑曲线相互交替的情形，如图4.3所示。

三、新微笑曲线理论的提出

然而，上述讨论的仅仅是理想的情况，并没有考虑到两种普遍的实际情形。一种情形是生产方式的变革并不是一蹴而就的，通常需要经历较长的时间，在这一较长时间内，会存在新旧两种生产方式长期共存的局面。在这种情况下，微笑曲线和倒微笑曲线会同时存在。还有一种情况是忽略了产业内企业采取的主动行为对附加值曲线形态塑造的影响。实际上，企业完全可以通过加大产业链上某一环节的科技投入，通过科技创新来提升该环节的科技水平，从而最终提升其相对附加值。例如，图4.4中在微笑曲线模型中处于位置A的企业可以通过智能制造、自动化生产、柔性制造等科技手段来提高生产制造环节的科技水平，提高生产制造环节的附加值，从而不断提升制造环节的相对附加值在整个产业链价值曲线的位置（如图4.4中虚线位置所示），最终达到图4.4中B的位置，即微笑曲线变成了倒微笑曲线。

因此，我们认为，综合考虑理想情况和实际情况，传统的微笑曲线理论和倒微笑曲线（即武藏曲线）理论仅仅分别描述了产业链附加值分布图的一部分，只有将两者合在一起才能构成完整的微笑曲线理论，即本书所提出的新微笑曲线理论（如图4.4所示）。

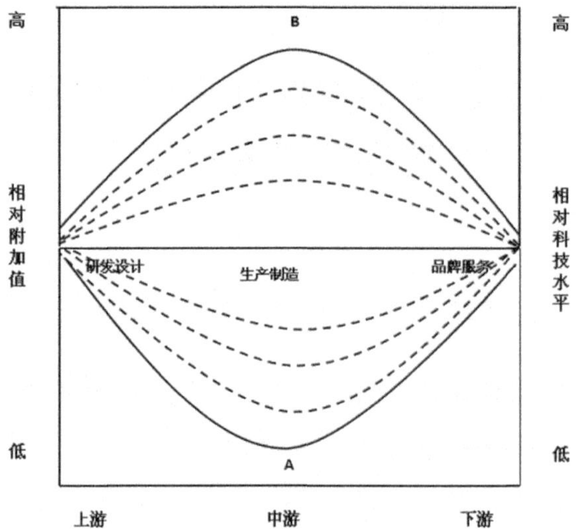

图 4.4　新微笑曲线模型

从图 4.4 的新微笑曲线模型中可以看出以下几点：

一是产业链的附加值曲线有三种基本类型："U"型（施氏微笑曲线）、倒"U"型（倒微笑曲线）和直线型，分别代表了不同相对科技水平下，产业链上不同环节的相对价值分布情况，而且根据各环节相对科技水平的不同，这三种曲线实际上是能够共存的；二是产业链的附加值曲线是随着不同产业链环节相对科技水平的变化而在不断动态变化的，并不是一成不变的；三是可供制造业选择的转型升级方式有研发设计端、生产制造端和品牌服务端三个方向，而且三种方式并没有优劣之分，都是能够达到转型升级目标的。

第三节　新微笑曲线理论对中国制造业转型升级的启示

一、科技创新是中国制造业转型升级的根本路径

传统微笑曲线理论强调中国制造业转型升级的路径主要是向产业链的上游研发设计和下游品牌服务两端升级。当然，也有部分学者提出要通过降低生产制造环节的成本来实现转型升级，如毛蕴诗、郑奇志提出了基于微笑曲线的十条企业升级路径，其中有多条涉及降低投入和生产制造环节的成本。[①] 然而，这些研究大多是将之作为传统微笑曲线理论两大转型升级路径之外的补充。而新微笑曲线理论则不同，从该理论的模型中可以明显看出，新微笑曲线理论强调产业链的上中下游三种转型升级路径同等重要。需要特别强调的是，无论哪一种转型升级路径，它们实际上有一个共同特征，即都需要加大科技投入，进行科技创新，提升产业链各环节的科技水平，哪一环节的科技水平最高，就能获得最高的相对附加值。由此，我们得出新微笑曲线理论对中国制造业转型升级的第一个启示是：

无论选择哪一条转型升级路径，加大科技投入，进行科技创

① 毛蕴诗、郑奇志：《基于微笑曲线的企业升级路径选择模型——理论框架的构架与案例研究》，《中山大学学报》(社会科学版)2013 年第 3 期。

新，提升科技水平是中国制造业实现转型升级的根本路径。

二、价值链高低端划分是动态变化的相对概念

传统微笑曲线理论的广泛传播，使很多人，甚至是一些专家学者都将生产制造环节等同于价值链的低端环节，而将研发设计和品牌服务等同于价值链的高端环节，认为中国制造业转型升级必须从价值链的低端生产制造环节攀升到价值链的高端研发设计和品牌服务环节。但由新微笑曲线理论可以明显看出，所谓价值链的高端和低端实际上是一个动态的、不断变化的相对概念，在某一个时期生产制造环节所产生的附加值低，处于所谓的价值链低端环节，但经过加大科技投入，进行科技创新，提升科技水平之后，就有可能获得微笑曲线上相对高的附加值，从而成为价值链的高端环节，而传统的研发设计和品牌服务等所谓价值链的高端环节，在生产制造环节的科技水平提升之后，获得的相对附加值则很有可能远远低于生产制造环节，从而变成价值链的低端环节。由此，我们得出新微笑曲线理论对中国制造业转型升级的第二个启示是：

价值链的高端、低端是一个动态的、不断变化的相对概念，只要加大生产制造环节的科技投入，大力进行科技创新，提升其科技水平，在一定的条件下，产业链的生产制造环节也能发展成为价值链的高端。

三、绝大多数中国制造企业转型升级的最适合路径是直接在生产制造环节转型升级而非向两端攀升

根据新微笑曲线理论，中国制造业的转型升级路径主要有三

条，那么中国的制造企业到底应该选择哪条实施路径呢？在此，我们结合资源基础论进行分析。根据资源基础理论，企业转型升级的具体实施路径需要与企业自身的资源和能力相匹配，而根据前人的研究，企业转型升级所需要的关键资源包括资本积累①、人力资源②、自主创新能力③、营销服务能力④四个方面。我们将这些企业转型升级的关键资源与新微笑曲线理论所提出的制造业转型升级的三种路径对关键资源的要求进行匹配，结果如表 4.1 所示

由表 4.1 可以看出，向产业链的研发设计端转型升级需要企业有较高的资本积累和研发投入，也对人力资源、自主创新能力要求较高，向产业链的品牌服务端转型升级则需要企业有营销和服务方面的专业人才，很高的营销服务能力和一定的用于宣传的资金，而对自主创新能力方面的要求相对较低；而向产业链的生产制造环节进行升级，对于资本、人力资源、自主创新能力、营销服务能力等方面的需求则相对较少，对企业自身的要求最低。

因此，中国制造企业应该根据自身的具体情况来选择最合适的转型升级路径。对于那些资金雄厚、人力资源充足、自主创新能力强的制造企业来说，可以考虑向研发设计端转型升级；对于那些

① 王一鸣、王君：《关于提高企业自主创新能力的几个问题》，《中国软科学》2005 年第 7 期。

② Elias Carayannis，Patrice Laget，“Transatlantic Innovation Infrastructure Networks：Public - private，EU－US R&D Partnerships，”R&D Management，34(1)：17－31.

③ 刘志彪：《全球化背景下中国制造业升级的路径与品牌战略》，《财经问题研究》2005 年第 5 期。

④ Yam，RC. M. ，Guan，JC. Pun，K. F. ，et al. “An Audit of Technological Innovation Capabilities In Chinese Firms：Some Empirical Findings In Beijing，China，”Research Policy 2004，33(8)：1123－1140.

有一定的资金积累、销售人才储备充足、营销能力强的企业来说，可以考虑向产业链的品牌服务端升级。然而，上述两类企业在中国的制造业中占比毕竟太少，中国的绝大多数制造企业属于利润微薄、资本积累较少、人才储备不足、自主创新能力较弱的情况，根本不具备向研发设计端和品牌服务端转型升级的条件。而根据新微笑曲线理论，只要在生产制造端加大科技投入，进行科技创新，提升科技水平，制造企业也完全能够从价值链的低端走向价值链的高端。因此，我们得出新微笑曲线理论对中国制造业转型升级的第三个启示是：

对于当前绝大多数中国制造企业而言，转型升级的最适合路径是加大生产制造环节的科技投入，努力进行科技创新，大力提升科技水平，直接在生产制造环节转型升级而非向两端攀升。

表 4.1　新微笑曲线理论下制造业转型升级路径与所需关键资源的匹配

	向研发设计端转型升级	在生产制造环节转型升级	向品牌销售端转型升级
对资金的要求	很高	一般	较高
对人力资源的要求	很高	一般	很高
对自主创新能力的要求	很高	较低	较低
对营销服务能力的要求	较低	较低	很高

第五章　中国制造业转型升级的基本路径之一:向研发设计端转型升级

本章主要通过案例研究的方法,对上一章所提出的中国制造业转型升级的三种基本路径之一——向研发设计端转型升级进行实证检验,从而支撑所提出的新微笑曲线理论,同时探究这一转型升级路径的具体适用条件。

第一节　研究设计

一、研究方法的确定

确定研究方法需要考虑与研究问题的匹配度,不同的研究问题需要采用不同的研究方法。案例研究是重要的实证研究方法之一,其通过对典型案例的具体分析,来进行理论构建和理论解释。Pettigrew(1990)认为,案例研究方法主要适用于纵向性的企业变革研究。[①] 对于本研究而言，中国制造业的转型升级过程就是制造企业的变革过程，而且研究中所提出的新微笑曲线理论属于新构建的理论，因此案例研究是最适合本研究的研究方法。

案例研究方法根据所选取案例样本的数量，又可分为单案例研究和多案例研究，各有不同的适用条件。许庆瑞等(2013)认为，单案例研究更适合提炼出解释复杂现象的理论或规律，且单案例研究更适合纵向过程的研究与分析，有利于捕捉管理实践中涌现出来的新现象。[②] Yin(2003)认为，多案例研究更适合用来进行理论构建，而且能够通过案例间的彼此验证来提高研究的信度和效度。[③] Eisenhardt(1989)也认为，多案例研究能通过对个案的复制来提高研究的信度和效度。[④] 从本研究所提出的新微笑曲线理论可知，中国制造业的转型升级有三种基本路径，因此，本研究不适合单案例研究，多案例研究是最适合的研究方法，而且这一研究方法的信度和效度也都优于单案例研究。

---

① Pettigrew, "A. Longitudinal Field Research on Change: Theory and Practice," *Organization Science*, 1990, 1(3): 267－292.

② 许庆瑞、吴志岩、陈力田：《转型经济中企业自主创新能力演化路径及驱动因素分析——海尔集团1984—2013年的纵向案例研究》，《管理世界》2013年第4期。

③ Yin, R. , Applications of case study research, *Sage Publications*, Inc, 2003.

④ Eisenhardt, "Building theories from case study research," *Academy of Management Review*, 1989, 14: 488－511.

二、研究案例的选择

本研究按照以下标准进行研究案例的选择：

第一，案例要有典型性和代表性。Eisenhardt（1989）[①]、Pettigrew（1990）[②]和 Yin（2003）等学者都认为，进行案例研究时所选择的案例都需要考虑典型性和代表性，而且典型案例的重要特征是要具有清晰可见的研究过程。[③]

第二，进行多案例研究要遵循复制法则。许晖等（2014）认为，选择具有对比性的案例，从不同案例中得出结论并相互印证，提高研究设计的周延性和外在效度，提高结论的说服力。[④]

第三，资料的准确性和可获得性。多案例研究要求资料丰富，而且有多种可相互验证的来源，这样才能保证研究结果的可靠性。因此，前期的相关研究越丰富、资料掌握越翔实，越有利于多案例研究的顺利展开。[⑤]

基于上述标准，本书选择了天津晓沃环保工程股份公司（简称晓沃环保）、杭州中亚机械股份有限公司（简称中亚机械）、唐山亚

---

① Eisenhardt, KM. , "Building theories from case study research," *Academy of Management Review*, 1989, 14(4): 532－550.

② Pettigrew, "A. Longitudinal Field Research on Change: Theory and Practice," *Organization Science*, 1990, 1(3): 267—292.

③ Yin, R. , Applications of case study research, *Sage Publications*, Inc, 2003.

④ 许晖、许守任、王睿智：《嵌入全球价值链的企业国际化转型及创新路径——基于六家外贸企业的跨案例研究》，《科学学研究》2014 年第 1 期。

⑤ 许庆瑞、吴志岩、陈力田：《转型经济中企业自主创新能力演化路径及驱动因素分析——海尔集团 1984—2013 年的纵向案例研究》，《管理世界》2013 年第 4 期。

特专用汽车有限公司（简称唐山亚特）、浙江新乐纺织化纤有限公司（简称新乐纺织）、浪潮集团有限公司（简称浪潮）、天津优瑞纳斯液压机械有限公司（简称优瑞纳斯）、天津市新岭电子技术有限公司（简称新岭电子）和天津锐意泰克汽车电子有限公司（简称天津锐意泰克）8 个案例进行研究，这 8 个案例具有以下典型特征：

第一，这 8 个案例既有新乐纺织、中亚机械、唐山亚特、优瑞纳斯这样传统行业的制造企业，也有浪潮集团、新岭电子这样的高科技企业；既有浪潮、新乐纺织、中亚机械、唐山亚特等业内知名的制造企业，也有晓沃环保、优瑞纳斯、新岭电子、天津锐意泰克这样不是很出名的中小型制造企业，具有很强的代表性。

第二，这 8 个案例既有共通的特征（都是采取的向研发设计端转型升级的路径），在具体转型过程中又有较大的差异，符合多案例研究的复制法则，而且从不同案例中所得到的、能相互印证的结论，更有说服力。

第三，大部分案例有着丰富的前期研究，很容易通过二手数据或者实地访谈的方法获得，而且大部分数据和资料能够相互验证，案例资料的准确度较高。此外，这些企业转型升级的过程非常清晰，能够进行深入的案例分析。

三、案例资料搜集

Yin（2008）认为，案例资料搜集要充分考虑到研究的信度和效度，采用能够相互验证的多种数据来源和正确的概念测度是提高案例研究信度和效度的有效方法。[①] 遵循这一原则，本研究采取了以下方法和步骤进行案例资料搜集：

第一，对于知名的制造企业，如浪潮、新乐纺织、中亚机械、唐山亚特，以搜集二手资料为主，一手资料为辅：一是通过企业官网了解企业的基本情况和发展历程，转型升级的关键事件以及最新发展动态；二是在知网、万方等学术数据库进行文献搜索，搜集研究目标企业的学术文章、硕博士论文、新闻报道；三是通过搜索引擎搜集目标企业的其他资料，如历年的宣传报道、领导讲话、发言等；四是采用企业参观调研、电话调查等形式搜集一手资料。

第二，对于非知名公司，如晓沃环保、优瑞纳斯、新岭电子、天津锐意泰克，则以搜集一手资料为主，二手资料为辅：一是亲自对企业进行调研，近距离观察企业情况，与企业高管进行访谈，了解目标企业转型升级的过程和具体内容；二是通过官网和搜索引擎尽可能搜集目标企业的二手资料信息；三是从目标企业的顾客、供应商，甚至竞争对手方面来获取目标公司转型升级的相关信息。

第三，利用三角验证的方法对目标企业的各种案例资料进行验证，以提高案例资料的信度和效度。首先，对于制造企业转型升级的各种关键资料进行反复的比较、核对，从而确保案例资料的真实性和可靠性，尽可能地降低研究偏差。[②] 其次，如果发现案例资料之间存在矛盾和不一致的情况，或者进一步搜集相关资料进行

① Yin R. K.. Case Study Research: Design and Methods (4th ed). *Newbury Park*, CA: Sage Publications Inc., 2008.

② 杨桂菊、刘善海：《从 OEM 到 OBM：战略创业视角的代工企业转型升级——基于比亚迪的探索性案例研究》，《科学学研究》2013 年第 2 期。

验证，或者向目标企业进行求证，从而保证所采用的案例资料是真实可靠的。

第二节　向研发设计端转型升级的案例分析

由新微笑曲线模型可知，向产业链的研发设计端攀升是中国制造业转型升级的三条基本路径之一。实际上，这一转型升级路径与传统微笑曲线理论相一致，尽管实现转型成功的案例并不普遍，但还是有了一些成功案例可供借鉴。本节选取了天津晓沃环保工程股份公司（简称晓沃环保）、杭州中亚机械股份有限公司（简称中亚机械）、唐山亚特专用汽车有限公司（简称唐山亚特）、浙江新乐纺织化纤有限公司（简称新乐纺织）、浪潮集团有限公司（简称浪潮）、天津优瑞纳斯液压机械有限公司（简称优瑞纳斯）、天津市新岭电子技术有限公司（简称新岭电子）和天津锐意泰克汽车电子有限公司（简称天津锐意泰克）8家企业进行典型案例分析，探讨这些企业向研发设计端的转型升级之路及其异同。

一、案例背景介绍

1. 天津晓沃环保工程股份公司

天津晓沃环保工程股份公司成立于2008年7月24日，注册地位于天津市南开区黄河道大通大厦十层（科技园），注册资金5324万元，法人代表为孙雷宇。晓沃环保主要经营范围包括环保工程、防腐工程；固危废处理、环境评价、环保设备、建筑材料、电气设备、五金交电、化工（危险品、易制毒品除外）、化肥（危险品、易制毒品除外）、石材批发兼零售；室内装饰；环保设备技术研发、设计、咨询、服务、转让；技术劳务服务；环保监测；土壤修复、电力工程施工；设备检修（国家有专营专项规定按专营专项规定办理）（依法须经批准的项目，经相关部门批准后方可开展经营活动）等。①

晓沃环保主要从事大气污染治理装备的研究开发，是天津市环保产业骨干龙头企业和最大的专业从事烟气除尘、脱硫脱硝装置等大气污染治理设备机电一体化的研发制造基地，是天津市高新技术企业、科技型创新基金扶植企业。公司遵循“开拓创新、务实求精”的企业精神，坚持做精产品，做深行业，以国产化、产业化为己任，致力于将公司打造成立意高远、追求卓越的百年环保企业。

2. 杭州中亚机械股份有限公司②

杭州中亚机械股份有限公司创立于 1999 年 2 月 8 日，是一家集研发、制造和销售于一体的液态产品智能化包装设备制造商，是国家级重点高新技术企业、中国包装龙头企业、中华全国工商业联合会科技创新企业、中国液态食品机械行业“十强”企业和中国轻工业成长型 500 强企业。

公司主营产品包括各类液态产品的灌装封口设备、后道智能

① 百度信誉：天津晓沃环保工程股份公司，https://xin.baidu.com/detail/compinfo?pid=xlTM－TogKuTw2tPYIbcQIta22PaFZa5QvQmd&from=ps

② 杭州中亚机械股份有限公司企业简介，http://www.zhongyagroup.com/intro/2.html。

包装设备、中空容器吹塑设备，同时还为客户提供包装生产线设计规划、工程安装、设备生命周期维护、塑料包装制品配套供应等全面解决方案。公司产品广泛应用于乳品、饮料、食用油脂、调味品、日化等行业，主要客户包括中粮集团、伊利集团、蒙牛乳业、光明乳业、娃哈哈、益海嘉里、三元食品、现代牧业、新希望、香飘飘、今麦郎、海天调味等国内著名企业，以及达能集团、雀巢、可口可乐、百事可乐、联合利华、恒天然集团、菲仕兰乳品、明治乳业等著名跨国公司。

中亚机械拥有现代化总装车间、精密部件加工车间、研发中心、培训中心、运营中心等基础设施近八万平方米。中亚机械的研发中心被认定为“中国乳品包装机械研究开发中心”“中国食品包装机械研究开发中心”。中亚机械还先后通过 ISO9001 国际质量管理体系认证、ISO14001 环境管理体系认证、ISO10012 测量管理体系认证、国家 AAA 级标准化良好行为企业评定。经过多年的技术创新、市场开拓和品牌积累，中亚机械已发展成为国内领先的液态食品包装机械制造企业。

3. 唐山亚特专用汽车有限公司①

唐山亚特专用汽车有限公司是河北省重点专用汽车生产企业。唐山亚特成立于 2004 年 6 月 15 日，注册于唐山市高新区，总资产 5 亿元，占地面积 13.6 万平方米，建筑面积 7.8 万平方米，拥有正式员工 400 余人，其中专业工程技术人员 60 余人，具有年产

① 唐山亚特专用汽车有限公司首页，http://www.yateauto.com/aboutus/guan－yu－ya－te.htm。

10000 台专用汽车的生产能力。

唐山亚特的主要产品有混凝土搅拌运输车、粉粒物料运输车、旅居房车、环卫车、消防机器人装备车、救护车、通讯指挥车及环境检测车辆 8 大系列产品,广泛应用于建筑施工、道路运输、市政环卫、旅游、医疗、检测等领域。唐山亚特的产品销售网络遍及全国,在全国 20 多个中心城市建立办事处,销售范围遍布全国 28 个省、自治区、直辖市,并远销欧美、东南亚、非洲等地,现产品已经实现批量出口。

唐山亚特是国家高新技术企业、中国驰名商标、河北省著名商标,拥有河北省 A 级工业企业研发中心,被评为河北省技术创新示范企业;唐山亚特是中国散装水泥推广发展协会副主任单位和河北省汽车工业协会副会长单位,唐山市工业设计协会理事单位;多年荣获中国一汽、重汽、北汽福田、陕西重汽、北奔重汽等大型汽车生产集团优秀改装企业称号。

4. 浙江新乐纺织化纤有限公司

浙江新乐纺织化纤有限公司位于浙江省绍兴市钱清镇,前身为绍兴市新乐纺织有限公司,其正式成立于 1994 年 4 月,是一家以生产中高档男衬衫面料为主的纺织企业。新乐纺织以生产低档次化纤涤棉衬衫面料起家,经过 20 多年的发展,已经从一家面料生产小厂发展成为注册资金 1.0088 亿元,固定资产 2.7 亿元,总资产超过 8 亿元,在职员工 1000 余名,集纺织原料加工和面料生产于一体的全国知名纺织企业。新乐纺织是中国衬衫面料十强企业之一,成为罗蒙、雅戈尔、海澜之家、柒牌等 300 多家国内著名男装品牌和飒拉(Zara)、博柏利(Burberry)等国际知名品牌的供应商,连续多年跻身“中国纺织服装企业竞争力 500 强”。

5. 浪潮集团有限公司

浪潮集团有限公司是中国著名的高新技术企业,其前身是 20 世纪 60 年代成立的山东电子设备厂,最初以生产低频大功率电子管和计算机外围设备为主。但是,经过数十年的创新发展(具体科技创新历程详见表 5.1),浪潮已经由原来的纯制造企业发展成为以设计研发服务为主、服务器等硬件制造为辅的中国领先的云计算、大数据服务商。浪潮综合实力位列 2015 年中国电子信息产业百强第 9 位、中国 IT 企业前两位、中国自主品牌软件厂商第一位,浪潮服务器销量全球前三、中国第一,浪潮管理软件连续 14 年市场占有率第一,浪潮政务云服务连续 3 年市场占有率第一。①

表 5.1 浪潮的科技创新大事记

时间	里程碑事件
1983 年	第一台浪潮微机诞生
1990 年	全球第一台中文寻呼机研发成功
1993 年	浪潮研制出中国第一台小型机服务器
2004 年	浪潮服务器刷新世界商用智能 TCP—H 世界纪录
2005 年	浪潮 64 位服务器获得国家科技进步二等奖
2007 年	高效能服务器和存储技术国家重点实验室落户浪潮
2011 年	自主研发成功中国第一款 32 路高端容错计算机
2012 年	自主研发的中国第一台 PB 级海量存储通过科技部验收

① 浪潮集团简介,http://www.inspur.com/lcjtww/2314915/2315125/index.html。

续表

时间	里程碑事件
2013年	自主研发的天梭K1系统正式发布，填补关键应用主机系统国内空白
2015年	浪潮K1荣获2014年度国家科技进步一等奖
2016年	浪潮发布新一代关键应用主机天梭M13
2017年	浪潮承建中国首个大数据流通与交易国家实验室

6.天津优瑞纳斯液压机械有限公司

天津优瑞纳斯液压机械有限公司成立于2002年6月11日，注册地位于天津市西青经济开发区兴华二支路13号，法定代表人为王建中，属于非金属矿物制品业，主营行业为通用设备制造业。经营范围包括液压气动件、比例、数字、伺服液压缸和系统、流体及机械动力传动的智能化数字化高端设备、超高压食品处理机、等静压设备、带液压、机械自动化追踪系统、用于光电同步传输和通信的移动设备的制造、研发、设计、销售、维修及技术服务。公司占地28000平方米，建筑面积9600平方米，拥有员工人数200多人，注册资本4666.99万元。优瑞纳斯以前主要为冶金行业提供服务，现在已经转型为一家生产航空航天、石油勘探等设备的“高、精、尖”企业。公司的液压缸产品在鞍钢、宝钢、武钢、首钢等全国各大钢厂深受欢迎，是中国液压行业中首家通过挪威船级社ISO9001质量管理体系认证的企业，并入选中国钢铁业理事会会员单位。

7.天津市新岭电子技术有限公司

天津市新岭电子技术有限公司成立于2000年6月1日，注册地位于天津市南开区科研西路20号A端二楼(科技园)，法定代表人为褚保田。经营范围包括电子与信息、新材料技术及产品的开发、咨询、服务、转让；电子元器件、计算机、软件及辅助设备批发兼零售；电子元器件、仪器仪表制造（许可经营项目的经营期限以许可证为准）；建筑安装；从事国家法律法规准许的进出口业务。[①]

新岭电子为国家高新技术企业，汇集了计算机、工业自动化、通信技术等各方面的专业人才，具有出色的研发能力；同时拥有国际先进水平的自动贴片（SMT）生产线、插装生产线（THT）和回流焊机、波峰焊机等电子产品加工设备，拥有流量测试、温度测试、在线测试等热量表专用生产测试设备；标准厂房 3000 平方米，具有大规模的生产能力。热量表产品于 2001 年、2012 年分别获得国家住建部科技成果评估证书，并被住建部列为 2012 年全国建设行业科技成果推广项目。2007 年研发了 GPRS 远传抄表及能源管理系统，2012 年研发了供热计量网络能源管理系统，2013 年又成功研发供热计量及能耗监测管理平台。

8. 天津锐意泰克汽车电子有限公司

天津锐意泰克汽车电子有限公司于 2009 年 3 月 16 日在天津市注册成立，是一家专门从事汽车发动机电子系统产品研发和生产的高新技术企业，位于天津西青汽车工业区，总建筑面积约 22000 平方米。公司经营范围包括：汽车电子控制系统及部件的制造、销售及相关技术开发；汽车零部件（不含发动机）的制造、销售

① 天津市新岭电子技术有限公司，https://aiqicha.baidu.com/company_detail_22394538895208?rq=ef&pd=ee&from=ps。

及相关技术开发；房屋租赁；场地租赁。①

天津锐意泰克是香港上市公司——锦恒汽车安全技术控股有限公司的全资子公司，公司注册资本6460万元人民币，总投资额为3.2亿元人民币。除了作为零部件生产制造基地的天津锐意泰克汽车电子有限公司之外，母公司下辖作为技术中心的北京锐意泰克汽车电子有限公司和沈阳ECU生产制造基地。公司以EMS系统及相关零部件开发及制造为主要业务，同时向动力总成控制系统、多燃料控制系统、新能源控制系统等多个领域拓展，具备多种汽车电子产品的研发与制造能力。锐意泰克核心技术团队是由汽车、发动机、电子控制、软件开发等领域的海外归国人员及国内专家组成，具有丰富的汽车动力总成控制系统的产品开发经验。锐意泰克始终坚持以“客户满意”为宗旨，致力于研究、开发和生产具有国内先进水平的、适合中国汽车工业发展需求的发动机管理系统及其零部件，目标是成为国内一流的综合汽车电子供应商。

二、八家企业的转型升级路径与策略

1. 晓沃环保的转型升级之路

晓沃环保虽然是天津市烟尘治理行业的龙头企业，但也面临着非常大的转型升级压力，这主要体现在以下两个方面：一方面，客户对公司的技术要求越来越高。随着大众对生态环境和自身健康的关注，大家对大气环境质量的要求越来越高，国家为了改善大

① 天津锐意泰克汽车电子有限公司，https://aiqicha.baidu.com/company_detail_29498155488326?rq=ef&pd=ee&from=ps。

气环境质量，对排污企业的排放标准大幅提高，同时相关部门也加大了环境执法力度。而且，未来限制企业排放的法律法规的日趋严格和环境执法的规范将会成为一种常态，对不达标排放企业的处罚力度会加大。在这种情况下，客户在技术层面上的需求变得越来越高，尽管从长远来看，这是公司的发展机遇，但是就公司的技术现状而言，这一问题带来了很大的压力，因为公司现有的技术能力不能满足客户日益增长的技术需求。另一方面，作为地方性企业，晓沃环保的客户集中度相对较高，主要集中于天津市热电厂、热源厂、供热站等大中型企业，业务仅局限于天津本地，企业进一步发展的空间受到制约，亟须实现突破。

在这种情况下，晓沃环保经过认真研究，最终确定了加大研发投入，主攻满足更高排放标准的新技术，不断向产业链的研发设计端攀升的转型升级之路。

(1)晓沃环保转型升级的主要做法

一是通过加强与外部的合作提升技术水平。晓沃环保不仅成立了自己的技术研发中心，而且还和清华大学、上海交通大学、天津大学、华北电力大学、华南理工大学等国内知名高校的相关院所建立了长期合作关系，充分利用外部科研力量提升公司的技术实力。同时，晓沃环保大力引进国内外一流的先进环保技术，先后引进了德国鲁奇烟气脱硫技术、丹麦托普索公司烟气脱硝技术和北科环境工程有限公司密相塔半干法烟气脱硫技术、美国宝尔菲低氮燃烧技术、旋流雾化深度脱硫技术和高效凝并除雾技术等，通过对这些引进的技术进行消化吸收和自主创新，晓沃环保的技术水平得到了大幅提升，达到了国内一流甚至部分领先的水平。

同时，晓沃环保还与天津市环境影响评价中心建立了战略合作伙伴关系，利用各自的技术和市场优势在环保产业技术支持和市场开发等方面进行长期合作。晓沃环保与天津市环境影响评价中心建立了资质共享机制，共同在石化行业挥发性有机物泄露检测（LDAR）、第三方环境监测、污染场地风险评估与修复等专业技术领域进行了技术开发和市场开拓方面的紧密合作。通过战略合作，晓沃环保的技术创新能力和市场开拓能力进一步提高，市场竞争力大幅增强。

二是加强质量控制。晓沃环保已建立完善的ISO9001质量保障体系，在设计、采购、建造、运营系统中，建立了质量管理流程，确保每个环节不出现质量问题。晓沃环保建立了完善的质量追溯制度，为高品质、高稳定的建造业运营提供了有力保障。具体措施包括：通过不断的培训和教育，使质量意识扎根于每一位员工的思想中，并不断提高工作能力，力争做好每一件事情，不断提高服务水平，持续满足顾客需求和期望；严格控制各种采购材料和建造、运营质量，确保满足顾客要求；严格运行和不断改进质量管理体系，以改善工作效率和经济效益；严格执行质量追溯制度，发现问题及时纠正；严格履行不合格原材料不使用、不合格产品不转序的工艺纪律。

三是不断进行自主创新，培育核心技术。晓沃环保为了确保技术水平能够长期在国内保持领先地位，加大自主研发力度和研发投入强度（研发费用占全年营业收入的7%）。先后通过了

ISO9001:2008 质量管理体系认证和 ISO14001:2004 环境管理体系认证证书。晓沃环保自主研发的“TXT 型高效脱硫塔”获得了数项专利技术证书，并通过了中国环境保护产品认证。特别是针对供热燃煤锅炉，通过实践，晓沃环保成功研制出新型脱硫除尘设备，并在北京、天津等环保要求较高的地区得到实际应用，取得了非常良好的环境效益和社会效益。晓沃环保承建的“天津市河北区金泰供热中心氧化镁湿法脱硫工程”获得了 2009 年国家重点环境保护实用技术示范工程。经北京中研环能环保技术检测中心检测，公司建造的 TXT - 100 型高效脱硫塔在锅炉负荷高达 97%的情况下，脱硫效率高达 96%，二氧化氮排放浓度只有 42 毫克/立方米，循环水利用率高达 85%，可满足各类燃煤设备除尘脱硫的环保要求。①

(2)转型升级成效

晓沃环保通过加大研发力度、开展对外合作、强化员工培训等向产业链研发设计端转型升级的做法大大提高了企业的竞争力，成效非常显著：一是 2014 年 1 月晓沃环保在新三板成功上市，成为首家大气污染治理行业新三板挂牌企业，企业知名度大幅提高，融资渠道进一步拓宽，品牌价值进一步提升；二是 2016 年晓沃环保业绩大幅增长，全年实现营业收入 1.39 亿元，同比增长 66.64%，净利润 2438.24 万元，同比增长 97.25%，每股收益为 0.5 元，同比增长 38.9%。

① 晓沃环保：《公开转让说明书》，http://xinsanban.eastmoney.com/Article/NoticeContent?id=AN201401220005022482。

2. 中亚机械的转型升级之路

中亚机械的前身是1992年史中伟创办的中亚包装机械厂，最初以生产低端的乳品包装机械为主。尽管受益于当时中国乳业市场的蓬勃发展，产品销量十分可观，然而，由于企业自身实力的限制，与当时中国大多数乳品机械企业一样，中亚机械的产品主要集中在中低端市场，利润微薄，而利润丰厚的高端市场则被外国公司垄断。

在这种情况下，中亚机械经过认真研究，最终确定了加大研发投入，主攻高端乳品机械市场，通过自主创新不断向产业链的研发设计端攀升的转型升级之路。

(1)中亚机械转型升级的主要做法

一是严格遵循“生产一代、储备一代、研发一代”的产品技术储备原则，以适应市场的快速变化。中亚机械将拥有扎实的理论研究基础，又具有丰富的实际应用经验的技术人员组成了具有持续研发能力的研发团队，设置了研发中心。在研发投入方面，中亚机械每年将占销售额5%以上的新产品研发费用列入年度财务预算。[①] 据统计，2017年中亚机械投入研发费用3716.36万元，占营业收入的5.42%。中亚机械还为研发中心配置了先进的软硬件环境，研发中心被认定为“中国乳品包装机械研究开发中心”“中国食品包装机械研究开发中心”“浙江省优秀企业技术中心”和“浙江省高新技术研究开发中心”。

① 王影:《杭州中亚引领中国乳品机械发展》,《酒:饮料技术装备》2005年第5期。

二是中亚机械在专注高端包装机械行业的基础上，始终坚持产品系列化、研发深度化、技术自有化发展方向。在以塑瓶（桶）、塑杯、塑袋、塑盒为包装形式的包装机械方面，以及从成型（吹瓶）、灌装封口到后道包装的全生产线工序上均积累了大量的专有技术，积极推动企业产品从“国内领先”向“国际先进”提升。截至2016年2月，中亚机械共拥有309项专利权，其中发明专利99项、实用新型专利155项、外观设计专利52项、国外专利3项；中亚瑞程拥有1项发明专利。中亚机械还承担了多项国家级、省级重大项目，包括国家火炬计划项目、国家农产品深加工技术与设备研究开发项目、国家奶业重大关键技术研究与产业化技术集成示范项目、国家重点新产品项目、国家科技型中小企业技术创新基金项目、浙江省重点高新技术产业化项目、浙江省技术创新项目等。

此外，中亚机械还参与起草了液态食品包装机械行业的多项重要标准，是3项国家标准和1项行业标准的第一起草人，1项国家标准和1项行业标准的第二起草人，1项国家标准和1项行业标准的第三起草人，同时参与了10项国家标准和4项行业标准的制订工作。[①]

三是大力引进人才。中亚机械清醒地知道，人才是自主创新的关键，要生产一流的产品，就必须拥有一流的人才。中亚机械大力引进人才，同时加大对人才待遇的投入。每年把技术骨干送到

---

① 中亚股份：《首次公开发行股票并在创业板上市招股说明书》，http://data.eastmoney.com/notices/detail/300512/AN201605160014850780，JUU0JUI4JUFEJUU0JUJBJTlBJUU4JTgyJUExJUU0JUJCJUJE.html。

高等学院深造和专业培训，赴国外学习考察，开阔视野。中亚机械要求专业技术人员在其专长的特定技术领域深入研究，而不是将技术人员同时应用于多个领域和方向，以使专业技术人员在自身擅长的领域能够不断持续深入，在技术上不断精益求精，进而保障了中亚机械自有技术的深度研发和不断创新。为了留住人才，中亚机械坚持诚信负责的原则，切实解决各类人才的住房、家属就业及子女入学等问题，对关键岗位的技术人员给予具有竞争力的薪资和员工福利待遇，以保持技术人员的稳定及操作技术的传承，真正做到了以感情留人、以事业留人和以待遇留人。

(2)转型升级成效

中亚机械通过坚持不断地走自主创新之路，成为中国乳品机械行业的龙头企业之一和国内领先的智能包装机械制造企业，并于 2016 年在创业板成功上市，转型升级成效非常显著。[①]

一是具有丰富的技术积累及独特的核心技术，拥有较强的研发能力，是多项国家及行业标准的主要起草人和重点技术项目的承担者。尤其在无菌技术能力方面，行业优势明显。由于中亚机械具有较强的研发能力，可以快速响应客户的定制需求，提供满足其生产需要的包装设备。

二是拥有完整的产品系列，各类设备覆盖了成型、灌装、封口(封切)、后道包装等主要包装工序，拥有较强的整线提供能力。设

① 中亚股份：《2018 年年度报告》，http://data.eastmoney.com/notices/detail/300512/AN201904261322797479,JWU0JWI4JWFkJWU0JWJhJTlhJWU4JTgyJWExJWU0JWJiJWJk.html。

备适用于10升以下各类塑杯、塑盒、塑袋、塑瓶和塑桶等包装形式，并能实现洁净型、超洁净型和无菌型三种等级的卫生要求，可以较好地满足客户对设备的不同需求。

三是拥有丰富的客户资源及较强的品牌影响力，下游行业主要企业均为公司客户，如乳品及饮料行业的达能集团、蒙牛乳业、伊利集团、光明乳业、雀巢、娃哈哈、旺旺、三元食品、现代牧业、新希望，食用油脂行业的中粮集团、益海嘉里，日化行业的联合利华、珀莱雅、3M中国，互联网行业的京东集团，医疗健康行业的亚宝药业、博科林药品（天士力子公司）、海正药业、恒瑞医药、汤臣倍健，调味品行业的太太乐等。

3. 唐山亚特的转型升级之路

长期以来，唐山亚特的主要产品为水泥搅拌车、LNG运输车、环保洒水车等专用车型。受建筑市场下行压力较大和竞争日益激烈的影响，企业面临着较大的经营压力。在这种情况下，唐山亚特居安思危、主动转型，走上了不断向产业链的研发设计端攀升的转型升级之路。

（1）唐山亚特转型升级的主要做法

一是以“标准”为立业之本，推崇“改制造为智造”，不断进行技术创新，生产出适应市场需求的新车型。唐山亚特拥有一流的先进工艺技术，拥有省级认定的企业技术研发中心，并按照“专、特、精、尖”的要求，先后投入8000多万元进行工艺技术装备改造，产品全面实现自主知识产权。唐山亚特还紧跟用户需求研发新产品，每年在搅拌车、散装水泥运输车领域都有两三个新产品投放到市场。同时,唐山亚特对关键部位加强控制,针对产品质量问题,在解决过程中发现问题,寻求新思路、新办法,形成新的创意,不断推进技术的螺旋上升。①

二是公司以工业设计为切入点,加快从产品外观结构功能设计向品牌建设拓展。2011 年亚特汽车与燕山大学合作,首次引入工业设计,对罐体进行了优化设计,设计后的产品整体搅拌均匀度高、出料残余率低、工作效率快。2018 年唐山亚特又与洛可可科技公司合作,针对亚特搅拌运输车中高端市场定位和品牌化的需求,从企业标识、人机体验、安全性等方面植入工业设计,对搅拌车外观和结构进行重新设计,使操作更安全便捷,品牌形象更具辨识度。唐山亚特在实践中认识到工业设计的重要作用,于 2014 年成立了自己的工业设计中心,平均每年投入设计研发费用 3000 万元以上。通过企业工业设计中心的建设,唐山亚特不仅在工具箱集成、滑料槽加装振动功能、罐体自动清洗、自动喷淋系统等方面积累储备了专有技术,实现了混凝土搅拌运输车的升级换代,还成功进入了环卫车、旅居车等产品领域。②

三是唐山亚特注重人才的选拔与培养,研发人员占职工总人数的 10%以上,为企业创新奠定了坚实的基础。唐山亚特在引进专业人才的问题上,大胆创新,采取了全新的"成建制引进"方式,将一支平均年龄仅 34 岁的集设计、制造、营销于一体的房车研发团队整体引进,有力地支持了的房车新业务发展。同时,唐山亚特还

① 王越:《技术创新成为亚特重工逆势飞扬的原动力》,《中国质量报》2014 年 11 月 13 日。
② 米彦泽:《唐山亚特:工业设计助力产品升级换代》,《河北日报》2019 年 8 月 22 日。

借助外脑，积极引智，与各大科研院所合作开发新产品、新技术。与燕山大学在产品升级、人才培养、资源共享等方面开展多层次合作；与长安大学签订协议，就搅拌车、房车、环卫车等主营产品开展工业设计合作，并共建工业设计硕士工作站，工作站采用双导师负责制，理论与实践相结合，培养工业设计人才。

(2)转型升级成效

通过向研发设计端转型升级，唐山亚特取得了积极成效：

一是自主创新能力大幅增强。唐山亚特拥有一流的先进工艺技术，拥有省级认定的企业技术研发中心，技术设计手段、产品质量处在同行业的领先地位。唐山亚特曾参与《GBT 26408—2011 混凝土搅拌运输车》《QCT 560—2010 散装水泥车技术条件及性能试验方法》《QCT 667—2010 混凝土搅拌运输车技术条件和试验方法》《TCGCC 5—2017 清洁环卫设备售后服务要求标准》和《QC/T776—2017 旅居车》5 项国家及行业标准的制定。产品全面实现自主知识产权，拥有研发专利 54 项，有 28 项产品荣获国家、省、市新产品奖项，新产品产值率达到 35%。

二是秉承"引领专用汽车行业发展"的理念，通过以技术创新为驱动，公司产品及品牌得到了广大客户及社会各界的认可与赞誉：2007 年获评河北省中小企业名牌产品；2008 年获评河北省信用优良企业；2009 年获评河北省产业集群龙头企业；2010 年获评国家高新技术创新企业；2010 年获评发展散装水泥工作先进单位、河北省名牌产品、唐山市技术创新先进企业；2011 年获评河北省信息和工业化融合重点企业；2013 年获评首届河北省工业设计金奖；

2014年获评年度最佳成就奖、中国房车事业卓越奖;2014—2015中国汽车改装行业联盟成员单位、2015年度房车奖;2017年获评“中国专用汽车行业卓越企业”。2017年,唐山亚特搅拌车产品全国市场占有率排名前三。2018年,唐山亚特销售收入达到19.56亿元。

4.新乐纺织的转型升级之路

新乐纺织成立之初,以生产低档次化纤涤棉正装衬衫面料为主,产品较为单一,主要经营方式就像其董事长王明煜介绍的那样“客户提要求,企业照单做”,即先由客户提供衬衫面料的样品和具体要求,然后公司按照样品和要求进行加工制造,类似于衬衫厂家的一个制造车间。这一“按需生产”的经营模式在产品供不应求的创业初期还是比较成功的,但随着市场竞争的日趋激烈,其弊端也越来越明显:企业对衬衫布料完全没有定价权,受制于下游的衬衫厂家,只能靠价格与竞争对手血拼,利润微薄。在这种情况下,新乐纺织通过努力创新,刻苦钻研,探索出了一条传统纺织业向产业链的研发设计端转型升级的成功路径。

(1)新乐纺织转型升级的主要做法

一是狠抓研发创新,以新产品引领市场。2002年,新乐纺织就成立了国内衬衫面料纺织企业的第一家产品研发中心,专门进行衬衫面料的新产品研发工作。研发中心按照面料产品的不同工艺,划分成大提花组、正装组、色织休闲组、印花组和功能面料组五个相互独立的研发小组。新乐纺织坚持将自主开发的新产品分为春夏和秋冬两大系列,目前每年开发新产品5000多种,改变了原来产品单一的局面,形成了正装、职业装、休闲装三大衬衫面料系列齐全的新格局。

同时，为了了解衬衫面料在国际市场上的最新发展潮流、样式，新乐纺织从2004年起，与意大利著名服装面料设计公司ITALTEX建立了长期的技术合作关系。通过与ITALTEX的合作，新乐纺织获得了世界最新流行的衬衫面料信息和最新技术，并经过研发中心的消化吸收和二次开发，将更多的时尚元素融入新产品中，使得新乐纺织的面料始终保持市场领先地位，引领衬衫面料潮流。

此外，为了让顾客更好地了解和挑选公司的面料新产品和引领市场潮流，新乐纺织专门设立了600多平方米的"面料超市"，陈列着3000多种不同花纹、不同款式、不同材料的面料供不同需求的客户挑选，将"按需生产"的传统经营模式变为"选样订货"，牢牢掌握了市场的主动权。

二是加强人才引进和培养，为公司向研发设计端转型提供智力支撑。为了保障公司向研发设计端转型升级，新乐纺织不惜重金从天津工业大学、武汉纺织大学、东华大学等国内知名纺织院校引进各类人才，尤其是引进了一名博士研究生担任研发中心主任，引进了硕士研究生、本科生50多人组建了实力强劲的研发队伍。新乐纺织还通过猎头、熟人介绍等渠道从国内知名服装企业招聘各类专业人才，不断充实研发队伍。同时，新乐纺织为了激发研发人员的工作热情，还制定专门的激励政策。比如，新乐纺织将新产品研发人员的薪酬和奖金与客户的购买数量挂钩，不断提高新产品的市场适应性。此外，为了留住人才，降低人员过度流动对公司创新能力的影响，新乐纺织提供大学生公寓、餐补、免费班车、各种福利、管理和技术双向职业晋升通道等在纺织行业较为优厚的待遇和条件。

三是大力进行技术改造，为向研发设计端转型升级保驾护航。在向产业链的研发设计端转型升级过程中，并不需要完全放弃生产制造环节，在新乐纺织，新面料的生产制造也对其新产品的实现有着非常重要的作用。因此，为了保证自己所设计研发的面料能够批量生产，新乐纺织对各类新产品的配套技术进行了大力改造，每年在工艺、印花、色织、提花等织造技术改进方面的投入在1000万元以上。而且，新乐纺织还花重金引进了国际上最先进的纺织机器设备，建成了集染纱、织造、染整为一体的高档衬衫面料生产线，为中高档新面料的研发和生产制造提供支持。

(2)转型升级成效

经过多年的发展，新乐纺织向产业链研发设计端的转型升级已经初见成效，这些成效主要体现在：

一是新产品研发成果显著。新乐纺织平均每年开发新产品5000多种，已经成为中国衬衫面料十强企业之一。新乐纺织与罗蒙、雅戈尔、海澜之家等300多家国内著名男装品牌和多家国际知名品牌建立了合作关系，成为这些国内外知名服装企业的定点面料供应商。

二是新乐纺织的科技创新水平大幅提升。以最能代表企业科技创新水平的授权专利数为例，截至2017年底，新乐纺织共获得173项专利授权，而且其中大多数专利为发明专利。

三是企业业绩突出。企业销售额连年攀升,2017 年全年销售额超过 9 亿元。企业毛利润率在衬衫面料企业中名列前茅,大部分面料比市面上同类产品的价格约高三分之一,而且还广受好评,供不应求。

5. 浪潮集团的转型升级之路

浪潮集团(以下简称浪潮)是中国知名的高新技术企业,曾是中国最早的三大计算机制造厂商之一。但是其在个人计算机方面发展缓慢,落后于竞争对手。为了改变不利的竞争局面,浪潮加大科技创新,早在 1998 年就开始了从产品供应商向方案供应商转型,涉足通信、金融、制造业、电子政务、烟草等领域的行业应用软件开发,并紧紧抓住大数据、云计算等新兴技术的发展机遇,沿着产业链向研发设计端转型升级。经过 20 多年的转型发展,浪潮已经由原来的纯制造企业发展成为以设计研发服务为主、服务器等硬件制造为辅的中国领先的云计算、大数据服务商。

(1)浪潮转型升级的主要做法

浪潮能够实现成功转型得益于以下几项主要策略:

一是坚持实施技术创新战略,依靠自主创新向价值链高端攀升。浪潮于 1993 年自主研发了中国第一台基于 10 颗中央处理器的小型服务器 SMP2000,打破了外国公司对服务器产业的垄断,并连续多年成为中国服务器市场的销售冠军。但浪潮集团董事长孙丕恕认为:“尽管在通用服务器方面打开了市场,但国产厂商主要集中在中低端市场,缺少高端的中国服务器行业,犹如一条腿走路的巨人。”[①]因此，浪潮在2002年正式启动“天梭工程”，大力研发高端服务器。依靠自主研发，浪潮在2003年4月正式研发成功了天梭TS20000，这是国内研发的第一台高端服务器，整体性能达到了国际先进水平。后来，浪潮在高端服务器研发方面持续发力，在性能、速度、节能等方面多次打破服务器技术的世界纪录。2013年，浪潮更是成功研发出32路关键应用主机——天梭K1系统，使中国成为继美国、日本之后第3个掌握这一核心技术的国家。2015年，浪潮天梭K1荣获2014年度国家科学技术进步一等奖。

二是依托核心技术，积极向中国领先的云计算、大数据服务商转型。云计算、大数据等新一代信息技术的发展需要以高端服务器为重要支撑和保障，浪潮在高端服务器方面的多年积累和核心技术为浪潮拥抱云计算、大数据时代提供了契机。浪潮依托自己在高端服务器方面的研究专长和核心技术，紧紧抓住了大数据、云计算发展的战略机遇期，依靠自主创新突破大数据、云计算的核心技术，形成了涵盖IaaS、PaaS、SaaS三个层面的云计算整体解决方案服务能力，在2010年8月正式推出全面进军云计算市场的“云海”战略，并于2017年推出了新的“1—2—3—3云战略”，大力发展高端服务器、海量存储等云基础装备和云计算操作系统，积极打造中国领先的云计算基础架构供应商和云计算、大数据服务商。

三是建立健全技术创新体系来支撑浪潮向研发设计端转型升级。浪潮的技术创新体系包括三个层级：应用基础研究、产品设计

① 王志：《浪潮集团：6次打破服务器技术世界纪录 勇攀世界“高峰”》，搜狐财经 http://business.sohu.com/20150427/n411971761.shtml。

开发、生产工艺创新，这三个层级环环相扣，梯次衔接。应用基础研究层主要依托企业内外部的国家重点实验室、国家级企业技术中心等平台研究未来3～5年内企业发展方向的关键共性技术及各类应用基础技术。产品设计开发层主要依托国家和省内的工程技术研究中心和各级重点实验室平台进行未来1～2年内的技术和新产品的开发。生产工艺创新层主要依托主机系统国家工程实验室对当前的生产工艺进行创新研究。

四是大力实施人才强企战略，为自主创新提供智力支持。浪潮坚持“本领决定舞台，业绩体现价值，财富回报才智”的人才观，努力营造促进人才健康成长的良好氛围。一是针对不同类型的人才，建立了技术和管理的人才发展双通道，企业的不同类型的人才可以通过不同的通道得到晋升。为了激励技术人员专心搞科研，搞研发，浪潮专门为科研人才设置了单独的晋升序列，包括首席科学家、首席研究员等。二是通过股权、期权等长期激励引人、育人、留人。浪潮支持企业员工按规定购买和持有集团部分股权，同时实施股权激励改革，对公司技术骨干和对新引进的高层次人才实施期权和股权激励，激发了浪潮广大职工的工作积极性和企业归属感，吸引了一大批高层次人才加盟浪潮。三是激励青年人才，使其脱颖而出。浪潮建立了青年员工单独考评机制，对于毕业三年以内的青年员工进行单独考评，从中挑选优秀员工进行重点培养。同时，浪潮还建立“浪潮青年人奖励基金”，获奖员工在职级晋升时可加升一级，并给予一定的购房支持。[①]

(2)转型升级成效

浪潮的转型升级成效显著：一是分别获得中国电子信息百强IT企业综合实力前两位、中国电子信息产业百强第9位、计算机信息系统集成特一级企业、中国云计算创新典范企业、云计算客户示范应用示范奖、信息产业云计算突出贡献奖、战略性新兴产业创新典范企业、中国自主品牌软件厂商第一名等荣誉；二是服务器市场占有率连续20年中国第一，并进入全球市场前五，存储设备连续12年占据国产存储品牌市场份额第一位(2004—2015)，ERP连续13年在集团管理软件市场中占有率排名第一(2002—2015)；三是2018年全年销售收入突破1016亿元人民币，浪潮服务器销量进入全球前三。

6. 优瑞纳斯的转型升级之路

优瑞纳斯原来主要生产冶金行业的液压缸，尽管产品结构单一，但由于中国的高速发展，钢铁行业的需求旺盛，公司的经济效益很好。但是随着国内钢铁产业整体下滑，公司的业务也受到了很大影响，经济效益严重滑坡。在这种情况下，公司管理层认真地学习和研究政府主管部门组织的经济形势分析会和各项引导政策，同时在公司内部充分调动全体员工的积极性，群策群力，共商应对困境的对策，向研发设计端转型升级成为优瑞纳斯的路径选择。

① 山东省经济和信息化委员会：《山东省22个重点行业转型升级典型案例汇编》。

(1)优瑞纳斯转型升级的主要做法

一是练内功,深挖市场机会。管理层清醒地认识到员工队伍的素质和精细化管理是摆在当下的关键。公司原有员工在满足现有技术和产品要求方面是可以的,但“专、精、特、新”产品需要的高素质设计和生产方面的核心人力资源出现了一定程度的匮乏,能够适应现代化市场灵活变动的人才较为稀少,部分员工思维僵化,迷信量化和标准化。因此,一方面,优瑞纳斯进行内部挖潜,在公司内部组织各种工作技能的培训,安排员工到清华大学、北京大学、南开大学等进修各种专业课程,提高员工对市场的敏锐洞察力;组织员工到各种专业管理咨询公司接受采购、营销、品管、车间管理等各种专业培训,转变思想观念,培养员工的大局观,明确本职工作在企业战略发展中的重要性。另一方面,优瑞纳斯与高等院校和科研院所展开合作,2014 年 6 月,设立天津大学机械学科海洋工程装备实验室建设基金,用于资助天津大学机械学科海洋工程装备实验室建设,包括软硬件建设、聘用相关学术研究人员、讲席教授、学术交流活动、产学研创新平台建设、奖学金、奖教金、奖研金以及其他相关的教学科研活动,未来天津大学机械专业将会为优瑞纳斯稳定地输送人才和技术。

与此同时,公司以客户的高端需求为突破口,在实施 6S 和 6Sigma 管理的基础上,进一步加强内部全面质量管理。日常工作中把员工的质量体系培训作为一把手工程纳入了制度性工作,这不仅极大地提高了员工的质量技术,还大大提升了员工的技能。

公司服务的客户设备种类多,但其本身并不完全具备维护保养的能力，客户每年花费巨资从国外聘请原厂人员对设备进行维护保养，公司经过细致的市场调研，结合自身技术优势，有能力为客户解决大多数进口设备的维护保养，不仅可以给客户提供快速地维修服务，还可以为客户节省大量的费用，这不仅增加客户黏性，同时还能带来额外的经济收入。优瑞纳斯利用新形成的技术优势，不仅为客户现有的大量进口装备提供维修维护，在与客户深度接触中根据测绘、数据比对，新产品不断推送给客户，这些产品在性能上完全满足客户的需求，成为客户取代进口产品的替代品。

二是以尖端技术撬动高端市场。如何从对钢铁行业的依赖中走出来，是摆在公司管理层的一个难题。基于自身的技术优势，公司管理层把目光转向了航空航天、船舶舰艇、石油化工、矿山机械等多个高附加值、高技术领域行业。高端需求就要有高端技术，经过实践的探索，公司摸索出了一套有效的办法，目前已经形成了品种繁多、种类齐全的“专、精、特、新”产品结构。

公司与天津大学强强合作，采用力传感技术，成功研制出大型结构物的称重举升设备，为世界第二、亚洲第一的荔湾3—1油气平台称重，精度超过了世界先进水平。2014年6月，公司还成立企业工程技术研究中心——“天津市液压缸技术工程中心”，为这些具有高超的专业技术、丰厚的实战经验的员工们提供具有更高品质和更高技术的装备技术平台，使得技术人员在为客户进行专用的个性化的非标产品设计和深层次的技术服务时更加得心应手。同年优瑞纳斯的液压产品还成功中标国家射电望远镜液压促动器项目，工程中由优瑞纳斯负责生产和安装2250台液压促动器。除此以外，优瑞纳斯的产品还被应用在许多重大项目上。公司成功申办军工二级保密资质生产许可证企业，并新申请注册了一个股份公司——天津优瑞纳斯智能装备有限公司，注册资本1200万元。

(2)优瑞纳斯转型升级的主要成效

一是创新能力大幅提高，经济效益持续递增。

优瑞纳斯自主产品技术能力在生产力升级之后获得较大提升，2014年优瑞纳斯公司主持的12项新产品研发项目都属于世界尖端科技。优瑞纳斯计划每年新技术、新产品和新工艺项目上线15项以上，公司产值平均年递增20%以上。2015年优瑞纳斯实现销售收入22000万元，2016年实现销售收入28000万元。

二是发挥领军企业作用，促进周边产业集群发展。

优瑞纳斯的核心技术优势以及人才优先的战略，使得优瑞纳斯成为中国液压行业中首家通过挪威船级社ISO9001质量管理体系认证的企业，并入选中国钢铁业理事会会员单位和天津市科技小巨人企业，并获得天津市“专、精、特、新”产品(技术)认证。优瑞纳斯与由西青区政府牵头组织的企业联盟进行沟通，联合周边企业，实现跨越式、集群式发展，努力打造液压产业基地。液压基地第一期囊括了西青开发区的13家企业，形成了初具规模的产业链，预计实现产值12亿元，纳税9000万元。二期规划占地约29万平方米，预计年产值超过50亿元。三期项目完成后将最终形成聚集，实现生产能力和效益的地区性合作和捆绑。

7.新岭电子的转型升级之路

新岭电子的前身是中国电子科技集团公司第46研究所第八研

究室。从2000年起由原先的全额财政拨款的科研单位转制为自主经营独立核算的企业单位，企业开始走向市场。经过10多年的市场历练，凭借原单位多年的技术积累和良好的口碑，新岭公司致力于为供热计量提供产品和解决方案，产品已经牢牢站稳了市场。然而，随着市场竞争的加剧，新岭电子的经营也遇到了一些困难，亟待转型升级。公司管理层认真梳理前期的经验，对照以往的成绩和新岭电子雄厚的技术背景和科技实力，认识到向研发设计端转型升级是更切合公司实际的转型路径。

(1)新岭电子转型升级的主要做法

一是瞄准高端市场，勇于突破自我。

多年来，高端市场和高端客户一直是新岭电子的一个短板。在新的转型方案指导下，公司借助于自身原有的良好实力和口碑，承担了天津市供热办的世行贷款项目。与以往的项目不同，此项目从设计开始，到方案审定，原物料采购，施工组织，项目验收等完全按国际惯例和质量标准严格进行。公司不仅很好地完成了这个任务，还有了进军高端市场的经验。

之后，公司再接再厉，于2014年自主研发了全国首个供热计量与能耗监测管理平台。该平台包括1个集中式云计算数据中心、2个网络平台、3级数据存储体系及专业的数据分析、展现平台。平台对供热计量系统的运行数据进行采集、分析，了解供热系统整体能耗、热源能效、管网输配能耗、热力失调程度等情况，帮助供热单位有的放矢的开展供热系统节能改造，提高供热单位的技术和管理水平。该平台已经通过住建部和世行专家组的验收，获得了世行专家的好评。目前系统首期包括滨海、汉沽、南开、西青、北辰、东丽、津南、和平、河西、红桥、河北等区的17个热源、381个换热站。根据国家要求到2020年，达到建筑节能3.51亿吨标准煤的目标，供热采暖承担了1/3的任务，供热运行监测及能耗分析能有效管理系统直接应用于热力公司及供热管理部门。

二是研发网络平台管理系统，实现从系统集成商向供热计量网络服务商的转变。

目前全国集中供暖的有17个省、市、自治区，集中供暖总面积达30多亿平方米，2000余家热力公司，大多数属于粗放式管理模式。由于技术和管理滞后，造成15%～30%的供热热量损失。按照目前国家节能降耗指标计算的要求，整个市场容量300～400个亿，年增长率将保持在50%以上，属于国家重点支持的朝阳产业。面对如此巨大的市场，新岭电子原先被企业规模较小、研发资金不足而难以在市场中施展手脚等种种困难束缚了。但办法总比困难多，换个思路天地宽，公司毅然决定转变以往经营思路，借助物联网的巨大势能，寻找企业发展的新途径，稳步地从系统集成商向供热计量网络服务商转变。

根据市场反馈，公司瞄准了市场急需的网络管理平台作为突破口，从2014年起，新岭公司组织精干科研队伍研发完成了引领行业标准的抄表、数据存储、能耗分析、能源管理网络平台。该网络平台管理系统一经问世，立刻被市场接受，不到一年时间全国市场占有率第一；公司以这个网络平台管理系统作为突破口，不断地为客户提供增值服务，跟进热量表、收费软件等软硬件产品的销售，同时拓展物联网相关的智能家居、网络广告等服务，这使公司在传统产品领域找到了新的市场增长点和利润点，发展生机勃勃，各项事业欣欣向荣。

(2)新岭电子转型升级的主要成效

一是服务比重逐步提高。公司原为产销研一体化企业，原服务业所占比重为15%，且技术含量较低。转型后增加了高技术的服务领域，2014年现代服务业所占比重提升到35%，并在逐步提高。

二是公司三大主导产品均达到国内领先水平，从2012年至今，公司借助服务业转型升级，业绩也有了较大提升，主营业务收入增长了30%，利润增加了65%，净资产提高了52%。

此外，公司供热运行监测及能耗分析能效管理系统取得了四项软件著作权证书，申请了一份专利，并且获得了由南开区政府授予的南开区科学技术进步奖。通过供热运行监测及能耗分析能效管理平台系统的实施，大大提高了行业管理水平，推进了“智慧城市”“智慧城建”“智慧供热”信息化建设，并且为热网调控提供实时数据，节约能耗达10%～15%，如在全国范围内推广每年可节约标准煤1000万吨，并可帮助供热单位有的放矢的开展供热系统节能改造，提高供热单位的技术和管理水平，对行业升级具有积极的推动作用。

8. 锐意泰克的转型升级之路

天津锐意泰克是一家国内新兴的汽车发动机管理电子系统供应商，发动机管理系统(EMS)是汽车电子的核心技术，被认为是汽车的“芯脏”，直接关系到发动机的排放、动力和经济性能。2012年天津锐意泰克自主研发的新型扭矩模型汽车发动机管理系统打破了国际巨头多年来对该行业技术领域的垄断，相比传统的进气模型，扭矩模型不仅可以控制燃料进气时的比例，还可以精确控制后端的扭矩输出，与其他相关技术配合后，可以实现“1％扭矩输出变化为汽车节油5％～7％”，使得发动机的性能发生了质变。但是科研成果未能及时有效转化为生产力，企业效益难以维系技术支撑和产能升级方面的持续竞争。此外，企业还面临着科研人才匮乏的困境，从事软件开发、试验工程的技术性人才资源匮乏，以往主要借助清华、天大等高校及科研机构的研发人员在空闲时间帮助企业开展研发工作，技术研发的连续型不足，研发效率低下，造成企业持续创新能力不足，制约了企业的发展。因此，天津锐意泰克选择研发设计方向作为转型升级的主要路径。

(1)天津锐意泰克转型升级的主要做法

一是提升生产、试验能力，加快成果转化。

在核心产品取得技术突破之后，锐意泰克陆续实施了发动机管理系统零部件生产线和配套设施的改造项目。首先，2014年10月，锐意泰克投入3000多万元专项资金配置了四套国际先进的研发设备，建立了天津锐意泰克生产制造基地及试验中心，缩短了最新研究成果向产品转化的周期。中心已经达到国家级的汽车发动机试验检测基地的水平，并具备国际先进的汽车发动机试验检测设备及试验检测能力。其次，在原有租赁厂房的基础上扩建厂房，建成一个拥有8000平方米使用面积的生产基地，在新建基地中增加8条生产线，使得产品的年供货能力达到100万台套，并已开始为国内部分整车厂批量供货。另外，2013年启动的裸露式电子油门踏板生产线和氧传感器生产线升级改造项目已于2014年初完工投产，前者极大地降低了油门踏板产品的生产成本，而后者丰富了锐意泰克的产品结构，延伸了企业的产业链。锐意泰克一直致力于成为国际先进、全国一流的发动机管理系统、相关零部件研发生产基地。

二是实施兼并重组，实现产业集聚。

锐意泰克在2013—2017年这5年间，在发动机管理系统产业化项目上累计投入5亿元，打造汽车发动机管理系统零部件现代化产业链，其中固定资产投入约3亿元，补充流动资金约2亿元。一方面，新投资用于加速产业升级，在维持现有技术升级和创新之外，还开始向电动车电机控制系统等多个全新领域进行探索，特别是在能源汽车动力总成控制方面进行拓展。另一方面，锐意泰克利用投资通过兼并收购的方式，获得了天津卓远电工科技有限公司和沈阳金思达汽车电子有限公司的控制权，不仅有利于满足现有产品产能扩大的需求，也能够获得这些企业在相关领域的技术，丰富了锐意泰克自身的技术结构和技术实力，实现技术实力和产业布局的聚集。

三是通过政企合作，加快人才队伍建设。

为了使企业技术能力达到最大限度的发挥，锐意泰克加强人才队伍的建设，积极同政府沟通，召开专场招聘会、调用人才库信息，提高企业与高校、科研单位对接效率，科研团队在2014年一年就增加到了 40 多人，形成的标定团队人数共 30 余名，其中硕士及以上学历人员 20 余名，多数毕业于重点大学汽车或机电专业，具有平均 5 年的标定经验。

(2)天津锐意泰克转型升级的主要成效

一是产业链基地雏形初现。

天津锐意泰克在研发生产发动机管理系统相关零部件方面逐渐形成一套系统化生产产业链。目前天津锐意泰克利用自身研发能力，已经掌握多项具有自主知识产权的核心零部件生产技术，截至 2015 年，包括电子控制单元、电子油门踏板、节流阀体总成、燃油分配管总成、进气温度压力传感器、氧传感器等在内的 13 个零部件已经获得了 36 项授权专利，相关技术产品生产线已经陆续建成投产，再加上收购的配套企业延伸了企业的产业链，目前，锐意泰克成为国内唯一一家将扭矩模型发动机管理系统产业化的企业，也促进了地区和产业的升级。2014 年锐意泰克被天津市政府认定为“市级企业技术中心”，被列入国家 863 配套项目及科技型企业发展计划。同期，国家级汽车发动机试验检测基地及国家级汽车零部件研发基地，获得国家给予高新技术企业发展的一系列政策倾斜。

二是产品质量提高，市场地位提升。

天津锐意泰克通过具有自主知识产权的技术和产品的研发及产业化，不仅填补了国内空白，同时打破了国际巨头多年来在该领域对国内汽车行业的垄断，2014 年锐意泰克的产品被列入“撒手锏产品培育对象”。而且锐意泰克的产品较同等质量的同类产品具有价格优势，因而揽获了 10 多家国内大中型自主汽车厂商的青睐和供货合同，为这几家主机厂提供电喷系统开发、配套及供货服务，占领了国内品牌汽车市场。其主要客户有天津一汽、奇瑞汽车、哈飞汽车、长春一汽、北汽集团、上汽汇众、广汽吉奥和东风渝安等国内主要自主品牌汽车制造厂商，2014 年天津锐意泰克累计销售额已经突破 4 亿元。

第三节　企业向研发设计端转型升级所需的必要条件分析

晓沃环保、中亚机械、唐山亚特、新乐纺织、浪潮、优瑞纳斯、新岭电子和天津锐意泰克 8 家企业所选择的转型升级之路都是向研发设计端升级，通过对它们的转型升级过程进行分析，可以发现制造企业向研发设计端转型升级大多数需要采取以下的策略：

一是加强研发设计，坚持走自主创新之路。晓沃环保、中亚机械都设立了自己的技术研发中心来加大研发投入，主攻新的技术；唐山亚特设立了自己的工业设计中心；新乐纺织建立了中国衬衫面料纺织企业的第一家产品研发中心，专门进行衬衫面料的新产品研发工作；浪潮作为著名的 IT 企业，很早就成立了自己的研发中心，坚定不移地走自主创新之路，成为国家重点高新技术企业、首批“中国软件创新力 20 强”、首批认定的国家级企业技术中心，同时浪潮还在企业设立了高效能服务器和存储技术国家重点实验室、国家信息存储工程技术研究中心和国家级博士后流动工作站；

优瑞纳斯成立企业工程技术研究中心——天津市液压缸技术工程中心，为这些具有高超的专业技术、丰厚的实战经验的员工们提供具有更高品质和更高技术的装备技术平台；新岭公司组织精干科研队伍研发完成了引领行业标准的抄表、数据存储、能耗分析、能源管理网络平台；锐意泰克建立了天津锐意泰克生产制造基地及试验中心，缩短了最新研究成果向产品的转化周期。

二是人才是向研发设计端转型升级的关键。晓沃环保、中亚机械、唐山亚特、新乐纺织、优瑞纳斯尽管企业规模相对较小，研发人才储备不足，但它们善于借助外力来进行人才培养和引进。例如，晓沃环保通过加强与北京科技大学、上海交通大学、天津理工大学等知名高校的合作来为自己的技术研发中心培养人才，并擅长借助外脑来提升企业的研发实力。中亚机械每年把技术骨干送到高等学院深造和培训，赴国外学习考察，开阔视野。唐山亚特与燕山大学在产品升级、人才培养、资源共享等方面开展多层次合作；与长安大学签订协议，就搅拌车、房车、环卫车等主营产品开展工业设计合作，并共建工业设计硕士工作站培养工业设计人才。新乐纺织不惜重金从天津工业大学、武汉纺织大学、东华大学等国内知名纺织院校引进各类人才，尤其是引进了一名博士研究生担任研发中心主任，引进了硕士研究生、本科生50多人组建了实力强劲的研发队伍。优瑞纳斯安排员工到清华大学、北京大学、南开大学等进修各种专业课程，提高员工对市场的敏锐洞察力。浪潮则以自己培养研发人才为主，在企业内部建立了国家重点实验室和博士后流动工作站，甚至通过海外并购的方式获取研发技术和研发人才。

三是制造企业向研发设计端转型升级需要大量的资金投入。所选案例中涉及的企业都非常重视对研发设计方面的资金投入：例如，晓沃环保将年营业收入的7%作为研发费用投入到技术研发中；中亚机械每年研发投入占销售额的比例一直保持在5%以上；新乐纺织每年在衬衫面料研发上的资金投入都非常大；浪潮连续多年研究开发经费占销售收入的比例都大于6%，而且连年同比大幅增长30%以上，目前研发强度占比已经超过10%。锐意泰克5年间在发动机管理系统产业化项目上累计投入5亿元，打造汽车发动机管理系统零部件现代化产业链。而且，除了技术研发本身资金量需求比较大以外，为了保障研发的顺利进行，对配套设施的要求也很高，需要投入大量资金。例如，新乐纺织为了保证自己所设计研发的面料新产品能够批量生产，对各类新产品的配套技术进行了大力改造，每年在工艺、印花、色织、提花等织造技术改进方面投入在1000万元以上。

四是向研发设计端转型升级，并不意味着要完全放弃生产制造环节。制造企业向研发设计端转型升级的最理想状态是从制造企业完全转变为纯粹的研发设计公司，但从实践来看，这样转型成功的企业是极其少见的，而且研发设计的风险也非常大，投入巨额资金，研发方向一旦发生错误，对企业来讲可能就是灭顶之灾。因此，现实中大部分制造公司只是想通过向研发设计端转型升级来获取更高的利润，而非放弃生产制造环节。本书中所选择的晓沃环保、中亚机械、唐山亚特、新乐纺织、浪潮、优瑞纳斯、新岭电子和天津锐意泰克这8家企业也不例外，它们都没有放弃生产制造环节，反而充分利用在生产制造中所形成的技术优势顺势向研发设计端转型升级。例如，浪潮依托其在高端服务器方面的多年积累和核心技术，依靠自主创新突破了大数据、云计算的核心技术，努力向云计算、大数据服务商加速转型。天津锐意泰克2013年启动的裸露式电子油门踏板生产线和氧传感器生产线升级改造项目已于2014年初完工投产，前者极大地降低了油门踏板产品的生产成本，而后者丰富了锐意泰克的产品结构，延伸了企业的产业链。

总之，通过对晓沃环保、中亚机械、唐山亚特、新乐纺织、浪潮、优瑞纳斯、新岭电子和天津锐意泰克8家企业向研发设计端转型升级的过程进行分析，可以得出制造企业向研发设计端转型升级需要具有以下三个必要条件：一是在生产制造环节有一定的技术积累，本身具备一定的向研发设计端升级的技术条件，或者至少要能从外部获取关键的研发技术；二是要有大量的资金进行支持，充足的研发投入非常关键；三是要有向研发设计端转型升级的大量人才储备，或者能引进关键的研发人才。当然，制造企业具备这些条件也未必能够成功实现向研发设计端的转型升级，但不具备这些条件，就根本不会实现向研发设计端的转型升级。

第六章　中国制造业转型升级的基本路径之二:向品牌服务端转型升级

本章主要通过案例研究的方法对第四章所提出的中国制造业转型升级的三种基本路径之二——向品牌服务端转型升级进行实证检验,从而支撑所提出的新微笑曲线理论,同时探究这一转型升级路径的具体适用条件。

第一节　研究设计

一、研究方法的确定

与上一章的研究方法确定原则一致,中国制造业的转型升级过程就是制造企业的变革过程,而且本书所提出的新微笑曲线理论属于新构建的理论,因此案例研究是本章最适合的研究方法。与单案例研究相比较,多案例研究具有明显的优势,一是能通过对个案的复制来提高研究的信度和效度①；二是更适合用来进行理论构建②。因此，本章的研究方法与上一章一致，也采用多案例研究方法。

二、研究案例的选择

本研究按照以下标准进行研究案例的选择：一是要选取具有典型性和代表性的案例；二是要遵循复制法则；三是案例资料要容易获得、准确程度要高。根据上述标准，本章选取了安踏体育用品有限公司（简称安踏）、陕西鼓风机（集团）有限公司（简称陕鼓）、雅迪集团控股有限公司（简称雅迪）、上海振华重工（集团）股份有限公司（简称振华重工）、杭州圣德义塑化机电有限公司（简称圣德义）、比亚迪股份有限公司（简称比亚迪）、宁波音王集团有限公司（简称音王集团）、江苏小小恐龙儿童用品集团有限公司（简称小小恐龙集团）8 家企业作为典型案例进行分析。

这 8 个案例具有以下特征：

第一，这些案例既有传统的体育用品制造业公司安踏、玩具制造业公司小小恐龙集团，也有新兴的电动车制造业公司雅迪、电池和汽车企业比亚迪、专业音响设备及相关器材企业音王集团，还有传统机械制造业公司陕鼓、振华重工，传统小五金制造商圣德义等，具有很强的典型性和代表性。

① Eisenhardt, "Building theories from case study research," *Academy of Management Review*, 1989, 14: 488—511.

② Yin, R. Applications of case study research, *Sage Publications*, Inc, 2003.

第二，这些案例都具有向产业链的下游品牌服务端转型升级的共同特征，也存在较大的差异，例如，陕鼓、振华重工向生产性服务商转型升级，安踏、比亚迪、音王集团、小小恐龙集团向品牌端转型升级，圣德义由传统定点生产做出口转型为自有品牌做跨境电商，而雅迪在转型升级过程中则采取了双重策略，既做品牌，又做服务。所选择的案例资料符合多案例研究的复制法则，而且容易从不同案例中所得到的、能相互印证的结论，更有说服力。

第三，所选取的8家企业基本上都属于比较知名的企业，有着丰富的前期研究和二手资料，这些都很容易获得，而且大多能够相互验证，案例资料的准确度较高。此外，这些企业转型升级的过程清晰可见，能够进行深入的案例分析。

三、案例资料搜集

由于所选择的安踏、陕鼓、雅迪、振华重工、圣德义、比亚迪、音王集团、小小恐龙集团都是业内知名企业，二手资料较为丰富，本研究在案例资料搜集的过程中严格遵循信度和效度原则，采取了多种方法：

第一，采取多种方法搜集二手案例资料：一是通过企业官网了解企业的基本情况和发展历程，转型升级的关键事件以及最新发展动态；二是在知网、万方等学术数据库进行文献搜索，搜集研究目标企业的学术文章、硕博士论文、新闻报道；三是通过搜索引擎搜集目标企业的其他资料，如历年的宣传报道、领导讲话、发言等。

第二，利用三角验证的方法对目标企业的各种案例资料进行验证，以提高案例资料的信度和效度。首先，对于制造企业转型升级的各种关键资料进行反复的比较、核对，从而确保案例资料的真实性和可靠性，尽可能降低研究偏差。① 其次，如果发现案例资料之间存在矛盾和不一致的情况，或者进一步搜集相关资料进行验证，或者向目标企业进行求证，从而保证所采用的案例资料是真实可靠的。

第二节　向品牌服务端转型升级的案例分析

由新微笑曲线模型可知，向产业链的品牌服务端攀升是中国制造业转型升级的三条基本路径之一。实际上，这一转型升级路径是和传统微笑曲线理论相一致的，在现实当中很多制造企业选取了这一转型升级路径。本节选取了安踏体育用品有限公司（简称安踏）、陕西鼓风机（集团）有限公司（简称陕鼓）、雅迪集团控股有限公司（简称雅迪）、上海振华重工（集团）股份有限公司（简称振华重工）、杭州圣德义塑化机电有限公司（简称圣德义）、比亚迪股份有限公司（简称比亚迪）、宁波音王集团有限公司（简称音王集团）、江苏小小恐龙儿童用品集团有限公司（简称小小恐龙集团）8家企业作为典型案例进行分析，探讨这一转型升级之路所要具备的条件。

① 杨桂菊、刘善海：《从OEM到OBM：战略创业视角的代工企业转型升级——基于比亚迪的探索性案例研究》，《科学学研究》2013年第2期。

一、案例背景介绍

1. 安踏体育用品有限公司

安踏体育用品有限公司(以下简称安踏)的前身为安踏(福建)鞋业有限公司,其于1991年成立于福建省晋江市,最初仅为一个小小的家庭制鞋作坊。经过多年的发展,安踏已经发展成为中国最大的综合体育用品商和中国体育用品领跑品牌,是中国体育用品品牌建设的先行者,安踏首创了“明星运动员+广告”的品牌营销模式,签约了孔令辉、王皓、郑智、斯科拉、汤普森等10多位国内外体育明星做形象代言人;安踏是中国体育用品销售专卖体系的实践者,其在全国31个省、自治区、直辖市设立近万家专卖店,产品销往全球200多个国家和地区;安踏是中国体育事业发展的支持者,通过赞助中国篮球职业联赛、中国乒乓球俱乐部超级联赛、全国排球联赛、中国奥委会等,支持中国体育事业发展;安踏是中国运动科技创新的开拓者,率先在国内成立了第一间运动科学实验室,现在每年的研发投入超过4亿元。①

2. 陕西鼓风机(集团)有限公司

陕西鼓风机(集团)有限公司(以下简称陕鼓)始建于1968年,由陕西鼓风机厂在1996年改制而成。陕鼓的产品和服务广泛应用于石油、化工、冶金、空分、电力(包括核电)、城建(地铁)、环保、制药等国民经济的支柱产业领域。经过多年发展,陕鼓已经由单一

① 安踏品牌官方网站:http://www.anta.com。

产品制造商转变为向用户提供分布式能源的系统解决方案商和系统服务商，形成了“能量转换设备制造、工业服务、能源基础设施运营”三大业务板块。近年来，陕鼓创新商业运行模式，转变经济增长方式，聚焦核心技术，抛弃低附加值业务，取得了较快发展。从2002年开始，陕鼓各主要经济指标已位居同行业前列；自2005年连续多年被评为“中国工业行业排头兵”；2006年起，“陕鼓”品牌多次入选中国品牌500强，品牌影响力逐年提升。[①]

3. 雅迪集团控股有限公司

雅迪集团控股有限公司（以下简称雅迪）创立于2001年，其前身是1997年成立的江苏雅迪科技发展有限公司。雅迪始终坚持“制造让消费者有幸福感的产品，回归骑行乐趣”的经营理念，通过推行“高端战略”，致力于打造高端电动车品牌和绿色生活方式。经过近20年的发展，雅迪已经成为集电动自行车、电动摩托车及其零配件研发、生产与销售于一体的高端两轮电动车制造企业。[②]2016年5月19日，雅迪在香港成功上市（股票代码：01585. HK）。雅迪拥有天津、江苏、浙江、广东四大生产基地及一家工业设计技术中心，总占地面积约80万平方米，年产能逾600万辆，年销量400万台以上，销售网点遍布全国30多个省市，全国有1782家分销商、10120家高标准的终端门店，渠道覆盖率居行业首位。

---

① 陕西鼓风机（集团）有限公司网站：http://shaangu－group. com/wzzw_list. jsp? urltype＝tree. TreeTempUrl&wbtreeid＝1009。

② 雅迪集团控股有限公司网站：http://www. yadea. com. cn/about/index. html。

4. 上海振华重工(集团)股份有限公司

上海振华重工(集团)股份有限公司(ZPMC)(以下简称振华重工)是重型装备制造行业的知名企业,为国有控股A、B股上市公司,控股方为世界500强之一的中国交通建设股份有限公司。振华重工前身是成立于1885年的公茂船厂,历经百余年的发展,于2009年正式更名为上海振华重工(集团)股份有限公司。振华重工总部设在上海,并在上海本地及南通等地设有10个生产基地,占地总面积约6.67平方千米,总岸线10公里,其中深水岸线5公里,承重码头3.7公里,是全国也是世界上最大的港口机械重型装备制造商。振华重工拥有25艘6万～10万吨级整机运输船,可将大型产品跨海越洋运往全世界。①

振华重工主营业务分为八类:一是港口用大型集装箱机械和矿石煤炭等散货装卸机械,如遍布全世界101个国家和地区主要集装箱码头的岸桥、场桥,散货装卸设备如装卸船机、斗轮堆取料机、环保型链斗卸船机等;二是海洋重工,如巨型起重船、铺管船和各种工程船、各种平台以及动力定位装置和平台抬升装置、船厂用龙门起重机等;三是大重特型钢结构,振华重工有年产各种钢构100万吨的能力,曾成功建造世界顶级制造难度的美国旧金山—奥克兰海湾大桥;四是海上运输与安装,振华重工拥有20余年海运经验,船运设计实力强大,并在积极开拓海上安装、海底安装业务;五是系统集成、工程总承包,包括散货系统总承包、全球节能环保的

① 上海振华重工(集团)股份有限公司网站:https://cn.zpmc.com/gsjies.aspx。

第四代全自动化码头系统等；六是电气产品、软件开发与集成，振华重工拥有自主电气品牌“EZ”；七是投融资和一体化服务，振华重工建成覆盖全球的服务、经营、投资网点，为全球客户提供及时、准确、全面的一体化和精益化经营投资与全寿命周期的服务。

5. 杭州圣德义塑化机电有限公司

杭州圣德义塑化机电有限公司位于杭州市郊新安江千岛湖北面，地理环境十分优越，交通极为便利。圣德义占地面积 2300 平方米，现有员工 500 余人，各类专业技术人员 85 人，具有先进的检测设备、生产工艺和雄厚的技术力量，是一家专业生产螺丝批、电瓶夹、电线电缆、塑料玩具的生产厂家。圣德义全面通过 ISO9000：2000 质量管理体系认证，电缆电线通过 CCC 认证，电缆料通过 UL 认证。圣德义有自营进出口权，产品出口欧美、中东、亚洲等地区，深受国内外顾客的喜爱。在瞬息万变的市场经济中，圣德义将更加执着于“以质量求生存，以诚信求发展”的宗旨，不断开发新产品，专注走行业专业化道路。①

6. 比亚迪股份有限公司

比亚迪股份有限公司创立于 1995 年，2002 年 7 月 31 日在香港主板发行上市，公司总部位于广东深圳，是一家拥有信息技术、汽车及新能源三大产业群的高新技术民营企业。比亚迪在广东、北京、陕西、上海、天津等地共建有九大生产基地，总面积将近 700 万平方米，并在欧洲、日本、韩国、印度等地和中国台湾、香港地区

① 杭州圣德义塑化机电有限公司网站：http://cnsedy.cn.global.com。

设有分公司或办事处，现员工总数近 20 万人。

公司信息技术产业主要包括二次充电电池、充电器、电声产品、连接器、液晶显示屏模组、塑胶机构件、金属零部件、五金电子产品、手机按键、键盘、柔性电路板、微电子产品、光电子产品等以及手机装饰、手机设计、手机组装业务等。主要客户包括诺基亚、三星等国际通信业顶端客户群体。

2007 年 3 月，公司分拆旗下手机部件及模组、印刷电路板组装等业务，申请赴香港主板上市。12 月 20 日，分拆出来的比亚迪电子(国际)有限公司在香港联交所挂牌上市。2011 年 6 月 30 日 A 股上市。2015 年度，公司实现营业总收入 800.14 亿元，同比增长 37.49%；实现归属于上市公司股东的净利润 28.29 亿元，同比增长 552.63%。2016 年 4 月，比亚迪汕尾公司获得全球单笔最大纯电动客车订单。8 月，比亚迪股份有限公司在“2016 中国企业 500 强”中排名第 175 位。2019 年 9 月 1 日，2019 中国战略性新兴产业领军企业 100 强榜单在济南发布，比亚迪股份有限公司排名第 24 位。

7. 宁波音王集团有限公司

宁波音王集团有限公司始创于 1988 年，历经 33 年的发展，已成为全球音视频智能化集成产业龙头企业之一。公司集研发、生产、销售、工程设计与安装、运维为一体的交钥匙工程和一站式服务，成为国际国内首家拥有自主知识产权的音视频智能系统整体解决方案供应商和服务商。公司被联合国工业发展组织授予全球创新网络音王产业创新示范基地，被国家多部委认定为国家企业技术中心，院士工作站、国家博士后工作站，国家文化产业示范基地和国家文化出口重点企业等,在国际权威机构评定的全球专业音响与乐器行业225强中位居第21位。

音王曾服务于北京奥运会、上海世博会、西安世界园艺博览会、G20峰会、厦门金砖五国会议五个世界级盛会。2008年与北京奥组委合作,38个奥运场馆全部采用音王音视频连接系统,被誉为奥运生命线;2010年与上海世博组委会合作,成为中国国家馆、世博主题馆等六大展馆音响设备指定供应商;2011年与西安园博组委会合作,成为全球合作伙伴及音响指定品牌;2016年与G20峰会组委会合作,为多个主会场提供音频扩声,呈现给世界一份别样的精彩;2017年与厦门金砖五国会议组委会合作,为厦门金砖五国会议保驾护航。音王作为中央广播电视总台指定扩音品牌,连续四年(2018年、2019年、2020年、2021年)服务于央视春晚。

音王拥有强大的多元化品牌阵营,拥有多个国内、国际品牌,形成了多品牌、多元化产品发展战略,实现品牌国际化,品牌市场价值达40亿。①

8. 江苏小小恐龙儿童用品集团有限公司

江苏小小恐龙儿童用品集团有限公司于2001年2月16日在昆山市市场监督管理局登记成立。法定代表人陆周生,系从事儿童自行车、婴儿推车、儿童三轮车、儿童电动车、童装、木制家具、童床及婴幼儿用品等儿童产品的设计、研发、生产、销售和服务的大型企业集团。集团下辖罗瑞运动用品(昆山)有限公司、卡乐丽商

① 音王介绍:http://www.soundking.com.cn/about_complex.aspx? TypeId=1&FId=t1:1:1。

贸(昆山)有限公司、荟智儿童用品(上海)有限公司等。集团总部位于昆山市千灯镇中节路270号,总占地约11万平方米,建筑面积近10万平方米,现有职员1800余名,年产各类童车共600余万辆。集团自主品牌——荟智,其童车和童床以欧美为主要出口市场。2017年集团销售额达5.05亿元,并持续多年被评为所在地区"十佳销售企业"和"十佳纳税企业"。

小小恐龙现有各类管理人员286名,其中高级技术人才28人,中级技术人才85人,每年研发新产品100多种,获得授权专利290多项,研发费用占销售年收入的3%以上。集团企业于2003年通过ISO9001质量管理体系认证,2009年获得ICTI、GSV等认证并多次通过沃尔玛、开市客等客户的验厂,所有内销产品都已通过CCC认证。集团还参与《化工轻工商品流通标识》《婴儿学步车安全要求》《儿童三轮车安全要求》和《玩具安全第2部分机械和物理性能》等国家标准的起草,以及《婴儿秋千安全要求》和《自行车用儿童座椅安全要求》等国家标准的评审。①

二、八家企业的转型升级路径与策略

1.安踏的转型升级之路

安踏从成立之初到亚洲金融危机发生之前的很长一段时间,一直像国内的很多制鞋企业一样,主要从事为跨国公司代工的业务,利润很低,1999年安踏的利润仅为200万元。从1999年开始,

① 江苏小小恐龙儿童用品集团有限公司:http://www.xxkl.com/about/11。

为了扭转不力的竞争局面，安踏创始人丁世忠决定沿着产业链向制鞋产业的品牌服务端转型升级，从为国外企业代工转为坚定不移地走自主品牌之路，大力开拓国内的体育用品市场。经过 20 年的不断发展，安踏已经成为中国著名的体育用品品牌和中国最大的综合体育用品商。

(1)安踏转型升级的主要做法

安踏能够实现成功转型主要得益于以下品牌发展策略：

一是借鉴阿迪达斯、耐克等国际著名品牌的品牌建设经验，安踏在国内首创了“明星＋广告”的品牌营销模式。1999 年，安踏与中国乒乓球队签约，重金聘请孔令辉做形象代言人，以“我选择，我喜欢”作为广告语在央视投放广告。随着 2000 年孔令辉在悉尼奥运会上夺得乒乓球男单冠军，安踏的品牌知名度迅速提升，销售额快速增长。此后，安踏又签约王皓、邹市明、陈盆滨、刘诗雯、郑智、巴特尔、汤普森、斯科拉、加内特、帕森斯等国内外知名运动员，继续依靠“明星＋广告”的品牌营销模式提升品牌知名度和美誉度。

二是通过赞助国内外体育赛事塑造品牌。安踏的成功引起很多运动鞋制造企业竞相效仿“明星＋广告”的品牌营销模式，广告费用越来越高，同质化竞争越来越严重。安踏另辟蹊径，开始通过持续赞助国内外体育赛事、体育赛事冠名等方式来进行品牌建设。2004—2012 年，安踏打破国际品牌对国内顶级赛事赞助的垄断格局，连续 9 年赞助中国男子篮球职业联赛(CBA)，成为该联赛运动装备唯一指定合作伙伴；2009—2012 年和 2013—2016 年连续两个奥运周期，安踏成为中国奥委会体育服装的合作伙伴，赞助中国体育代表团参加重大国际赛事的领奖服装，随着中国体育健儿在国际赛场上不断取得好成绩，安踏品牌也变得家喻户晓；2014 年，安踏还签约国家体育总局体操运动管理中心、国家体育总局举重摔跤柔道运动管理中心、国家体育总局水上运动管理中心、国家体育总局冬季运动管理中心和国家体育总局拳击跆拳道运动管理中心五大中心共 24 支国家队，为他们提供专业的比赛和训练服装。

三是通过承担社会责任来提高品牌美誉度。安踏热心体育公益事业，2013 年，与中国奥委会、冠军基金、萨马兰奇体育发展基金会共同发起“奥林匹克公益合作联盟”，并作为首家爱心企业向在北京启动的“爱心桥”公益项目捐赠了价值 2000 万元的运动装备。安踏还积极参与赈灾活动：2008 年向汶川地震灾区捐出了超过 1000 万元的资金和救灾物资；2010 年向青海玉树地震灾区捐款 200 万元；2013 年向四川雅安地震灾区捐赠价值 1000 万元的资金和救灾物资；2014 年向云南省昭通市鲁甸地震灾区捐赠价值 500 万元的钱物帮助灾区重建。

四是实施多产品和多品牌战略。一方面，安踏在运动鞋领域品牌塑造成功之后，从 2002 年开始就果断打破运动鞋专业制造商的身份界限，进入运动服装领域，并很快获得成功，目前已经由单一的运动鞋制造商发展成为运动鞋、运动服装、针织品、纺织品、编织品、皮箱、包袋、帽、鞋材（鞋面、鞋底、鞋舌）、体育用品（球类）生产、销售及配套设计服务（不含漂染）的综合体育用品商。另一方面，安踏创始人丁世忠认为：“若靠安踏单一的品牌，我们无法超越耐克和阿迪达斯。但当我们实施多品牌战略时，就能创造更多的可能性。"安踏在 2008 年推出儿童品牌 ANTA KIDS 和 2009 年收购意大利运动品牌 FILA 可以看作其实施多品牌战略的最早尝试，但直到 2015 年安踏才正式将多品牌战略确立为核心战略。目前，安踏旗下共有安踏（ANTA）、安踏儿童（ANTA KIDS）、小笑牛（KingKow）、斐乐（FILA）、斯潘迪（Sprandi）、迪桑特（Descente）、可隆（Kolon Sport）等一系列能够满足不同细分市场的品牌。

五是实施全渠道零售模式转型策略。为了应对 2009 年开始出现的中国运动品牌增速下滑的局面，更好地支持多品牌战略实施，从 2012 年起，安踏开始从传统的大批发销售模式向以零售为导向的全渠道零售模式转型。安踏实施街铺、购物中心、百货、奥特莱斯和电商领域的销售渠道全覆盖计划，已设立店铺 1 万多家，并在京东、天猫、唯品会等电商平台和官网积极进行商品销售。安踏从业务精细化管理、物流模式变革、柔性供应链等方面进行零售模式的全面转型，并依靠零售的成功转型超过李宁，成为中国第一运动品牌。

(2)安踏的转型升级成效

从实践来看，安踏从 OEM 向品牌服务端的转型升级是非常成功的，经过 20 年的发展，安踏已经从一家年利润 200 万元的小厂发展成为中国体育用品行业第一家突破百亿的企业和中国第一运动品牌。根据 2016 年财报，安踏全年营业收入和净利润分别达到 133.45 亿元和 23.85 亿元，同比分别增长 20%和 16.9%，毛利率高达 48.4%，开设的各类实体专卖店（包括安踏店、安踏儿童独立店、FILA 专卖店、FILA KIDS 独立店、DESCENTE 专卖店等）总数接近1万家。

2. 陕鼓的转型升级之路

陕鼓的前身是成立于1968年的陕西鼓风机厂，最初是以生产经营离心鼓风机、轴流压缩机、空分压缩机、能量回收透平装置、通风机共五大类产品为主的单一产品制造商。到2000年，陕鼓已经发展成为中国风机行业的排头兵之一，其主打产品轴流压缩机、空分压缩机、能量回收透平装置分别占据了90%、80%和65%的市场份额。然而，风机市场同质化竞争严重，利润微薄，陕鼓为了改变这一不利局面，借鉴国外同行制造业服务化的成功经验，从2001年开始实施“两个转变”战略，即从单一产品制造商向分布式能源领域系统解决方案商和服务商转变，从产品经营向客户经营、品牌经营和资本运营转变，努力从产业链的生产制造环节向下游的品牌服务端转型升级，走出了一条制造业服务化的成功转型之路。

(1)陕鼓的转型升级经验

一是从提供单一产品向提供系统解决方案转变。转型后，陕鼓已经从纯产品制造商变为向客户提供产品和依托于产品的系统解决方案服务。陕鼓所提供的这种服务是从产品开发改进、生产制造、安装调试、售后服务、运营管理到最终产品报废回收等产品全生命周期全过程的专业化服务，既包括陕鼓根据不同用户的个性化需求定制的工程成套安装服务，也包括专业化维修改造服务、专业化远程设备状态服务、专业化备品备件服务和专业化工程融资服务。通过这些创新性制造业服务，陕鼓与自己的大客户结成了战略性合作伙伴关系，提高了下游客户的忠诚度，提高了客户的转换成本，并降低了陕鼓向客户提供新产品和服务的成本，提高了陕鼓的竞争优势，并成为陕鼓利润的主要来源。

二是聚焦核心业务，“有所不为，有所作为”。为了实现从单一产品制造商向系统解决方案商和服务商的成功转型，陕鼓对公司的资源配置进行了优化，实施了“有所不为，有所作为”的业务流程再造。“有所不为，有所作为”就是陕鼓集中资源发展利润高的核心业务，放弃那些利润低的非核心业务，将其进行外包。自 2002 年以来，陕鼓共放弃了油库、水压机、小锻件、煤气站、建安公司、机床设备维修保养、工具、工装制造、木型制作、运输业务、备料、下料、常规加工制造、铸造业务、铆焊业务等 18 个非核心业务环节，将其外包给其他公司。同时，陕鼓以风机安装调试、检修、维修服务为核心业务，新增、强化了“投融资业务的项目策划和实施、新能源市场业务开发、透平设备全生命周期系统服务、‘物流采购、配送及供应链管理’、电气自动化控制系统业务拓展、‘工程总包项目土建设计、施工、管理，工程设计研究院’‘产业投资与并购的调查、论证和分析’、工业气体业务拓展、污水处理业务拓展、风险控制业务、汽轮机业务开展”等近 20 种核心业务。

三是紧抓冶金、化工等传统领域发展机遇。冶金、石化、煤化工等是陕鼓服务的传统领域，公司具有一定的优势。近几年这些传统领域的环保改造、转型升级为陕鼓提供了新的发展机遇。陕鼓紧抓这一机遇，围绕这些传统领域的节能环保问题和减排增效的综合能源利用问题进行技术攻关，每年研发投入强度(即研发费用占销售收入的比例)在 8%以上，实现了多项重大装备的国产化和发明首创。例如，陕鼓对冶金企业转型升级中遇到的重点难点问题进行了详细调研，与冶金客户共同挖掘、研发新产品、新工艺、新技术，为冶金顾客提供了“烧结余热回收拖动、烧结矿竖炉冷却余热高效回收、烧结烟气低温脱硝脱硫协同治理、高炉鼓风机能效提升、高炉冲渣水余热综合利用、焦炉煤气制甲醇及 LNG 增效、富余煤气高效利用、工业循环水节能”等一系列能够实现全方位节能增效的系统解决方案。

四是依靠智能制造，支撑陕鼓服务转型。大数据、云计算、智能制造等新技术的发展，为陕鼓服务转型提供了重要支撑。陕鼓充分运用“工业互联网＋”与“工业 4.0”的智能设计、制造、服务三位一体的智能制造服务型集成理念，通过承担“863”“973”等国家重大项目，长期致力于网络化监测、智能故障诊断、大数据分析应用、设备健康云服务平台应用需求等方面的技术研究与应用推广，主导研发了具有自主核心知识产权的MRO智能健康状态管理与服务支持平台，可以为用户提供包括智能化设备健康管理、备件需求智能预测及生产协同服务、数字化检维修支持保障等解决方案。①

五是紧抓消费升级的新机遇。针对中国新能源消费升级的新机遇，陕鼓将公司定位为向用户提供分布式能源的系统解决方案商和系统服务商，创新性地开发了能源互联岛解决方案，即基于区域能源物料的供给禀赋，在满足区域能源合理需求的前提下，采用互联网思维，因地制宜、量体裁衣，综合利用供给侧能源条件及资源条件，通过技术、商业模式创新，提供水、冷、暖、电、气、固废处理（生活垃圾、餐厨垃圾及污泥等）等能源（量）全生命周期一体化综合定制化解决方案，并利用智能管理和互联网技术建立智慧管理系统，从而提升资源循环和自我供给及处理能力，实现土地集约、设备集约、功能集约及运营集约。②

（2）陕鼓的转型升级成效

经过近20年的转型升级，陕鼓取得了积极成效：一是陕鼓已经成功实现了制造业服务化的转型，2012年实现销售收入90.1亿元，其中服务收入占比超过50%；二是自2002年起，陕鼓连续15年主要经济指标位居行业第一，2012年实现利润14.51亿元，其利润总额占了行业利润的40%；三是与刚实施转型升级的2001年相

① 沈谦：《探究陕鼓服务模式推动陕西工业转型》，《陕西日报》2016年4月27日。

② 《2017年陕鼓动力企业社会责任报告》，百度文库 https://wenku.baidu.com/view/8751c6a6c0c708a1284ac850ad02de80d4d806f9.html。

比，2012 年陕鼓的销售收入、利润总额、人均销售收入、人均利润等指标均大幅增长，分别扩大了 23.80、89.57、18.22、68.20 倍。

表 6.1　2001 年和 2012 年陕鼓主要经营指标对比

单位：万元

主要经营指标	2001 年	2012 年	比较(倍)
销售收入	37867	901220	23.80
利润总额	1620	145100	89.57
人均销售收入	11.39	207.56	18.22
人均利润	0.49	33.42	68.20

3. 雅迪的转型升级之路

雅迪成立之初，以生产经营摩托车为主，直到 2005 年才正式转入电动车领域。为了避免电动车行业的同质化竞争，雅迪从 2009 年开始实施品牌战略，大力向产业链的品牌服务端转型升级。经过十几年的发展，雅迪的品牌战略大获成功，已经发展成为中国电动车行业的销售冠军和第一品牌。

(1)雅迪转型升级的成功经验

从雅迪向产业链的品牌服务端转型升级的过程中，可以得到如下经验：

一是聘请奥美、特劳特等国际品牌策划巨头制定实施了全方位的品牌推广方案，通过电视广告、报纸广告、网络广告、户外平面广告等多重渠道对雅迪品牌进行轰炸式、全覆盖、立体式的宣传推广，高薪聘请明星做雅迪的品牌形象代言人，使雅迪电动车在消费者心目中迅速建立了品牌形象。

二是借力公益营销来塑造品牌形象。2013 年,雅迪冠名浙江卫视知名栏目《中国梦想秀》,与腾讯合作发起网络版《中国梦想秀》,设立梦想基金和网络助梦基金,通过不断帮助普通中国人实现梦想来传递雅迪对公益的热心,赢得消费者对雅迪品牌的信任。雅迪打造了山东卫视齐鲁频道"雅迪·小溪齐鲁行"、河北农民频道"非常帮助"、陕西电视台"周姐帮忙"等系列公益营销活动,随着雅迪电动车在这些活动中的不断出现,雅迪的爱心在消费者心中留下了深刻印象。雅迪在推出新产品马拉松系列电动车时,还将品牌塑造和新产品推广结合了起来,发起并赞助了马拉松接力赛全国之旅活动。2017 年,雅迪借鉴天猫"双 11"、京东"618"的经验,创造性地发起了"717"电动车骑行节,并在德国等 66 个国家同步举行,致力通过健康、环保的电动骑行体验来塑造雅迪的高端品牌形象。此外,雅迪还通过捐建希望小学、向地震灾区捐款捐物等形式奉献爱心。通过这一系列的公益营销活动,雅迪将自己"热心公益,主动承担社会责任"的价值理念有效地传递给了消费者,在消费者心目中树立了良好的品牌形象,也有力地促进了雅迪电动车的销售。

三是实施全球化战略。2007 年 4 月,雅迪成立进出口公司,正式开启国际化之路。在实施全球化战略中,雅迪将外销产品定位为中高端,在全球积极布点,搭建了较为完善的销售网络,并重金聘请特劳特、奥美对雅迪的全球品牌从品牌内涵、品牌文化、品牌传播等方面进行了系统的规划设计和品牌推广。雅迪依靠自己的科技实力,研发了 120 多款外销电动车产品,并能根据外商的不同需求提供个性化的定制服务。雅迪还针对欧盟电动车准入的高门槛进行针对性研发,使出口产品通过 E—mark 认证和 EC 认证,打破了产品外销障碍。经过近 10 年的发展,雅迪品牌已经得到广大外国客户的接受和认可,产品畅销 66 个国家和地区,全球用户超过两千万,出口增幅和创汇金额连续多年均居行业第一。

四是大力实施"更高端"战略。2015 年,雅迪对公司业务进行了调整,暂时放弃包括电动三轮车在内的其他业务,主攻两轮电动车业务,同时对雅迪品牌进行了重新定位,实施"更高端"的战略。雅迪通过在央视和各热门卫视密集投放"出口欧美 66 个国家"的新广告、冠名《挑战者联盟 2》等传播策略将"更高端的电动车"新品牌形象传播给消费者。在市场营销方面,雅迪摒弃传统的"降价、买赠、换购"等低价促销手段,实施了试驾体验、大学生骑行、模特展示等一系列的新推广活动。

五是通过自主创新提高产品的科技含量。雅迪为了支持品牌战略的实施,注重产品研发,早在 2003 年就成立了高新技术研发中心,并与德国博世、美国通用等著名研发机构合作,学习、整合世界最新的电动车技术,共获得了 664 项专利授权。雅迪还积极参与《电动自行车物联网防盗终端通用技术要求》(GA/T 1296—2016)等国家行业标准的制定,引领行业的技术发展方向。雅迪相继研发出了 KIKO、雅迪 Z3s、罗曼等一系列高端自主专利车型,并大量使用了"一键智启"技术、自适应侧挂电机技术等具有自主知识产权的新技术,赋予了产品更多的科技含量。

六是提供五星级的售后服务。好的售后服务体验是品牌战略实施成功的重要支撑。雅迪为了方便消费者，在全国建立了 8622 家服务门店，并致力于为顾客提供高质量的售后服务。雅迪是业内首家通过“售后服务五星级”认证企业，并借鉴汽车 4S 店的售后服务经验，建立了 400 多家标准化的星级服务站。雅迪为客户提供一键报修、365 天 5 分钟响应救援服务、5.2 万元“安乘保”及 20 多项免费服务。雅迪还开展了连续八年的客户暖冬主题服务活动，包括“千万老用户，五星好服务”“更高端，更安全”“回店保养”和“焕新补贴季，服务更到家”等。通过周到、细致、贴心的售后服务，雅迪赢得了消费者的信赖，提升了品牌的美誉度。

(2)雅迪的转型升级成效

通过向品牌服务端的转型升级，雅迪取得了极大成功：一是雅迪成为电动车行业高端品牌的突出代表，其产品质高价优成为消费者的普遍共识，其自主研发的高端车型市场份额超过 70%，高端车型连续 12 年销量全国领先；二是雅迪在 2015 年成功超越爱玛，成为电动车行业的新领头羊，2017 年更是成为国内第一个销量超过 400 万辆的两轮电动车企业，市场占有率达到 13.3%，比 2016 提高了 2.5%；三是雅迪电动车产品畅销德国、法国等世界 66 个国家和地区，2017 年荣获“亚洲最具投资价值品牌”“亚洲电动车行业十大创新力品牌”和世界物联网博览会“新技术新成果奖”。

4. 振华重工的转型升级之路

振华重工原名“振华港机”，自 2009 年 5 月正式更为现名。经过多年发展，它成为世界上最大的港口机械重型装备制造商，连续 20 年占据港口机械行业市场份额全球第一，占据世界市场 70%以上份额。在已经做到全球市场份额第一的情况下,振华重工遇到了很大的发展瓶颈,如何突破这一发展瓶颈,培育新的增长点,是振华重工转型升级中面临的主要问题。在认真分析国内外形势的基础上,振华重工确立了向品牌服务端转型升级的方向,即从传统的重型装备制造商向综合性服务商进行转型,走出了一条更切合自身特点的转型升级之路。

(1)振华重工转型升级的主要做法

一是大力发展港机的后市场服务。一方面,尽管振华重工在港机里面的桥吊做到了占据全球百分之七八十的市场份额,但是如轮胎吊、轨道吊堆高机、正面吊、移动的抓箱吊等还有较大的市场空间。另一方面,港机销售后的使用寿命高达二三十年,有备件销售、维修保养、咨询等服务的需要,金额可能会占到设备收入的一半或者以上,市场潜力巨大。因此,振华重工将后市场服务作为新的利润增长点,向综合服务商转型。2018 年 11 月 23 日,振华重工正式发布数字化智能船舶全球维保服务平台,该平台是基于互联网打造的数字化智能全球维保平台,可为船舶配套企业、船东、维修公司提供备品备件网上交易平台,为设备配套企业提供线上维修指导、培训服务等。该平台将三维可视化技术应用在船舶维保上,减少维保过程中的沟通成本、时间成本以及人员学习成本,从而提高维修作业效率,创造经济价值。同时,该平台为中国船舶及配套企业参与国际竞争提供了全球售后服务保障,突破中国企业走出国门无法提供全球售后服务的瓶颈。

二是做全自动港口的综合服务商。过去,振华重工只为全自动化码头、半自动化码头提供设备，软件由其他公司承担。现在，振华重工在做强硬件的同时，加大了对软件操作系统的研发，自主研发的环保安全高效的全自动化集装箱码头装卸系统，可以全面感知各种信息并自动管理、自动进行智能决策和自主装卸，其采用的双 12 米箱岸桥较传统形式可使生产效率提高 50%，已经成为集装箱起重机械更新换代的产品。2017 年 12 月 10 日，振华重工历时 4 年重点打造的全球最大的集装箱全自动化码头——上海洋山港四期全自动化码头开港，能够停泊世界上最大的 20 万载重吨位的集装箱运输船，年吞吐量达到 630 万标准集装箱，但几乎不用多少人工，实现了自动化。

三是将各类新技术应用到各类港口装备，积极开展远程诊断和监测服务。振华重工把港机的联网状态监测、远程控制、诊断维修等作为重点产业技术方向进行研发布局。① 针对大型港机装备，振华重工利用传感器、大数据、人工智能、云计算、三维仿真等技术，进行信号传感、布设、数据采集、联网传输、监测，开展了基于大数据、云计算的远程监测、技术支持等工程服务，提高了客户服务能力和水平，将所提供的增值收费服务打造为公司新的利润增长点。

(2)振华重工的转型升级成效

经过向品牌服务端的转型升级，振华重工在全球经济放缓的情况下，经营效益稳定提高。根据 2019 年半年度报告显示，报告期

① 王春：《码头转型：未来，做一个智能“码头医生”》，《智慧中国》2017 年第 7 期。

内，振华重工实现营业收入人民币101.87亿元，归属于上市公司股东的净利润人民币2.22亿元。营业收入同比微增1.14%，归属于上市公司股东的净利润同比大幅增长37.2%。2019年1至6月港口机械业务新签合同额为14.78亿美元，较去年同期增长11.72%。海工和钢结构相关业务新签合同额为4.69亿美元，较去年同期增长9.32%，其中钢结构业务新签订单为3.68亿美元。[①]

5.圣德义的转型升级之路

圣德义是一家有着二十多年螺丝批工具生产、经营经验的制造企业，其最早是做贴牌生产起家，利润不高，生产时间和流程受制于外部订单。2002年，圣德义换了新任掌门人张毅，张毅深刻认识到："想要拥有主动权，必须走上自主品牌之路。"圣德义从2002年开始了积极打造自主品牌、开拓海外市场，发展成为线上与线下结合、国内与国外同步拓展的跨境电商转型升级之路。

(1)圣德义转型升级的主要做法

回顾圣德义从传统制造企业向跨境电商的转型升级过程，其有三点做法值得借鉴：

一是从原始设备制造商到做自主品牌。从2004年起，圣德义先后在国内外注册了圣德义(SEDY)、赫德(HORUSDY)、永久(ETERNAL)三个品牌，主打低中高各个档次的品牌市场。自主品牌建立之初，圣德义从国外的华人聚居地入手，通过让利和产品外观吸引消费者，在华裔华商开设的商场或超市中推广带有圣德义标

① 《振华重工2019年上半年净利2.22亿　新签合同额同比呈增长态势》，http://baijiahao.baidu.com/s?id=1643358111470251848&wfr=spider&for=pc。

志的产品。后来，圣德义开始在包装、验卡、设计风格、颜色等方面都采用统一的配置，积极推动赫德品牌向高端化发展。此外，结合自身的生产能力，圣德义除了自主生产一部分产品以外，还从国内寻找优质的产品供应商为圣德义做贴牌生产，以圣德义的品牌对外进行销售，逐步在海外市场建立了自主品牌。

二是从做外贸到深耕跨境电商。最初，圣德义在澳大利亚设立了子公司，主要做自主品牌产品海外批发、零售的传统外贸。后来，随着互联网的发展和普及，涌现了大量的跨境电商交易平台。张毅意识到，如果再以传统外贸方式开展业务，客户将不断流失。于是，圣德义开始向跨境电商转型，从 2013 年开始，先后在亚马逊、速卖通、敦煌等 5 大平台上线了 4000 多个自主品牌的产品，通过各大电商平台将产品直接卖给消费者。

三是首创“跨境电商＋公共海外仓”的线上线下相结合的运营模式。2010 年，圣德义在墨尔本租下了一个 1200 平方米的仓库，前台办超市零售，后仓用于产品仓储。2014 年，圣德义买下了面积为 2800 平方米的海外仓。基于前期品牌建设、平台运营以及海外贸易所积累下的经验和资源，从 2015 年开始，圣德义开始发展海外公共仓，不仅为国内企业提供租仓业务，还可提供清关运输、仓储管理、库存管理、物流配送、售后服务、线下体验、终端市场售后服务等为一体的全系统服务，此外，圣德义海外电商平台还能帮助合作伙伴，进行协助推广销售。2017 年，圣德义又搭建了 7500 平方米的现代化管理海外仓，并于 2018 年 5 月 1 日投入使用。这套线上线下相结合的“跨境电商＋公共海外仓”运营模式，为圣德义开辟出了一条与一般传统外贸和一般跨境电商不同的商业模式。[①]

(2)圣德义的转型升级成效

经过转型升级,圣德义的经营大获成功,其产品有手工具、电动工具、汽保工具、户外工具等6000多个品种,B2B、B2C供应链体系内合作单位200多家,为100多家企业提供海外仓服务、仓储配送、库存管理等一系列服务,开拓线上线下海外营销渠道。其跨境电商销售额也从2015年的500万美元增长至目前的2000万美元,占公司整体销售额的60%,成为杭州跨境电商领域当之无愧的先行者。[②] 圣德义也从传统制造商转型成为线上和线下相结合的跨境新零售企业。

6. 比亚迪的转型升级之路

1994年,比亚迪公司正式成立,以原始设备制造商(OEM)方式贴牌生产电话电池、手机电池等。当时我国的绝大多数电池厂家都是OEM企业,没有能力生产电芯,只能从上游原材料供应商手中购买,再购入一些其他元件进行组装生产,利润微薄。但是,比亚迪一开始走的就是与众不同的道路,其一开始就将力量投入技术含量最高、利润丰厚的电芯研发生产领域,掌握了核心技术。凭借核心技术,比亚迪能够直接接触终端大客户,获得了超常规发展,2002年,比亚迪超越了日本三洋、松下等实现了镍镉电池产量全球第一、镍氢电池全球第二。2008年,比亚迪实现了锂电池全球

① 《从内销、外贸转型到跨境新零售,整合线上线下资源海外建仓》,《杭州日报》。

② 《年销售2000万美元 圣德义把跨境电商做得风生水起》,人民网 http://zj.people.com.cn/n2/2019/0123/c186941-32564070.html。

第一。然而，随着市场环境的变化，电池行业的竞争越来越白热化，充电电池的价格每年均有10%的下降幅度。2005年，比亚迪整体电池业务盈利出现了下降，毛利率由26.5%下降到22.4%，锂电池销售额更是大幅下滑了40%。比亚迪意识到，电池领域的市场容量有限，按照全球每年10亿台手机的产量计算，即使比亚迪占据了100%的市场份额，也不过几百亿元的收入。为了实现突破，比亚迪必须进行转型升级，必须进行产业突围。经过认真思考，比亚迪的创始人决定基于自身在电池领域的优势进军汽车产业，打造自主品牌汽车之路。

(1)比亚迪转型升级的主要做法

第一，通过并购开始了比亚迪汽车的自主品牌之路。

汽车产业与其他产业不同，不能随便进入，国家实行市场准入制度，已经多年不再审批新的汽车公司，在这种情况下，比亚迪要想进入这一产业，必须通过并购获取这一资格。2003年，比亚迪跨行业收购西安秦川汽车有限责任公司，成立了比亚迪汽车有限公司，开始了汽车自主品牌的创建之路。

但是，比亚迪的收购之路并非一帆风顺，该消息一经提出，就遭到了投资者的反对。投资人一致要求比亚迪撤销这一决议，并不断卖出比亚迪的股票，比亚迪的股价大幅下跌。[①] 但是，比亚迪的创始人王传福认为：新的汽车产业政策出台后，会对轿车目录进行严格管理，这种稀缺资源不可多得；中国轿车的市场保有率还非

---

① 李佳怡：《王传福与比亚迪》，浙江人民出版社2008年版。

常低，市场潜力很大；电动汽车是今后汽车产业的发展方向，比亚迪将能够充分发挥已有的优势。因此，比亚迪坚定进入汽车产业，2003年1月，比亚迪用2.54港元收购秦川汽车77%股份。之后，比亚迪又先后两次收购秦川股份，使持股达到99%。

此外，2003年，比亚迪重组北京吉驰汽车模具有限公司，改名为北京比亚迪汽车模具有限公司，并打造为国内最大的汽车模具公司。2008年10月，比亚迪斥资2亿元收购半导体制造企业宁波中纬，进一步整合电动车上游产业，加速电动车商业化。2009年比亚迪收购三湘客车，进入新能源客车领域。2010年3月，比亚迪收购日本大型模具生产工厂——日本荻原公司旗下馆林工厂，以期提升自身在模具工艺方面的能力。在对外合作方面，2010年比亚迪和戴姆勒合资成立深圳比亚迪戴姆勒新技术有限公司，发挥双方的优势，打造专注于新能源领域的汽车品牌——腾势。

第二，坚持实施单一品牌战略，使品牌知名度保持前列。

比亚迪始终坚持单一品牌战略，无论是比亚迪传统燃油车还是新能源汽车，无论是乘用车还是商用车，都采用同一个品牌，同一个标志。在品牌口碑方面，比亚迪逐渐从低价高配向技术领先转型，在坚持高配低价高性价比的基础上，通过实施智战略和542战略，实现技术领先，特别是在新能源汽车领域。同时，借助F3的热销、成立合资公司生产电动车等事件，比亚迪实现了低投入、大声量传播，品牌知名度在自主品牌中始终居于前列。

第三，以低价策略抢占市场。

在进入汽车行业之前，比亚迪并没有雄厚的汽车行业积累，因而采取了低价策略，通过逆向研发，快速推出产品，以低价作为竞争利器，在市场站稳脚跟。2005 年，比亚迪推出首款轿车 F3，因其造型极其像当时全球累计销量第一的车型丰田花冠，因此 F3 也被戏称为“中国版花冠”。F3 上市后，以其空间大、价格低、油耗低等因素，持续热卖，从 2005 年 9 月上市，到 2011 年底，累计销量接近 100 万辆，创造了自主品牌单车型历史上的一个奇迹。同时，比亚迪推行多车型战略，快速推出多款产品，其在售车型数量持续增加，且始终远高于自主品牌单品牌平均在售车型数量。

随着销量快速提升，比亚迪开始了扩张策略，包括迅速扩张网络（经销商从 2008 年的 600 多家迅速扩张到 2010 年的 1200 多家）、迅速推出多款产品、分网销售（将原来 2 个网络拆分成 4 个）、强压经销商以冲量等措施，导致比亚迪隐藏多年的矛盾逐渐爆发。2010 年起，比亚迪开始战略调整，包括优化分网销售策略、调低销售目标、提升品质、推出 4 年或 10 万公里超长质保、质保覆盖 99% 零部件等举措。2012 年，比亚迪 S6 成为首款荣获 C－NCAP 五星安全认证的车型，见证了比亚迪品质的提升。

第四，实施双驱战略，从价格竞争向技术竞争转型。

随着市场竞争日趋激烈、成本上升、合资品牌下探等因素，靠低价低质策略在市场上发展越来越难。随着传统能源汽车竞争白热化、新能源汽车发展日渐展现出机遇，比亚迪做了重大战略调整，发布了传统能源汽车“智战略”和新能源汽车“542 战略”，共同构成比亚迪的双驱战略，从价格竞争向技术竞争转型。2014 年 4 月，比亚迪在北京车展发布了“542 战略”，“5”代表百公里加速 5 秒以内,“4”代表全面极速电四驱,“2”代表百公里油耗 2 升以内。“542 战略”为比亚迪新能源发展界定了性能指标。同期,比亚迪发布了“542 战略”的首款代表车型——唐,并于 2015 年 1 月 20 日公布预售价,推出普通版和售价 60 万元的极速版,并于 1 月 21 日开始限量预售,在 20 分钟内推出的 98 辆普通版和 2 辆极速版被一抢而空,再次震撼了业界。唐是一款三擎双模四驱运动型多用途汽车,拥有三擎动力,混合动力模式下,发动机、前电机、后电机共同驱动车辆,百公里加速可达 4.9 秒(极速版为 4.5 秒);首次搭载比亚迪极速电四驱,不论纯电动还是混合动力驾驶模式均采用全时四驱,能始终保持最强劲的动力和最经济的油耗,百公里油耗仅 2 升,并拥有 85 公里的纯电续驶里程,可实现日常代步零油耗。继唐之后,比亚迪又陆续推出了宋、元等。在传统燃油车领域,比亚迪在 2014 年 11 月广州车展上发布了“智战略”,具体包括智能车联、智能驾驶、智能安全三个方面。智能车联,主要体现在云服务、PM2.5 绿净系统等智能配置上;智能驾驶,主要体现在黄金动力组合、遥控驾驶等领先技术上;智能安全,主要体现在打造五星安全标杆、360 度全景影像、夜视系统、博世最新第九代“五位一体”车身稳定系统等安全装备上。三者相辅相成,为用户提供综合智能驾驶解决方案。

(2)比亚迪转型升级的主要成效

经过转型升级,比亚迪的发展取得了积极成效,主要体现在:

一是自 2003 年进军汽车业务以来,凭借领先的技术、成本优势及具备国际标准的卓越品质,比亚迪迅速成长为中国自主品牌汽车领军厂商。作为全球新能源汽车研发和推广的引领者，在新能源汽车领域拥有雄厚的技术积累、领先的市场份额，奠定了比亚迪在全球新能源汽车领域的行业领导地位。

二是作为全球智能产品开发及生产和组装的领先厂商，比亚迪可以为客户提供垂直整合的一站式服务，产品覆盖消费电子、汽车智能系统、物联网、机器人、人工智能及新型智能产品等领域，但不生产自有品牌的整机产品。该业务的主要客户包括华为、三星、苹果、小米、vivo、联想等智能移动终端领导厂商。

三是比亚迪成为全球领先的二次充电电池制造商之一，主要客户包括三星、戴尔等消费类电子产品领导厂商，以及科沃斯等全球领先的机器人专业制造厂商。比亚迪生产的锂离子电池及镍电池广泛应用于各种消费类电子产品及新型智能产品领域。

7. 音王集团的转型升级之路

1988 年，王祥贵和王明晨夫妇用两万元积蓄，组织了十多个员工，在租用的 60 平方米的厂房里建起了音王集团的前身——东钱湖音响器材厂。到 1995 年，音王一直在生产电线、线缆、焊线、注塑插头之类的低技术含量产品。和当时大部分的劳动密集型企业一样，依靠廉价的劳动力，音王的产品获得了广泛的市场，其接插件产品的销量排在了国内第一。虽然站在了“第一”的位置上，但是音王的领头人清醒地看到了面临的形势。国内接插件市场的发展空间毕竟有限，企业要想得到更大发展，必须开拓国际市场。在国家出口政策的鼓励下，1995 年下半年，音王开始迈出进军国际市场的步伐，通过原始设备制造商的形式为外商定牌加工产品。但是，音王的管理者意识到只做原始设备制造商没有出路，必须进行转型升级。2000 年，音王正式更名为音王电子有限公司，并且搬入新厂房，开始以“SOUNDKING”的品牌扩展生产专业音箱、功放、电子管麦克风、大型灯光支架和舞台桌、AJ 系列工程盒等，正式开始了转型升级之路。

(1)音王集团转型升级的主要做法

从音王集团塑造品牌的转型升级过程来看，其有很多成功的经验可供后来者借鉴。

第一，借助原始设备制造商的形式先在海外建立品牌。

借助原始设备制造商的形式，音王进一步发展壮大起来，生产经验越来越丰富，其产品质量的保证、日臻完善的服务、供货的及时、合理的价格，为企业迎来了更多与外商的合作机会。德国等国家的企业订单纷至沓来，95％的音王产品销往欧洲、中南美和日本等 70 多个国家和地区，有 30％的产品以“Sound King”的品牌直接在当地市场销售。

第二，利用金融危机直接购买外国知名品牌。

2008 年，金融风暴席卷全球，却为音王带来了千载难逢的机遇。世界顶级调音台品牌 Cadac 由于其研发方面的投资失误，研发周期又过长，在金融危机打击下濒临破产。这家创始于 1966 年的知名音响企业是英国皇家指定使用品牌，同时产品还被全球 70％的歌剧院和电视台所采用。王祥贵果断出手，一举收购 Cadac，包括其位于英国的研究中心和工厂。用同样的策略，音王将录音大师和嘉士博两个品牌纳入旗下。三次大手笔的收购共耗资 4500

万，全部来自音王的自有资金。这三笔收购对于音王意义重大，张化军在采访中曾说，不少民营企业在很多方面很像音王：具备加工能力，具备生产管理能力，也具备技术能力……最缺乏的实际上是核心技术和品牌。毫无疑问，王祥贵在海外的三次出手相当划算，不仅拿到了国际品牌，还兼并了核心技术和研发团队。

收购三大品牌之后，音王保留了其原始风貌，经过多年的培育和上亿元的追加投入，三个品牌均焕发了新生，产品得到了世界级调音大师的高度认可。传统品牌多年的历史与积淀为音王染上了浓厚的国际色彩，使音王从品质、设计、人才以及品牌价值等方面得到了显著的提升，同时也将世界级的品牌带入了中国音响行业，赢得了本土同行的尊重。

第三，以自主研发为品牌塑造提供有力支撑。

音王不断从国外引进先进的音响制造设备、技术和工艺，在向外国“老师”学习的过程中逐渐丰富了经验，完善了技术，发展了队伍。音王现已拥有世界一流的专业电子设备和先进的生产流水线，从日本、瑞士、意大利等国引进的数控车床、专用木工机械、频谱分析仪、高速自动电子元器件插件系统等世界顶级的设备，建成了当代国际水准的消声实验室，以及包括各种专业检测设备的音响设备效果检测中心。

音王的灵魂在于创新，创新就离不开科研。音王的领导人很清醒地认识到，仅仅凭借自身的技术力量难以与国际知名品牌抗衡，他们巧妙地借助“外脑”，成立了国外专家研究室，分别在英国、德国等地设立研发基地，每年研发投入均超过3000多万元，有来自全球的40多名技术精英组成的研发团队参与新产品开发。2001年音王又成立了电子电声工程技术研究开发中心，拥有100多名电声、电子、软件、结构等各大领域核心技术专家和工程师科研开发队伍。这不仅提升了专业研发队伍的技术能力，也使得科研机构的理论优势逐渐转化为企业产品优势。他们独立开发、生产的众多享有自主知识产权的专业音响设备处于国际领先水平，并获得了多项国家专利。

数年来，音王以生产一代、开发一代、研究一代的战略眼光，自行研发成功40多种晶体管、电子管、场效应管的麦克风，各类专业功放、专业调音台、专业音箱系列以及连接电缆系列，深受外商的好评。带功放调音台、数字式效果器及各种高档录音用麦克风的技术含量也达到市场领先水平。特别是部分高保真音响设备及调音台填补了国内空白，已获得4项国家专利。其中，大功率高保真专业功率放大器和带功放立体声多功能调音台等主导新产品已被列入国家级火炬计划项目，产品在国内外市场上供不应求。音王的2项新的火炬发展计划已经获得成功，数字功率放大器和音响用大功率高频开关电源已经投入生产，取得了技术上的重大突破。2003年4月，音王的科技创新能力再次得到国家认可，通过了科学技术部的审核，被认定为国家火炬计划重点高新技术企业。目前，音王高新技术产品及技术性收入已占企业总收入的60%以上。

第四，以四大品牌掘金国内市场。

音王以顶级调音台品牌Cadac、专业音响品牌Studiomaster、乐器音响品牌Carlsbro和音王品牌一起组成了四大品牌四轮驱动的战略框架，通过这四大品牌来抢占国内市场。2003 年 10 月，音王线阵列音箱在中国国际上海艺术节上使用，这也是国内民族品牌线阵列音箱首次在大型节庆活动中使用。2008 年，音王集团参加了北京奥运会 30 几个场馆的合作项目，被第 29 届奥组委授予“奥运会荣誉产品制造商”，被中央电视台(现中央广播电视总台)、《人民日报》、新华社等五十几家国内主流媒体誉为“奥运生命线”，受到政府和社会高度赞赏。2010 年音王集团又成功参加了上海世博会，成为中国国家馆、世博主题馆、宁波案例馆音响设备指定品牌；2011 年成为西安世界园艺博览会的音响全球合作伙伴。最新出版的《音乐贸易》杂志公布的全球乐器与音响供应商 225 强名单中，音王集团有限公司名列全球第 51 名。

第五，积极投身公益事业，塑造品牌形象。

在专业领域有巨大表现的同时，王祥贵还不断地为社会公益事业做出贡献，花费 3 年时间定向研发了全数字 5.1 声道电影、娱乐、会议系统，为乡村、街道、社区文化生活带去了无数欢乐。2004 年 3 月 1 日，音王成立音王互助基金会，至今累计捐款 200 多万元，用于救助困难员工。2005 年，在宁波市鄞州区慈善总会设立冠名基金 100 万元。2005 年 5 月，音王成为宁波市爱国主义教育基地。2008 年 5 月 15 日，为四川汶川地震捐款捐物 65 万元，并获得浙江省慈善总会颁发的慈善爱心奖。2009 年 4 月 15 日，音王向宁波东钱湖镇中心小学和东钱湖旅游学校捐款 30 万元，设立音王奖学金。2009 年 5 月，音王集团为浙江江山清漾村捐赠三套音响设备。通过这一系列的公益活动，音王集团树立了负责任的良好品牌形象。

(2)音王集团的转型升级成效

一是产品涵盖了专业音响、影院音响、数字乐器、舞台灯光、公共广播、音频线缆与插件、音乐与视频支架等 8 大种类,共 4000 余种产品。远销美国、欧洲等 70 多个国家地区,拥有常年客户 400 多家,年销售增长率保持在 30%以上。

二是音王集团已经在国际、国内建立了优良的企业形象和强大的品牌效应,成为行业内唯一的科技部认定的国家级高新技术企业、文化和旅游部认定的国家文化产业示范基地和中国驰名商标。同时又获得浙江省著名商标、浙江省名牌产品、浙江省出口名牌、浙江省专利示范企业、浙江省电子电声工程技术研发中心、ISO14001 环境管理体系认证等荣誉称号,并以良好的资信取得了中国银行等金融机构授予的 AAA 级资信企业、银行白金客户等殊荣。2015 年度音王集团获得中国电子音响行业"二十强"和优秀品牌奖,这一系列荣誉是音王综合实力不断上升的最好证明。

8. 小小恐龙集团的转型升级之路

成立于 2001 年的小小恐龙集团在 2013 年 10 月前主要为国际品牌和国内的好孩子品牌贴牌生产产品,"没有自己的品牌,蕴藏很大风险,我们认识到只有发展自主品牌,营造自身核心竞争力,才是根本出路",小小恐龙集团董事长陆周生说。于是,小小恐龙集团决定从代工业务向品牌经济转型,创建了"荟智"这一品牌,并定位中高档产品市场,其目标就是通过专业制造的基础和团队的智慧及不断创新的理念,为"80 后""90 后"妈妈提供简约时尚、使用方便的产品。[①]

(1)小小恐龙集团转型升级的主要做法

第一，在产品的设计生产过程中注重创新、用户体验是荟智品牌能够迅速提高知名度的关键。

近年，国内婴童用产品消费水平不断提高，各种各样的童车成为小朋友们必备品之一，随之而来的是一大批童车企业涌入市场。小小恐龙集团副总经理周唐生说："儿童玩具和用品当中，国内外的品牌很多，但是真正被消费者肯定的并不多。'荟智'作为一个新品牌，要打开一片新天地面临很大的难度。当中包含的原因既有十分激烈的市场竞争，也有因集团所处的江苏省昆山市已成为儿童用品的重要产区，生产成本相对较高，难以通过价格战抢占市场。"

那么荟智品牌是如何在市场上打出名堂的？周唐生指出，荟智品牌在推广中借助了国内移动互联网快速发展的东风，同时参考了小米手机的发展模式。"首先要了解目前市场上同类产品的特点，在产品的功能创新、外观创新等方面独树一格。其次是要利用社交媒体的互动属性，我们通过在微信、微博等平台不断吸收有效的粉丝，不是简单地做产品广告，而是利用这些平台和软件与他们增加互动的频率和深度，让他们参与产品的设计和改进，不断迭代。正是这样的互动，客户不断地为产品的设计生产提供意见和体验感受，为产品的持续创新和改进提高提供了协助。最后就是

① 樊奕：《"小小恐龙"自打旗号阔步走》，《中外玩具制造》2015 年第 2 期。

需要有一个让消费者信服的价格定位，优异的性价比引起了市场足够的关注度。”周唐生总结，就是要开发出让用户尖叫的产品。

荟智自2013年第一款新品发布至今，已经连续研发了9大类400多件产品，其中市场投放率达70%，推出了全球最小折叠三轮车“潘多拉”、单手一步折叠“胶囊车”、避震滑行车“酷乐”、弹跳运动蹦床“蹦蹦乐”等一系列知名产品。而且，随着研发团队的不断壮大，小小恐龙集团还开发了电动滑板车、沙滩车和卡丁车等运动用品系列，还针对社会老龄化的现实开发了老年电动轮椅系列产品，使产品种类由单纯的儿童用品向运动用品、老年用品方面扩展。

第二，抓住适合的主流营销渠道。

一个品牌的树立，除了要得到消费者的认同外，将产品置身于怎样的渠道也是给消费者植入品牌形象的手段，久而久之企业的品牌形象就能够给消费者潜移默化的影响。荟智品牌推广初期，小小恐龙集团选择了线下实体店渠道。周唐生认为，很多厂家或者经销商都说，2014年做得很艰难。但是对我们公司来说，情况并没有这么严重。我们从市场的大形势中发现。百姓的消费习惯正在改变，消费观念也在变，特别是“80后”“90后”父母对宝宝的生活品质要求越来越高，对整个市场的拉动还是很有作用的，线下实体店衰退的迹象并没有很明显的出现。我们的销售数据显示，过去童车最受欢迎的价位是300元左右，而这个价位现在已经上升到700～800元区间。

虽然目前线下实体店做得还不错，但是小小恐龙集团也跟随着发展的潮流，尝试开拓线上到线下业务。小小恐龙集团一方面通过吸引消费者到店参与活动，另一方面在每个地区抓住一个影响力比较大的百货公司，设立产品展示区域，双重合力提升品牌知名度。

除了百货渠道外，母婴渠道的迅猛增长也吸引了很多玩具企业进驻。自2014年起，小小恐龙集团不仅顺利进驻这一渠道，还根据渠道的特点生产了相适应的产品，加速了品牌的推进。目前，荟智系列产品已成功进入北京丽家宝贝、苏州婴知岛、广州爱婴岛、南京孩子王等全国知名母婴连锁品牌。

此外，小小恐龙集团旗下的荟智品牌已经与上海多家母婴渠道、研发机构、分销平台等签订了战略合作协议。作为未来儿童用品品牌，荟智将着力对接上海方面的平台经济、共享经济，形成线上线下结合、产学研用协同、企业融合的创新创业格局，打造"儿童用品实体经济创新融合"升级版，使产品覆盖更多家庭及孩童。

第三，不断创新，保持竞争力。

过去20多年，小小恐龙集团在为国际品牌和好孩子产品代工的经历中，积累了丰富的企业管理经验和研发生产技术，为其推出的荟智品牌童车奠定了坚实的基础。当然仅仅是依靠过去的经营无法支撑企业的可持续发展，小小恐龙集团也在生产技术上下功夫。由于昆山这边的劳动力成本很高，为了产品能保持一个有竞争力的价格，小小恐龙集团一方面继续深挖上游原材料源头，加强材料竞争力；另一方面在工艺上使用机器人取代原来的人力劳动。为了实现智能制造，小小恐龙投入5000多万元，用于技改、研发，与哈尔滨工业大学、江南大学、东南大学等高校保持长期合作，研制冲压机器人、焊接机器人以及童车数字化设计、制造集成系统开发等项目。2019年，该公司又以工业4.0为导向，与哈尔滨工业大学合作实施“机器换人”项目。据悉，目前小小恐龙已拥有35台机器人，基本实现了焊接自动化，并淘汰了低端大众化产品。

第四，通过社会公益活动创建品牌。

小小恐龙集团所创立的荟智品牌的核心经营理念是为包括消费者、社会、员工、股东、合作伙伴等在内的他人创造价值。为积极践行这一品牌理念，集团积极参与社会公益慈善事业，向社会传播爱的能量，将品牌价值的内涵传递给目标受众。在传播爱的过程中，荟智将号召更多的婴童行业的企业一同参与进来，通过参加“托起明天的太阳大型慈善公益活动——TJPA Care Project • B&U陪伴计划”，让政府、社会关注和支持玩具和婴童用品行业；充分认识到玩具、婴童用品在孩子成长过程中的重要性，特别是儿童玩具发挥陪伴的作用，激发行业发展的激情，产生因爱而生的源动力，使每个孩子都能健康成长，让爱心深深渗入每个品牌和产品中，从而推动行业和企业不断向前发展。小小恐龙集团资助近200户贫困留守儿童家庭，并陆续与国内的红十字基金会、中国少年儿童基金会等慈善机构展开合作，帮助改善贫困家庭留守儿童的生活质量，积极专注参加婴童领域的有关资助慈善活动，践行企业社会责任。

(2)小小恐龙的转型升级成效

经过自建品牌，小小恐龙集团转型升级取得了突出成效：

一是刚开始品牌战略的前两年(2013—2014 年)，小小恐龙集团旗下的荟智品牌产品，包括儿童自行车、电瓶车、手推车、童床等面向全国并走出了国门销往欧美市场，销售超过 1.5 亿元人民币，并保持持续高速增长态势。目前荟智系列产品的生产线即将接近满负荷，小小恐龙集团甚至开始寻找 2～3 个客户作为战略合作伙伴做代工，解决产能问题。

二是经过多年发展，从为他人做“嫁衣”，到拥有自主品牌，荟智在中国市场已处于领先地位，如一键快拆的自行车、一键刹车的婴儿推车等产品，已成为一枚璀璨的国内明星品牌，并开始向国际品牌迈进。

三是小小恐龙集团还会继续拓宽荟智品牌的产品线，实现童车全品类生产，并逐渐进军母婴用品领域，护理用品内衣等品类也会拓展，成为集儿童用品研发、生产和销售于一体的全品类品牌。

第三节　企业向品牌服务端转型升级所需的必要条件分析

安踏、陕鼓、雅迪、振华重工、圣德义、比亚迪、音王集团、小小恐龙集团 8 家企业所选择的转型升级之路都是向品牌服务端升级，尽管他们所处的制造行业各异，具体转型升级过程也存在较大差异，但通过对它们的转型升级之路进行分析，可以发现制造企业向品牌服务端转型升级需要具备以下条件：

一是向品牌服务端转型升级需要有大量的资源投入。一方面，品牌的建立需要大量的资金投入。密集的广告投入是建立品牌最直接、最常见的宣传方式，需要大量的资金支持，而且越是出名的媒体，所需要的投入越大。例如，安踏在1999年签约孔令辉为形象代言人时，花费了20%的年利润，其余80%的年利润都投入央视做了广告；雅迪2015年第三季度在全国13个城市24个频道投放了电动车广告，投入资金高达2亿多元；音王集团斥资4500万元收购了世界知名品牌录音大师和嘉士博。而安踏在其所擅长的体育营销、雅迪在其所常用的公益营销等方面的投入也非常巨大，例如，2004年CBA联赛的赞助费用安踏仅仅只付了2000万元/每赛季，而到了2012年，这一费用增长了8倍，达到了1.6亿元/每赛季。再如，雅迪2013年冠名《中国梦想秀》的费用高达5050万元。圣德义在海外建立自主品牌，也耗费了大量的物力、人力。另一方面，服务也需要大量投入。例如，雅迪为了给客户提供细心周到的服务，在全国建立了400多家标准化的星级服务站和近万家的售后服务网点，其向客户所提供的一键报修、365天5分钟响应救援服务、5.2万元“安乘保”及20多项免费服务也都需要付出大量的成本。陕鼓向制造业服务化转型，需要招聘、培养合格的既懂得制造又懂得相关服务的复合型人才，另外，从原来的风机领域进入分布式能源领域，这也需要大量的前期投入。振华重工向综合服务商转型需要大量既懂得大数据、云计算、人工智能等新兴技术，又熟悉港机业务的复合型人才，这些人才的获得成本都较高。

二是向研发服务端转型升级需要耗费大量的时间。品牌建设不是一蹴而就的，需要长期不断的努力。品牌通常需要建立知名度、美誉度和忠诚度。知名度的建立可以靠高密度的广告投放来实现，但美誉度和忠诚度光靠广告是不行的，它需要客户在进行长时间的体验之后认可产品和服务，这需要花费大量的时间。而且，一个良好的品牌形象建立不易，破坏起来却很容易，品牌形象需要进行长期的维护。同样，好的服务也需要客户的长期切身体验。总之，制造企业无论是建立品牌，还是向生产性服务业转型都需要有一定的耐心和长期的投入。例如，圣德义花了将近5年的时间才在澳大利亚建立起了自主品牌；音王集团采用并购国际知名品牌的方式，加速建立自身品牌。

三是制造企业向品牌服务端转型升级需要科技创新的支撑。从安踏、陕鼓、雅迪、振华重工、圣德义、比亚迪、音王集团、小小恐龙集团8家企业的转型升级过程来看，科技创新在其中发挥了极其重要的作用。安踏一直重视科技创新，给品牌赋予了运动科技内涵，公司的研发投入强度从10年前的2.5%提升至2017年的5.8%，目前已拥有300项授权专利，其中发明专利42项，实用新型专利73项。安踏拥有体育用品行业唯一一家国家级运动科学实验室，致力于根据中国体育用户的需求和习惯，研发最新的体育用品。陕鼓坚持自主创新，每年研发投入强度（即研发费用占销售收入的比例）在8%以上，实现了多项重大装备的国产化和发明首创，并充分利用大数据、云计算、智能制造等最新科学技术，来加强网络化监测、智能故障诊断、设备健康云服务平台应用需求等核心服务环节的研究。雅迪通过科技创新提高产品和品牌的科技内涵，相继研发出了 KIKO、雅迪 Z3s、罗曼等大量使用“一键智启”技术、自适应侧挂电机技术等具有自主知识产权的系列高端自主专利车型。振华重工一直坚持自主创新，努力通过自主创新突破港机和相关服务的关键技术。比亚迪一直重视自主创新，在 2014 年发布了“542 战略”：“5”代表百公里加速 5 秒以内，“4”代表全面极速电四驱，“2”代表百公里油耗 2 升以内，都是基于其科技创新的基础上实现的。音王集团专门成立了电子电声工程技术研究开发中心，拥有 100 多名电声、电子、软件、结构等各大领域核心技术专家和工程师科研开发队伍，他们独立开发、生产的众多享有自主知识产权的专业音响设备处于国际领先水平，并获得了多项国家专利。小小恐龙集团依靠科技创新，连续研发了 9 大类 400 多件产品，推出了全球最小折叠三轮车“潘多拉”、单手一步折叠“胶囊车”、避震滑行车“酷乐”、弹跳运动蹦床“蹦蹦乐”等一系列知名产品。

四是向品牌服务端转型升级，并不意味着要放弃生产制造环节，转型成为纯粹的品牌运营商和服务商。尽管制造企业向品牌服务端转型升级的最理想的状态是从制造企业完全转变为纯粹的品牌经营商或者纯粹的服务企业，但从实践来看，这样转型成功的企业是极其少见的。而从安踏、陕鼓、雅迪、振华重工、圣德义、比亚迪、音王集团、小小恐龙集团 8 家企业的转型升级过程来看，生产制造环节对它们的成功转型升级起了非常重要的支持作用。例如，安踏成立了业内首家鞋机实验室，并于 2017 年成功自主研发出新一代智能 MINI 流水线和“灵动系列—高速线”等更适合安踏产品特性的制鞋设备，提升了安踏产品的品质，提升了劳动生产率和对订单的快速反应能力。陕鼓从提供单一产品制造商向系统解决方案服务商的转型升级是依托其在风机领域的生产制造能力进行的，其在生产制造环节积累的经验与核心专长是其转型成功的重要保障。雅迪为了支持公司向电动车高端品牌服务端转型升级，深耕生产制造环节，如导入丰田精益生产体系、业内率先开展质检常态化、独创28项生产制造工艺、利用国家级企业实验室对产品进行真实环境仿真模拟测试等。振华重工2019年自主研制的自升平台式碎石整平船“一航津平2”，作为超级工程深中通道的核心装备，该船的设计、制造均实现了国产化，因其铺设作业的高效率和自动化，被形象地称为深水碎石铺设的“3D打印机”。

总之，通过对安踏、陕鼓、雅迪、振华重工、圣德义、比亚迪、音王集团、小小恐龙集团8家企业向品牌服务端转型升级的过程进行分析，可以得出制造企业向品牌端转型升级需要具备以下三个必要条件：一是公司已经在生产制造环节积累了一定的资金实力，或者能够融到向品牌服务端转型升级所必需的资金；二是向品牌端转型升级需要有品牌创造方面的专业人才，有好的营销策划能力，或者与知名营销策划公司合作制定实施切实可行的、差异化的品牌推广方案；三是向服务端转型升级需要有广泛的服务网络和好的服务人才；四是进行科技创新，提升企业的科技创新水平是制造企业向品牌服务端转型升级的重要支撑。

第七章　中国制造业转型升级的基本路径之三:在生产制造端直接转型升级

本章主要通过案例研究的方法对第四章所提出的中国制造业转型升级的三种基本路径之三——在生产制造端直接转型升级进行实证检验,从而支撑所提出的新微笑曲线理论,同时探究这一转型升级路径的具体适用条件。

第一节　研究设计

一、研究方法的确定

与第五章和第六章的研究方法确定原则一致,中国制造业的转型升级过程就是制造企业的变革过程,而且本书所提出的新微笑曲线理论属于新构建的理论,因此案例研究是本章最适合的研究方法。与单案例研究相比较,多案例研究具有明显的优势,一是能通过对个案的复制来提高研究的信度和效度[①]；二是更适合用来进行理论构建[②]。因此，本章的研究方法与第五章和第六章一致，也采用多案例研究方法。

二、研究案例的选择

本研究按照以下标准进行研究案例的选择：一是要选取具有典型性和代表性的案例；二是要遵循复制法则；三是案例资料要容易获得、准确程度高。根据上述标准，本章选取了青岛红领集团有限公司(简称红领集团)、泰安中联水泥有限公司(简称泰安中联)、富士康科技集团(简称富士康)、天津力神电池股份有限公司(简称力神电池)、四川大西洋焊接材料股份有限公司(简称大西洋焊接材料)、天津中德传动有限公司(简称中德传动)、天津市中环自动化技术控制设备有限公司(简称中环自动化)和天津市百得纸业有限公司(简称百得纸业)8 家企业作为典型案例进行分析。

这 8 个案例具有以下特征：

第一，这些案例既有传统的服装制造业公司红领集团、水泥制造企业泰安中联、化焊接材料生产企业大西洋焊接材料、造纸企业百得纸业、汽车零部件企业中德传动，也有高科技企业中环自动化、世界知名的电子代工企业富士康和新能源电池制造商力神电池，具有很强的典型性和代表性。

---

① Eisenhardt, "Building theories from case study research," *Academy of Management Review*, 1989, 14: 488—511.

② Yin, R. Applications of case study research, *Sage Publications*, Inc, 2003.

第二，这些案例都具有在产业链的生产制造环节直接转型升级的共同特征，但也存在较大的差异。例如，红领集团将传统的西服制造与互联网相结合，走出了独特的个性化大规模定制之路，富士康则坚持做代工，深耕生产制造环节，而泰安中联、力神电池、大西洋焊接材料则采取了智能制造的新生产方式。所选取的 8 个案例符合多案例研究的复制法则，而且容易从中得到能相互印证的结论，更有说服力。

第三，所选取的 8 家企业中，红领集团、泰安中联、富士康、力神电池、大西洋都属于所处行业内较为知名的企业，有着较为丰富的前期研究和二手资料，案例资料都很容易获得，而且大多能够相互验证，准确度较高。而对中德传动、中环自动化和百得纸业 3 家非知名公司，则以搜集一手资料为主，二手资料为辅。

三、案例资料搜集

由于所选择的红领集团、泰安中联、富士康、力神电池、大西洋都是业内知名的制造企业，本书采取了二手资料为主，一手资料为辅的搜集方法：一是通过企业官网了解企业的基本情况和发展历程，转型升级的关键事件以及最新发展动态；二是在知网、万方等学术数据库进行文献搜索，搜集研究目标企业的学术文章、硕博士论文、新闻报道；三是通过搜索引擎搜集目标企业的其他资料，如历年的宣传报道、领导讲话、发言等。

而对于非知名公司，如中德传动、中环自动化和百得纸业则以搜集一手资料为主，二手资料为辅：一是亲自对企业进行调研，近距离观察企业情况，与企业高管进行访谈，了解目标企业转型升级的过程和具体考虑；二是通过官网和搜索引擎尽可能搜集目标企业的二手资料信息；三是从目标企业的顾客、供应商，甚至竞争对手方面来获取目标公司转型升级的相关信息。

此外，为了提高案例资料的信度和效度，本书利用三角验证的方法对目标企业的各种案例资料进行三角验证。首先，对于制造企业转型升级的各种关键资料进行反复的比较、核对，从而确保案例资料的真实性和可靠性，尽可能降低研究偏差。[①] 其次，如果发现案例资料之间存在矛盾和不一致的情况，或者进一步搜集相关资料进行验证，或者向目标企业进行求证，从而保证所采用的案例资料的可靠性。

第二节　在生产制造端直接转型升级的案例分析

由新微笑曲线模型可知，在生产制造端直接升级是中国制造业转型升级的三条基本路径之一，是本书的重要观点。实际上，一些制造企业认识到在生产制造端直接升级更符合企业的实际情况，从而选取了这一转型升级路径，并取得了一定的成功。本节选取了青岛红领集团有限公司（简称红领集团）、泰安中联水泥有限

① 杨桂菊、刘善海：《从 OEM 到 OBM：战略创业视角的代工企业转型升级——基于比亚迪的探索性案例研究》，《科学学研究》2013 年第 2 期。

公司(简称泰安中联)、富士康科技集团(简称富士康)、天津力神电池股份有限公司(简称力神电池)、四川大西洋焊接材料股份有限公司(简称大西洋焊接材料)、天津中德传动有限公司(简称中德传动)、天津市中环自动化技术控制设备有限公司(简称中环自动化)和天津市百得纸业有限公司(简称百得纸业)8家企业作为典型案例进行分析,探讨这一转型升级路径成功所需的条件。

一、案例背景介绍

1. 青岛红领集团有限公司

青岛红领集团有限公司创建于1995年,总部位于青岛即墨。红领集团主要靠运营酷特智能C2M个性化定制平台(Customer to Manufacturer,即客户对生产者)来开展高档西装、衬衣等服装产品的全球量体定制服务,客户遍及中国、美国、加拿大、澳大利亚、英国、法国、德国、瑞士、瑞典等国家。红领集团注册资本5000万元,拥有超过5000名有各自擅长领域的员工和3200平方米的技术中心,拥有年产西服80万套、衬衣600万件、休闲裤1000万条的三个专业研发制造工厂。

经过20多年的发展,红领集团位居中国男装百强企业第4名,定制正装生产能力第1名,连续多年成为中国服装利税双百强企业。"红领"品牌成为中国驰名商标、国家免检产品和中国最具市场竞争力品牌。近年来,红领集团以高档西服、高档衬衣、高档休闲裤为主打产品,推行以MTM单体定做为主、团体定制和零售"三位一体"的经营模式,努力搏击国内、国外两个市场,致力于打造世界知名服装品牌。

2. 泰安中联水泥有限公司

泰安中联水泥有限公司成立于2011年5月30日，是由中国联合水泥集团有限公司和德州中联大坝水泥有限公司共同成立的股份制公司，是中国联合水泥集团有限公司的核心企业之一，主要生产销售水泥、水泥熟料及水泥制品制造（按照环保局审批范围）。泰安中联拥有一条日产5000吨新型干法水泥暨世界低能耗示范生产线，能够实现水泥熟料生产155万吨/年和高标号水泥生产100万吨/年，全年可实现利税1.5亿元。

泰安中联通过了ISO9001质量管理体系、ISO14001环境管理体系、GB/T28001职业健康安全管理体系、GB/T2331－2009能源管理体系等系列认证，在电耗、热耗、自动控制、工艺制造流程、劳动生产率等技术经济指标方面均处于世界领先水平，是水泥行业信息化、工业化两化融合的典范，入选工信部“2015年智能制造试点示范项目”和“中国十大绿色创新成果”。

3. 富士康科技集团①

富士康科技集团的前身是1974年成立于台湾的鸿海塑料企业有限公司，主要生产经营黑白电视机的塑料旋钮。1982年公司更名为“鸿海精密工业股份有限公司”，进入电脑用线缆装配领域。1983年，鸿海精密工业股份有限公司通过自主研发电脑连接器正式进入个人电脑代工领域，1985年正式创立富士康（FOXCONN）

① 富士康科技集团网站：http://www.foxconn.com.cn/GlobalDistribution.html。

品牌。1988年，富士康在深圳宝安设立了大陆第一家制造工厂，并逐步确立了“扎根中国，运筹全球”的发展战略。经过40多年快速发展，富士康已经在珠三角、长三角、环渤海地区、中西部等区域都建有产业园区，拥有120余万员工及全球顶尖IT客户群，成为全球最大的电子产业专业制造代工企业。富士康也由传统的代工制造企业，发展成为专业从事3C产品、汽车零部件、云计算、新能源、新材料等研发制造的大型高科技企业集团。2017年，富士康营业收入高达1589亿美元，已经连续14年位居大陆出口200强首位，自2005年起至今，富士康连续15年进入《财富》500强。

4. 天津力神电池股份有限公司

天津力神电池股份有限公司是一家拥有自主知识产权核心技术的，专业从事锂离子蓄电池技术研发、生产和经营的股份制高新技术企业。[①] 位于天津华苑产业园区，占地40万平方米，成立于1997年12月25日，注册资本12.5亿元人民币，总资产60亿元人民币。目前力神电池已具有5亿安时锂离子电池的年生产能力，产品包括圆型、方型、聚合物和塑料软包装、动力电池四大系列几百个型号。力神电池以自主知识产权和创新机制为依托，加上国家移动通信国产化配套政策的大力支持，在短短几年时间里迅猛发展，成为迄今国内投资规模最大、技术水平最高的锂离子蓄电池专业生产企业，并跻身世界锂电行业前列，产品应用也由便携式移动电子设备拓展到新能源电动汽车、风能及太阳能发电、储能系统等

① 百度百科：天津力神电池股份有限公司 https://baike.baidu.com/item/天津力神电池股份有限公司/7821413?fr=aladdin。

众多领域。

5. 四川大西洋焊接材料股份有限公司

四川大西洋焊接材料股份有限公司创建于1949年，其前身系上海斌诚焊接材料制造厂，是国内较早的专业化焊接材料生产企业之一，1969年更名为中国电焊条厂，1996年企业整体改制为四川大西洋集团有限责任公司，1999年四川大西洋集团有限责任公司作为主发起人，联合其他5家企业发起成立四川大西洋焊接材料股份有限公司，2001年公司在上海证券交易所上市。

大西洋焊接材料目前在深圳、昆明、成都、自贡、上海、广西等地区投资设立了主营焊接材料的全资或控股子公司，其中位于自贡的公司总部占地面积近10万平方米。公司主要经营产品有焊条（碳钢焊条、低合金钢焊条、不锈钢焊条、堆焊焊条、铸铁焊条、镍及镍合金焊条、铜及铜合金焊条）、焊丝（适用于MAG、MIG、TIG的气体保护焊实芯焊丝、药芯焊丝、有色金属焊丝以及埋弧焊焊丝和气焊焊丝）、焊剂（用于埋弧焊和电渣焊的各种熔炼型、烧结型焊剂）三大类。①

6. 天津中德传动有限公司

天津中德传动有限公司位于天津静海开发区，是一家从事汽车零部件生产的民营企业，成立于2005年3月，占地5.3万平方米，注册资金4000万元。主要从事客车变速箱的研发与生产，产品涵盖手动挡机械变速箱、AMT自动挡变速箱，匹配覆盖6～14米

① 四川大西洋焊接材料股份有限公司网站：http://www.weldatlantic.com/about.asp?bid=197&cid=198。

各种型号城市客车、城际客车，已成为包括郑州宇通、厦门金龙、苏州金龙、南京越博、天津松正等众多主流客车企业的系统供应商，年销售额约5000万元。公司现有员工80余人，本科及以上学历者25人，科研技术人员23人。同时引进同步器耐久试验台、性能试验台、变速器疲劳寿命试验台、静扭试验台、AMT磨合试验台、AMT下线试验台等试验设备，建成自主研发和产品试验条件。多年来，先后获得新型汽车变速器、节能环保型混合动力传动机构等多项专利，"天津市科技型中小企业""中国客车零部件优秀产品""天津市守合同重信用企业"等光荣称号。

7.天津市中环自动化技术控制设备有限公司

天津市中环自动化技术控制设备有限公司成立于1991年2月，注册资金700万元人民币，公司下设质管部、综合部、采购部、市场部、生产部、工程部。现有职工50余人，科技人员24名，中高级职称30人，享受国务院津贴专家两名。主要经营范围包括：机电一体化、电子与信息技术及产品的开发、咨询、服务，集散控制设备、低压电器制造等。主营产品包括DCS分散型控制系统、SXD操作器、SSX操作器、DSA－20数据采集器、DSA－50B壁挂式数据采集报警器、ESDA－3报警器、智能型数码大屏幕显示书写系统等系列产品，并加工各类控制机柜等。

8.天津市百得纸业有限公司

天津市百得纸业有限公司位于西青区精武镇，占地60000平方米，注册资本金500万元，是一家大型民营企业。企业创立于1986年9月，是一家投资仅2300元的新立纸制品厂，2002年9月聚元纸制品厂和铸城包装材料厂搬迁到南河镇工业园区的新厂区，合并改名为“天津市百得纸业有限公司”。公司现有职工 380 人，专业技术人员 120 余人，本科学历以上 12 人，科技技术研发人员 12 人。

百得纸业有限公司主要从事瓦楞纸包装，目前拥有了多种款式的印刷机、切磨机、对裱机、磨光机等机械设备，用来生产各种型号的纸板、纸箱、纸盒。公司从引进设备方面加强了与益海嘉里粮油公司、科勤公司、施耐德公司的合作，又与娃哈哈集团公司、双汇集团公司、大桥集团公司、小洋人集团、九三集团、红星股份、巨能粮油等数十家企业发展成长期合作伙伴，以方便拓展产品销路。

百得纸业有限公司在 2006 年被天津市邮政管理局指定为邮政包装箱专业生产单位；2007 年被中华人民共和国海关指定为进出口货物包装专业生产单位；2008 年获共青团西青区委员会“青年创业先锋”称号；2009 年被天津市总工会授予天津市五一劳动奖章，获得天津市包装技术协会包装行业 50 强优秀单位以及天津市劳动关系和谐企业等荣誉称号；2010 年公司被评为 2010 年最具设计创新能力奖、“最具发展潜力中国彩盒企业”；2011 年荣获中国纸包装工业 100 强彩盒优秀企业、天津市科技中小企业称号，并被选为中国包装联合会理事单位；2012 年百得纸业荣获由天津市人民政府授予的“节水型企业”称号。

二、八家企业的转型升级路径与策略

1. 青岛红领集团的转型升级之路

红领集团的前身是 1989 年成立的、以来料加工为主的青岛西思达制衣有限公司，客户固定，发展空间小。即使公司在1995年股份制改造转为红领集团以后的很长一段时间内，红领集团也还是像当时大多数同行企业一样，采取批量生产、外贸代工、商场销售的经营模式。但随着劳动力成本和商场费用的上升，红领集团的利润空间越来越小。为了改变这一不利局面，红领集团开始了转型升级。但是，与绝大多数业内企业向下游的品牌服务端转型升级不同，红领集团聚焦生产制造环节，形成了独特的个性化定制转型之路。

(1)红领集团转型升级的主要经验

红领集团在生产制造环节直接升级，形成了以下成功经验：

一是重视产品质量。红领集团从成立之初，就将“追求卓越品质，在每一个生产环节上最大程度追求顾客满意”作为企业的发展理念，提出了“要以一流工厂、一流工艺、一流技术，让全世界所有的品牌服装都到这里来加工生产”的发展目标。① 1998年7月，红领集团发起了以“十六条”为核心的“零缺点”运动，致力于产品的品质改进和规范化管理。红领集团还引进了世界上最先进的西装生产技术、工艺和设备，并通过了ISO9001:2000质量管理体系认证、GB/T28001－2001职业健康安全管理体系认证、ISO14001:2004环境管理体系认证等系列国际国内认证。红领集团在选料、面料处理、排版、裁剪、缝制、整烫运输等西装制作的420多道工序中，对每一道工序都精益求精，所生产的产品质量达到或超过国际

① 青岛市社科院课题组：《青岛红领集团创新模式的特点与启示》，《青岛行政学院学报》2001年第5期。

先进水平。

二是自主研发个性化定制数据库。为了满足消费者个性化定制的新需求，红领集团从 2003 年起，经过 12 年的不断试验，整合 220 多万人的服装版型数据，研发了直接从客户到生产端的个性化定制平台 C2M，即建立了服装版型、款式和工艺 BOM 三大数据库。通过 C2M，去掉了商场、零售店、批发商等中间环节，消费者和红领集团通过互联网建立了直接的交流互动平台，能够更好地满足顾客对服装的个性化定制需求。目前，红领集团的个性化定制平台 C2M 能够为客户提供男装、女装和童装三大类及西装、外套、衬衣、裤子和马甲五个子类的 1000 万亿种设计和 100 万亿种款式组合，能够满足顾客对面料、里料、领型、刺绣等的各种个性化需求。

三是不断调整、优化生产线，实现个性化产品的规模化生产。为了实现个性化产品的规模化生产，红领集团对所购买的适用于规模化生产的生产线和机器设备进行了智能化改造。一方面，红领集团通过 C2M 平台将西装制造过程科学、合理地拆分为 300 多个流水线上的独立工序和具体任务，并配备专人和专门的平板电脑。另一方面，红领集团对每道工序所需要的合理工作量和工作时间进行了严密的测算，从而保证每道工序间能够合理衔接，减少产能浪费。在订单生产过程中，每一件产品都有一个伴随全流程的专属电子芯片，专用终端可以通过其随时读取订单信息和生产制造进展情况。而且，改造后的智能生产系统能够根据不同工人的特点、专长和技能水平分配不同的订单。例如，有些工人适合做衣领，但不擅长做袖子，生产系统会自动把做衣领的工作分配给前者。通过对原有生产线和机器设备的智能化改造，红领集团实现了个性化产品的大规模制造，提高了生产效率，降低了个性化产品的制造成本，实现了服装产品的“零库存、高利润、低成本、高周转”。

四是根据制造模式的变革进行组织再造。红领集团根据个性化产品定制规模化生产的新制造模式，对公司部门进行了撤并、整合，将原来的30多个部门整合为供应链、生产制造、客户服务、财务、信息、人力资源六大中心，建立了以客服中心为中枢、以节点管理为核心的新管理模式。通过这些组织再造活动，红领集团实现了生产管理的标准化、规范化、体系化和扁平化，提高了工作效率，扫清了客户需求与公司能力之间的各种障碍，更好地满足了客户的个性化需求和大规模生产的低成本要求。据统计，红领集团生产一件满足客户个性化需求的衣服所花费的成本仅比大规模制作的标准化成衣高10%。

(2)红领集团的转型升级成效

经过多年的转型升级，红领集团的成效显著：一是在近几年全球服装行业不景气的大背景下，红领集团的业绩逆势上扬，2012—2016销售额连续五年实现100%以上增长，年收入超过10亿元人民币，平均利润率在25%以上，是2011年的9倍；二是红领集团的市场竞争力大幅增强，其定制服装的价格仅为同行的10%～30%，市场占有率达到30%；三是红领集团定制服装从接单到出货的生产周期从传统手工定制的3～6个月缩短为7天(如图7.1所示)，价格也由1万～2万元/每件降为最低仅需2000元。

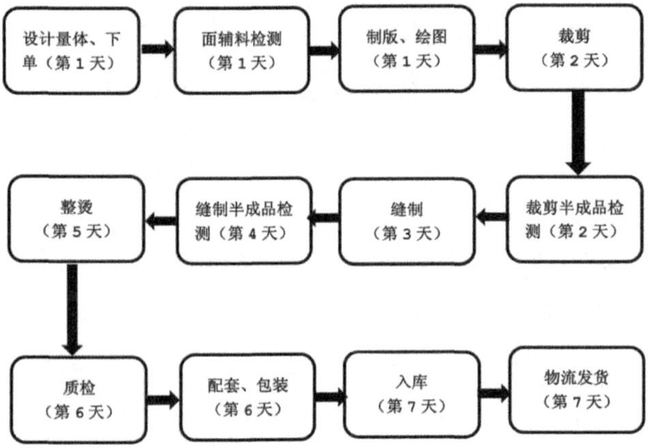

图 7.1　红领集团定制化产品生产流程及周期

2. 泰安中联的转型升级之路

中国经济进入新常态以来，作为传统行业的水泥产业面临着产能过剩、竞争激烈和环保标准不断提高的压力，亟须转型升级。尽管成立较晚（2011 年），但泰安中联在 2012 年 6 月就决定成立联合研发小组，开发建设了以“五全、七化、四一流和四不漏”为目标的全智能水泥生产线，其中，“五全”是指“全变频、全消音、全封闭、全收尘、全利废”；“七化”是指“矿山开采智能化、原料处理无菌化、生产管理信息化、生产过程智能化、耐火材料无铬化、物料粉磨无球化、生产现场无人化”；“四一流”是指“工艺一流、技术一流、环境一流、形象一流”；“四不漏”是指“不漏风、不漏料、不漏油、不漏水”。通过智能制造实现提质增效和转型升级。

(1)泰安中联转型升级的主要经验

泰安中联智能制造方案联合开发小组经过近百次的考察调研和技术论证，最终确定从智能物流、智能质控、智能生产、智能巡检、智能远程管理五个方面对生产线进行优化完善，实现转型升级。

一是建设智能物流系统。泰安中联的智能物流系统，实现了物资运输全过程(包括制卡、上磅、称重、交卡、票据打印等)的无人化和自动化，大大缩短了运输车辆的进出时间，实现了有序管理。同时，物料进出厂数据与公司内部的 ERP 系统进行实时自动对接，提高了数据管理水平和企业信息化水平。

二是进行智能质控。泰安中联通过各种在线分析仪器来对各种原材料和产品的质量进行自动检测，具体包括石灰石在线分析仪、原料在线分析仪、水泥在线细度仪、辅料在线分析仪、荧光分析仪等。这些在线仪器自动检测的数据会与磨机专家智能系统和窑操专家智能系统进行实时对接，并作为智能控制系统的重要调节参数参与控制，以保证生产过程的产品各项指标最优和质量稳定。

三是进行智能生产。泰安中联配备了用于稳定烧成系统生产参数的窑操专家优化系统，这一系统能够根据烧成系统的运行状况实现自动调节喂料量、喂煤量、系统风量、篦冷机速度。同时，泰安中联还配备了磨机专家智能系统，这一系统能够提高磨系统生产的稳定性，还能在最佳产量能效状态下运行的时候，实现自主决策、自动执行、自动优化，从而实现在无人值守的情况下使产品的产量、电耗、质量达到最优。

四是实现智能巡检。一方面，通过布设与大屏幕链接的200个摄像头来对现场设备的运行情况进行集中监视。另一方面，通过控制系统对人工操作设备和现场巡检的信息进行数字化的操作和监视，提高和强化中控室对现场设备运行状态的监控，减少现场巡检人员和工作量，降低因巡检人员工作疏忽造成的生产损失，同时也减少设备维护人员和维护工作量，提高设备的综合管理水平。①

五是进行智能远程管理。为了实现对生产线的实时监控，掌握生产信息和重要数据，便于根据实际情况实时调整生产计划，泰安中联建立了远程生产信息管理系统，通过互联网终端对该系统的远程访问，能够实现对生产情况的智能远程管理。

(2)转型升级成效

通过对生产线进行智能化改造，泰安中联转型升级取得了积极成效：

一是建成了中国水泥行业在节能、环保、自动化水平等方面最先进的生产线，在世界的低能耗环保方面也属于领先水平，能够实现每年节省电4000万度、节省煤50000吨。

二是产品质量大幅提升，通过智能制造，减少了原来在生产过程中因人工操作而容易导致的差错，使产品的质量稳定性大幅提高，质量标准偏差小于0.5，达到世界先进水平。

三是生产效率大幅提升。通过智能制造，泰安中联生产线的员工仅需50人，仅为业内同规模生产线定员的六分之一，全员劳动

① 山东省经济和信息化委员会：《山东省22个重点行业转型升级典型案例汇编》。

生产率为人均 2 万吨，达到世界第一位。

四是达到了“五全”（即全变频、全消音、全封闭、全收尘、全利废）和“四不漏”（即不漏风、不漏料、不漏油、不漏水）的环保生产标准，氮氧化物排放浓度小于 300mg/m^3，粉尘排放甚至达到了 20～30mg/m^3 的世界环保水平，有效地保护了环境。

3.富士康的转型升级之路

富士康在 1974 年成立之初仅仅是一个不足 200 人的小代工企业，就像中国当前的大多数代工企业一样。但是经过 40 多年的发展，其已经成为拥有 120 余万员工，年销售额超过 1300 亿美元的全球最大代工企业和高科技企业。富士康的发展过程，就是其不断转型升级的过程，但与绝大多数的代工企业向产业链的上下游转型升级不同，富士康专注于生产制造环节，专注于代工业务，走出了一条独特的转型升级之路。

(1)富士康转型升级的主要经验

富士康在多年的发展过程中，专注于生产制造环节，形成了一系列的成功经验：

一是独创了电子化、零组件、模块化机光电垂直整合服务模式 eCMMS。其中，“e”指的是 electronic，即包括互联网在内的电子信息技术，这里指富士康利用电子信息技术使得从产品的设计生产一直到最后的出货变得更加精确、快速；“C”指的是 Component，即零组件，包括计算机连接器、CPU（中央处理器）、主板、硬盘、显示器、内存、显卡、机壳、电源等在内的全部零散部件，富士康追求的是赋予这些零组件更高的科技含量，使之成为提高竞争力的关键零组件；第一个“M”指的是 Module，即模块，是指能够使各个零组件之间相互配合最优、性能最佳、成本最低、效率最高的整合生产状态；第二个“M”指的是 Move，即系统组装产品，是指富士康将各种模块进行快速系统组装，使之成为最终产品；“S”指的是 Service，即富士康为客户所提供的免费共同设计服务。富士康通过在全球复制 eCMMS 模式，形成了强大的产业链垂直整合能力，能为全球客户提供包括共同设计（JDSM）、共同开发（JDVM）、质优价廉的产品、高效售后服务等在内的最具竞争力的一次购足整体解决方案。

二是持续实施低成本战略。富士康致力于长期持续实施低成本战略，在保证公司获利的情况下为客户提供质优价廉的产品。富士康的低成本优势主要来源于规模经济、有效的供应链管理、通过技术创新提高生产效率和以成本为中心的企业文化四个方面：首先，富士康的规模巨大，所合作的客户都是在全球市场领先的客户，其对产品制造的需求数量巨大，公司的 120 多万员工规模也使得富士康在生产过程中能够实现规模经济效应，大幅度降低成本；其次，富士康不仅降低生产成本，还对整个供应链进行了有效的管理，努力将采购、生产、库存、运输、销售等整个供应链上各环节的成本都降到最低；再次，富士康通过对生产工艺、模具和零部件开发等方面进行技术创新，不断提升生产效率，从而降低单位生产成本；最后，富士康将“成本降低”作为企业文化的核心要素，使公司员工长期以来养成了注重细节、精打细算、节俭朴素的良好工作习惯。另外，为了更好地保持低成本优势，富士康已经启动了机器换人的新策略。

三是精益求精的产品质量追求。富士康对产品质量追求“99.99”的哲学，即要求产品质量即使达不到100%，至少也要达到99.99%。郭台铭指出：“中国制造的录像机、照相机与日本制造的相比，外观上相差不多，但功能上却相差很远，但要从90%提升到99%，就可能要5年的时间，从99%提升到99.9%，可能需要10年，从99.9%提升到99.99%，则需要再加一个10年，甚至更长的时间。”富士康几十年如一日地打造精益求精的产品质量体系，已经形成了融入生产的每一个环节，融入每一位富士康人血液中的时时刻刻重视产品质量的企业文化，使得富士康的代工产品成为品质优良的代名词，苹果、惠普、英特尔、戴尔等国际著名企业都成了富士康的客户。

四是为客户提供速度最快的产品和服务。为了更好满足客户对速度的要求，富士康实施了“两地研发(Time to Market)”“三区设计制造(Time to Volume)”和“全球组装交货(Time to Money)”的全球布局策略，能够实现“48小时完成产品设计、24小时制成样品、45天量产出货”的富士康速度。为了最大限度地提高产品设计能力和样品交付速度，富士康还把研发中心建立在客户附近，并发明了48小时远程互动设计体系，即通过互联网采用接力赛的形式帮助中国和美国两地的工程师完成新产品的设计。

五是注重技术研发和知识产权保护。富士康重视技术研发，在亚洲、美洲和欧洲都建立了专业研发网络，在纳米、金属、塑料、陶瓷、热传导等领域积累了纳米科技、热传技术、纳米级量测技术、无线网络技术、绿色环保科技、CAD/CAE技术、光学镀膜技术、超精密复合/纳米级加工技术、SMT技术、网络芯片设计技术、云端科技、e供应链技术等核心技术。同时，富士康重视利用专利来保护自己的知识产权。据统计，截至2016年底，富士康累计申请全球专利142100件，获得授权79600件。从2005年到2013年，富士康已经连续9年在大陆专利申请总量和发明专利申请量中位居前列。

(2)富士康的转型升级成效

经过40多年的发展，富士康已经连续多年成为全球最大的电子产业专业制造代工企业。根据2017年的财务数据，富士康2017年实现营业收入约1589亿美元，同比增长8%。同时，富士康已经连续14年位居大陆出口200强首位，自2011年起，每年出口额都在1000亿美元以上(如图7.2所示)。

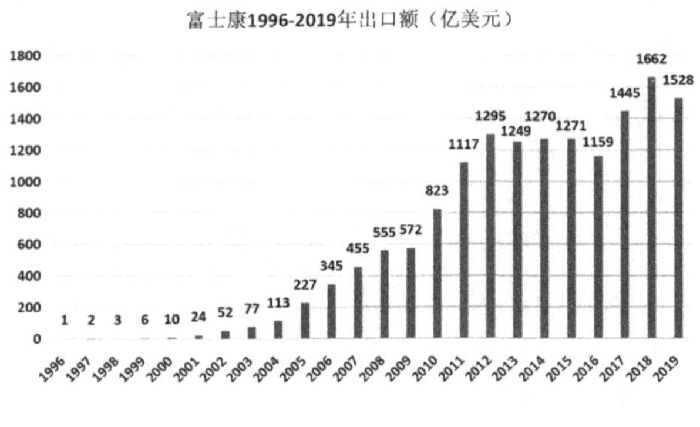

图7.2　富士康历年大陆出口额(1996—2016)

4.力神电池的转型升级之路

作为全国最早开始进行产业化的锂电企业之一，力神电池有些生产线已经老化，这些生产线上人工参与较多，自动化程度不高，生产效率较低，产品不良率较高，严重影响了力神电池的市场竞争力。在这种情况下，力神电池充分利用天津发展智能科技产业的政策支持和国家工业和信息化部智能制造试点示范项目的支持，决定将生产过程的智能化改造作为转型升级的发展方向，开展了“动力电池智能制造试点示范”，并通过智能制造试点示范的运行，将智能化改造推广至公司其他生产基地，逐步开展全公司整体智能制造工作，最终形成覆盖整个公司的集团化智能网络。

(1)力神电池转型升级的主要经验

力神电池聚焦生产制造环节，通过智能制造提高生产制造环节的科技含量，从而实现转型升级，力神电池主要有以下几点成功经验：

一是智能装备贯穿整个电池的制造过程。在电池制造的匀浆、涂布、卷绕、注液、化成、后处理等工序流程中几乎全部采用了智能装备和系统，生产线的自动化、数字化、信息化、智能化水平大幅提升。①

在匀浆环节，智能匀浆系统被采用到了项目当中。各种电池原料被放置在氟利昂储罐中，然后被放入连续混浆制浆系统中，在经过系统的充分混合后能够直接形成浆料成本。与原来的间歇式混料系统相比较，连续混浆制浆系统的优势非常突出，一是产品的一致性大幅提高，二是能源消耗降低明显，三是机器占地面积也下降很多。同时，智能系统能够实现对物料信息数据采集和浆料批

① 《走进天津力神“动力电池智能制造试点示范”项目》，http://kxjs.tj.gov.cn/zhengwugongkai/zxgz/znzz/dxal/201904/t20190401_143314.html。

次的绑定，并自动监测设备运行时的物料流量、螺杆转速等状态量。

在涂布环节，项目采用了连续双层涂布系统，该系统能够在箔材上料后，一次性同时完成双面涂布，大大提高了生产效率和成品率，还实现了周转次数的降低。同时，也提高了产品的可靠性和一致性。

在卷绕环节，将人工上料的传统卷绕方式改为全部机械自动上料，并在卷绕完成后实现自动换料，并将产出的极组通过自动下料系统收集转运至下一道工序，完全避免了人工操作失误，换料速度大大提高。同时，利用智能系统，能够对卷绕的对齐度、长度、宽度、厚度等进行实时监测，帮助生产者及时发现问题、解决问题，产品质量和工作效率均有较大提升。

在注液环节，等压腔体式智能注液系统被项目采用。通过该智能系统，电脑程序能够实现对电池注液的全部自动化操作，从而能够加强对注液精度的控制，减少人工失误，提高注液的一致性程度。

在 PACK 环节，动力电池智能 PACK 系统被采用。该智能系统能够根据 ERP 系统下发的订单和产品出货工艺，主动利用 CCD 检测、清洗、贴胶、绝缘测试等工艺对成品库内的电芯进行挑选、配组，并利用机械手将挑选配组好的电芯抓取到流水线上。该智能系统能够自动剔除不良品，并通过额外配组电池来补充，提高了 PACK 环节的准确性、可靠性。

二是积极参与智能设备的研发改造，智能工厂设备国产化率高达90%。在智能工厂建设过程中,为了使各类智能设备更贴合力神电池的实际情况,更好地发挥作用,力神电池组织专家和企业自身的科研人员在原有智能设备基础上进行了二次研发,最终在建设的电动汽车用锂离子动力电池智能工厂采用了90%的国产设备,涵盖了锂离子动力电池的主要工序环节。力神电池还采用最新的工业互联网技术,将客户和企业各环节的数据进行互联互通、资源优化,建设了基于新一代电动汽车动力电池研发、设计、生产以及使用的大数据平台。

(2)力神电池的转型升级成效

通过对生产制造过程智能化的转型升级,力神电池的转型升级效果显著:一是产能大幅提升,力神电池建成了一个具有全线自动化、数字化、虚拟化、互联集成化、智能决策化五大显著特征的智能工厂,形成年产3亿安时的方形锂离子动力电池生产线,每日可生产车用锂离子动力电池约36000块,相较于之前人力密集型的粗放生产,产能约提升6倍;二是锂电池的生产效率提高了20%,单位产值能耗降低了10%,产品不良率下降了20%,产品研制周期缩短了30%,公司整体运营成本降低了20%。

5.大西洋焊接材料的转型升级之路

作为一家典型的传统制造企业,大西洋焊接材料对劳动力和资源的依赖性较高。然而,随着中国劳动力成本的不断上升和对企业环保要求的不断提高,大西洋焊接材料的管理层认识到必须要进行转型升级。经过认真研究,大西洋焊接材料决定从传统制造业向现代制造业转型,打造焊接材料智能制造基地。

(1)大西洋焊接材料转型升级的主要经验

大西洋焊接材料在转型升级过程中，形成了以下主要的成功经验：

一是如何成功面对“人”的挑战。第一，受传统思维定式影响，绝大多数人，甚至包括管理层，都不愿意主动进行转型；第二，机器换人后，多出来的人怎么办？第三，转型后，企业原有人员的能力难以适应新的工作要求，人力资源工作的压力比较大。

大西洋焊接材料在转型过程中所采取的解决方案是：第一，对向智能制造转型升级实施“一把手”工程，“一把手”全程参与智能化改造的全过程，从宏观决策到具体的微观实施，“一把手”都亲自参与；第二，大力发展生产型服务业，部分人员可以转岗到服务业；第三，加强培训，通过培训来提高员工面对新工作的适应能力；第四，对于无法转岗和适应新岗位的员工，给予补偿安置。

二是与智能专家、合作伙伴共同参与，不断改进、提升。根据其负责人介绍，由于在智能化改造的实施过程中，找不到一个现成、完整的解决方案，整个建设过程基本是大西洋焊接材料、用友和合作伙伴一起一边建工厂、一边设计、一边实施，是一个不断改进、演进的动态过程。

三是将核心和着力点放在制造方式、制造模式的转变上，通过运用自动化、数字化和智能化技术打造焊接材料智能制造的基地。在制造环节，基于用友精智工业互联网平台，实现了用友 NCERP 系统、用友智能工厂系统与配粉系统、厘米实验室管理系统、AGV、RGV、立体库、气力输送线、轨道车、子母穿梭车、包装机器人等软硬件系统的集成互联，实现了人、物、设备、信息系统的互联互通，实现了管控的精细化，提高了效率；通过自动仓储、自动配粉、自动包装等诸多自动化系统的建设，推进生产流程、生产工艺、生产装备、生产管理模式的大幅创新和改造，多工序实现无人值守，提高劳动生产率；推进绿色制造，对焊接材料制造中产生的废水、废气、粉尘等，采用分类归集、集中处理、综合循环利用方式，废水基本做到零排放，改善了员工的作业环境。①

(2)大西洋焊接材料转型升级成效

通过对生产制造环节的智能化改造，大西洋焊接材料的转型升级取得了积极成效②：

一是实现了生产过程的透明可视、动态监控和科学调度，在集团的生产调度指挥中心，各地的销售任务、生产排程、库存、产品、能耗、设备、质量、环境排放等参数在大屏幕上一目了然，真正做到了大数据分析、科学调度和智慧决策。

二是研发周期缩短了20%，库存降低了20%，优良品率提升了2%～3%，包括作业人员、管理人员和生产后勤人员在内的工作人员减少了30%～50%，人工成本大幅降低，资源消耗方面也实现了大幅节约，用水量降低了90%，用气量也减少了30%。

6. 中德传动的转型升级之路

中德传动创建之初正值中国汽车高速成长的早期，尽管存在

---

① 李云杰：《不想"等死"而被倒逼的智能化转型，让这家传统制造企业经历了怎样的蜕变?》，搜狐网。

② 王阳：《智能制造实践，看大西洋集团是怎么做的?》，搜狐网。

产品附加值低、变速箱能耗大、能源利用率低、排放率高、技术水平不高等缺点，但还是被市场接纳，并很快占有一席之地，经济效益不错。但近年来，由于汽车行业的科技水平不断提升，尤其是对节能技术的要求不断提高，竞争对手的新产品和新技术不断涌现，开始挤压本属于中德传动的市场，同时公司传统支柱产品由于技术含量低，市场价格也逐年走低，企业的经济效益严重下滑。

在公司的市场地位受到严重挑战和效益下滑之际，中德传动领导层系统梳理了企业这些年的成功经验和教训，在充分吸纳了各方面意见和建议的基础上，决定走在生产制造环节直接转型升级之路。

(1)中德传动转型升级的主要做法

第一，“内培外引”夯实自身实力。

在认真分析了企业的内外部环境后，中德传动管理层清醒地认识到要做高精产品，首先要夯实自身的实力，人员、技术和管理是问题的关键要素。高新技术产品的生产和研发，首先要对原有的生产组织和人员进行调整，原有的管理制度和管理流程也需要优化，但由于多年来，一线人员已经习惯了原有的一套做法，能否适应这种改变是企业管理层需要解决的首要问题。

公司适时地做了针对性的工作，致力于调动人的积极性、创造性，通过激励、约束机制，使得权责明确，于2013年底开始逐渐引入精益生产方式（TPS）、全面质量管理（TQM），全面设备管理（TPM）等先进的管理方式。通过管理的优化配置，企业形成了三大核心团队，即变速器控制研发团队、机械部分设计团队、工厂化团队。企业的核心团队先后与上海交大、清华大学、同济大学、北京理工大学、德国波鸿鲁尔大学合作，通过“内培外引”的方式，应用电子技术和自动变速理论，以电子控制单元(TCU)为核心，大力发展自动挡AMT变速器项目，努力提高AMT自动变速器研发与制造水平，逐步形成自主研发创新能力，自主研发的中德变速器成功下线，使得中德走向了高端装备制造行业领域。

第二，先进设备推动攻坚克难。

人员、技术和管理问题解决的同时，公司管理层也清醒地认识到，没有好的设备作为保障，高新技术产品的质量是无法得到保障的。引进先进技术的同时，公司也把引进先进设备作为重点工作。公司在2014年先后投资了新型变速箱项目(4S1000AMT、4S1100AMT、4S500变速器总成)，通过引进数字化的装配生产线、壳体加工生产线、各类性能试验台以及多种应用分析软件等众多国内先进的技术平台，提升企业新产品的试验水平和质量检测水平。中德传动经过不断努力，于2014年底被评为高新技术企业和静海区企业技术中心。

生产设备的更新换代，极大提升了中德传动的科技攻关水平，先后攻克了AMT变速器同步器换挡寿命、AMT变速器控制单元可靠性等10项技术难关，以克服新产品研发的瓶颈。与此同时在行星排产品装置技术上也取得了重大进展，实现了电机加减速箱结构优化，在提高了运行效率的同时也降低了电机的能耗和产品制造成本及整车的成本，从而实现客车变速器的升级换代，适应未来新能源、纯电动产业的发展。面对新的市场发展趋势，公司已经陆续研发出城市客车 AMT 变速箱、电控机械自动变速器等一系列新产品。中德传动依托集团公司、兄弟公司的优势市场资源,同时强化内部市场开发能力,不断开拓苏州绿控、天津松正、广西玉柴、郑州宇通等优质客户,主推新能源变速器、新能源用行星排变速器等,用 2～3 年的时间,实现新能源汽车变速箱市场。

(2)中德传动的转型升级成效

中德传动通过多种路径,结合多种手段加速企业的转型升级,取得了很好的成效。

一是公司效益稳步提升。公司在转型前,生产的大部分都是传统的低附加值产品,中高档产品仅占 10%。在转型升级后,高端用户配套产品占到了 70%,产品附加值得到大幅提升。2014 年公司实现销售 4300 万元,与 2012 年相比,增长率超过 10%,效益增长初显。2015 年,公司实现销售超 7000 万元,增幅达 60%以上。

二是助推城市节能环保。公司进行的转型升级项目也聚焦于节能环保领域,所生产的产品采用了齿轮、齿形、齿向复合修形技术,大大降低了机器的噪音,而发动机油封技术的运用,使得产品具备鲜明的低油耗的特点,这有利于油品资源的集约化利用,避免噪音和汽车尾气污染,对节能减排工作的实施起到积极的推动作用。节能环保项目的实施,将提高客车变速器技术的自主创新能力,实现客车变速器的升级换代,推动该产业的发展,实现客车自动变速器的规模化生产,为实现进口替代奠定基础。

三是市场地位得到认同。在公司转型升级的过程中,中德的产品已经具备了科技含量高、节能环保的特点,公司也在为打开市场蓄力。中德传动深化与苏州绿控、天津松正、广西玉柴合作，新能源变速器产品已经实现批量生产，受到用户和市场的接受、认可，市场占有率达到30%以上；同时受郑州宇通、湖南株洲南车时代委托，开发新能源用行星排变速器，合作协议的达成，将使公司在5年内销售规模呈现显著增长。

7.中环自动化的转型升级之路

中环自动化系中环天仪股份集团有限公司骨干企业之一，属于光电机一体化行业，为国家定点生产分散控制系统的专业企业，并且为天津市高新技术企业。近些年来，尽管市场的波动对公司的业务也有影响，但由于依托于国有大企业，没有其他企业对市场变化的明显压迫感。但是公司因循守旧比较严重，主要产品是传统的分散型控制系统，业务处于产品周期前端，以生产加工为主，产品结构和业务拓展模式单一等问题影响了市场扩展，亟待转型升级。在这种情况下，中环自动化结合自身的实际和特点，选择了在生产制造环节直接转型升级的实施路径。

(1)中环自动化转型升级的主要做法

第一，建立先进管理体系，强化内部管理。

中环自动化选择规范的先进管理体系的建立作为突破口。从2014年1月开始到2014年8月截止，公司投入80万元人民币用于ISO9000质量管理体系的设计和建立。为了确保质量管理体系的稳定性，公司结合组织的质量目标、产品类别、过程特点和实践经验，设计和建立质量管理体系，既能满足组织内部质量管理的要求，又能满足组织与顾客的合同要求，还能满足第二方认定、第三方认证和注册的要求。采用适当的预防措施，有一定的防止重要质量问题发生的能力。定期进行管理评审，以改进质量管理体系。2014 年底，公司最终通过 ISO9000 质量管理体系认证。

公司管理层清醒地认识到，体系建立了观念必须跟上。为此，公司从企业文化层面入手，从职工的岗位和生活的点滴做起，加强员工业务培训，改进薪资奖励等制度，从制度层面引领广大员工转变观念。公司着重于员工培养，员工学习质量管理体系相关内容，以此来强化内部管理，提高人员素质，公司加大人才培养力度，深度挖掘个人的职业能力、特质潜力等，视具体情况安排相应的助理、见习职位或轮岗，进行有效的在岗工作培养，通过工作实践来培养和检验后备管理人才的实际工作能力和潜质。此外，公司也重视引进并留住人才，对人才采取必要的激励措施，如工资、奖金、物质报酬、职称晋升等。

第二，以技术革新铸就披荆斩棘利刃。

公司将技术专家和市场人员组成了技术革新小组，将寻找市场痛点作为技术攻关的突破口。在传统的分散型控制系统的基础上，根据客户的个性化需求，为客户量身定制个性化的解决方案，可以极大地推广分散型控制系统市场应用范围。这是一个转变，由单纯的产品供应商转变为解决方案的提供商，这样公司产品的服务范围会扩大到发电、供暖、制药、污水、环保等领域。

为了达到这一转变，各项技术革新被推向了前台。公司依托雄厚的技术积累和人才优势，集中力量优先解决了市场最需要的技术项目。公司从 2014 年 1 月开始，到同年 11 月，投资了 200 万元人民币，实施工业炉窑脱硝 DCS、CEMS 数据集成项目，旨在通过低氮燃烧技术、选择性催化还原法 SCR、选择性非催化还原法 SNCR 技术实现脱硝。该控制技术主要有两种：一是低氮燃烧技术，控制燃烧过程中氮氧化物的生成；二是烟气脱硝技术，对生成的氮氧化物进行处理。经过 10 个月的努力，该项技术得到三大改善，一是可以在锅炉运行中应用，并且成熟可靠，系统运行稳定；二是设备模块化，无副产品，无二次污染投资且运行成本较低；三是脱硝率提高至中等，整体效率由 30%～50%提升到 80%左右。

除了上述方面取得的成绩，公司还根据市场反馈开发了可用于发电、供暖、制药、污水和环保等领域的自动化控制系统，这些技术产品不仅提升了企业的综合技术水平，也有助于公司由单一的环保产品生产企业向多元化经营的服务型企业过度，达到为企业开辟新市场的目标，同时也获得了立足于环保产品这一战略新兴市场的竞争优势。

(2)中环自动化转型升级的主要成效

天津市中环自动化技术控制设备有限公司转型升级后，有了明显的变化，全员的观念变了，市场意识强了，管理规范了，企业的信誉提高了，产品的竞争力不断增强。公司研发部自行开发研制的产品和技术，给公司带来了新的经济增长点。公司的自主研发设备用于国家重点工程国奥中心英东游泳馆温度控制系统，并逐步进入国际市场等，为促进我国工业自动化领域的发展做出了突出贡献。公司根据市场经济发展的需要，设置科学合理的治理机制，并建立适应现代化生产要求的领导制度。在生产经营各个主要环节普遍地、有效地使用现代化管理方法和手段。转型升级后，在坚持严格规范，以顾客满意为目标的方针推动下，公司达到产品一次终检合格率98%，质量改进项目每年两项以上、顾客满意率达98%。公司在2014年和2015年分别获得由天津市科学技术委员会授予的高新技术企业证书和天津市科技型中小企业认定，长城质量保证中心授予的长城质量管理体系认证证书。

8. 百得纸业的转型升级之路

百得纸业所处的纸制品行业利润低，竞争相对较小，经过20多年的市场耕耘，目前公司的瓦楞纸箱、纸盒产品在运输市场当中广泛使用。近年来市场的需求逐渐转向在生产环节不会产生大量污染、节能环保、质地轻便、坚实耐用、运输方便等特点的产品。但传统生产设备落后、技术水平低下，存在进纸部位进衡度差、切长不准等缺点，产品质量难以达到客户要求，订单损失渐成常态，客户投诉也时有发生。随着社会进步、科技发展，客户的需求不断变化，如不适应客户新的需求变化，公司迟早会被市场淘汰。因此，公司组织全体员工针对转型升级进行了大讨论，全员参与，群策群力，取得了思想上的统一和认识上的一致，决定深挖生产制造环节，走在生产制造环节直接转型升级的实施路径。

(1)百得纸业转型升级的主要做法

第一，更新生产设备，提高企业的硬实力。

包装纸制品的品质很大程度上取决于生产设备的先进程度，设备越先进，产品的质量越有保障。公司在充分的市场调研的基础上，开始逐渐加大在技术升级方面的投入，每年拿出10%到15%

的收益投入设备的更新换代项目中，不断提高生产线的电气化程度，先后引进了 2.2 米全自动高速瓦楞纸板生产线、平张纸彩色印刷机、水墨印刷机等先进的技术设备，尤其是 2014 年新安装的 2.2 米全自动高速瓦楞纸板生产线，该设备每分钟 220 米的速度运转，相对于老旧的 1.8 米老设备，幅宽加宽了许多，生产速度得到显著加快，从而使产量提高了三分之一。2013 年还斥资 1700 万元将彩印生产线升级为高品质彩色胶印生产线，并于 2013 年底完成。随后，百得公司又投资 5000 余万元，上马彩印生产线项目，在产能提升的同时产品质量也得到了保证。硬件设施的改变使公司又重新回到了行业排头兵的位置，市场地位进一步得到了巩固，市场占有率稳步提高。

第二，技术革新不断夯实软实力。

为了不断满足客户日益增长的需求和变化，能打硬仗的科技队伍和质量过硬的拳头产品是公司获得可持续成长的有力保障。百得纸业在过去几年中逐渐培育了一支独立的微细瓦楞纸产品研发队伍，并建立起相关研发机构，与国内著名高校纸制品印刷包装专业及行业机械科技公司建立了良好的技术合作及人员交流平台，形成了一支强大的产、学、研一体化的研发队伍。百得公司通过与天津科技大学建立合作伙伴关系，通过采用全自动涨紧的工艺原理、碳化钨图层的各传纸辊，在降低设备材料损耗的基础上提高了单位时间的产能，降低了生产成本，同时公司加强了规模生产，全自动点数堆码装置给印后加工工序的底规和侧规的标准提供了有力保障，整个“产、学、研”的合作层次不断深化。

在自主研发方面，百得公司发展产品多样化策略。2013 年投资 1800 万元牵头主持研发便携式包装产品，并实施了产业化项目，项目于 2014 年底完成，并成功申请产品专利；2014 年 1 月，公司花费 320 万元人民币启动了无损抗压瓦楞纸箱生产线项目，并于当年的 12 月完工投产。同年，公司自主研发了微细瓦楞纸板、纸箱、纸盒的一整套加工工艺技术，采用具有碳化钨图层的各传纸辊，使得微细瓦楞生产设备进纸部能够采用全自动涨紧，并在提高了单位时间产能的基础上降低了设备材料损耗和生产成本，从而掌握了相关生产过程及工艺技术中的多项关键技术。2014 年，百得公司建成微细瓦楞纸箱、纸盒产品基地。

(2)百得纸业的转型升级成效

百得纸业引进的用于包装盒的彩面印刷五色胶印机是当前印刷行业最先进的，该机器带动了百得纸业的生产方式的变化，由以前彩面印刷主要依靠外包加工的方式变为自主加工，这样不仅可以节约工时、提高生产效率，而且提高了企业的自主性、降低了生产停滞的风险。目前的印刷能力已达到每班 5 万平方米，每天 25 万平方米的生产效率，可以满足目前公司 70%的客户需求量。经济效益提升也比较明显，产量由 7200 万平方米增长到 8600 万平方米，净利润增长 100 余万，税收也增长 20 多万，2012 年到 2013 年短短一年内公司的总资产由 11691 万元增长到 14000 万元。仅在 2013 年到 2014 年这一年时间里，公司先后实施了新型便携式包装产品的研发及产业化、新建高品质彩色胶印生产线、无损抗压瓦楞纸箱包装生产线技术改造三个项目，使人员操作机械更加方便、快捷、安全，降低了员工的劳动强度，同时还保护了生态环境，节约了成本。

第三节　企业在生产制造端直接转型升级所需的必要条件分析

红领集团、泰安中联、富士康、力神电池、大西洋焊接材料、中德传动、中环自动化和百得纸业 8 家企业所选择的转型升级之路都是在生产制造端直接转型升级，尽管他们所处的制造行业各异、具体转型升级过程也存在较大差异，但通过对它们的转型升级之路进行分析，可以发现制造企业直接在生产制造端转型升级需要具备以下条件：

一是重视持续不断地提高产品质量。从红领集团、泰安中联、富士康、力神电池、大西洋焊接材料、中德传动、中环自动化等企业的转型升级过程来看，它们都非常重视产品质量。红领集团发起了以“十六条”为核心的“零缺点”运动，致力于产品的品质改进和规范化管理，通过了 ISO9001:2000 质量管理体系认证，对选料、面料处理、排版、裁剪、缝制、整烫运输等西服制作的每一道工序都精益求精，使得产品质量达到或超过国际先进水平；泰安中联通过了 ISO9001 质量管理体系认证，并通过智能制造，减少了原来在生产过程中因人工操作容易导致的差错，使产品质量达到标准偏差小于 0.5 的世界领先水平；富士康坚持“99.99”的哲学，要求产品质量即使达不到 100％，至少也要达到 99.99％，几十年如一日打造精益求精的产品质量体系和时时刻刻重视产品质量的企业文化；力神电池通过自动化和少人化生产线的应用，使产品不良率降低 20％以上；大西洋焊接材料通过智能化工厂优良品率提升了 2％～3％；中德传动 2013 年底开始逐渐引入精益生产方式（TPS）、全面质量管理（TQM），全面设备管理（TPM）等先进的管理方式；中环自动化为了确保质量管理体系的稳定性，结合组织的质量目标、产品类别、过程特点和实践经验设计和建立质量管理体系，既能满足组织内部质量管理的要求，又能满足组织与顾客的合同要求，还能满足第二方认定、第三方认证和注册的要求。

二是重视对生产制造环节的科技投入，提升公司的科技创新水平。从红领集团、泰安中联、富士康、力神电池、大西洋焊接材料、中德传动、中环自动化、百得纸业 8 家企业的转型升级过程来看，重视研发，不断提升科技创新水平是它们的共同特质。红领集团重视科技创新，利用 12 年的时间，自主研发了直接从客户到生产端的个性化定制平台 C2M，对所购买的适用于规模化生产的生产线和机器设备进行不断的优化调整和智能化改造，提升了公司整体的科技创新水平。泰安中联从智能物流、智能质控、智能生产、智能巡检、智能远程管理五个方面对原有生产线进行优化完善，建立了国内第一条全智能水泥生产线，通过科技创新使得公司的劳动生产效率达到世界第一位。富士康重视技术研发，在纳米、塑料、陶瓷、金属、热传导等领域积累了纳米科技、热传技术、纳米级量测技术、无线网络技术、超精密复合/纳米级加工技术、云端科技等核心技术，连续9年在大陆专利申请总量和发明专利申请量中位居前列，从制造的富士康成功转型为科技的富士康。在面对国际焊接材料生产企业在产品研发、制造技术和应用研究等方面长期对中国焊接材料行业实行技术封锁的情况下，大西洋焊接材料坚持以自主研发为主和产学研合作为补充的多元化技术发展路线，为中国装备制造业焊接领域提供优良的焊接材料，推动高效清洁焊接工艺的技术进步，不断打破国外焊接材料企业对中国的控制和垄断。① 中德传动的核心团队先后与上海交大、清华大学、同济大学、北京理工大学、德国波鸿鲁尔大学合作，通过“内培外引”的方式，应用电子技术和自动变速理论，以电子控制单元为核心，大力发展自动挡变速器项目，努力提高自动变速器研发与制造水平，逐步形成自主研发创新能力，自主研发的中德变速器成功下线，使得中德走向了高端装备制造行业领域。中环自动化组织技术专家和市场人员成立技术革新小组，寻找市场痛点作为技术攻关的突破口，在传统的分散型控制系统的基础上，根据客户的个性化需求，为客户量身定制个性化的解决方案，极大地推广了分散型控制系统市场应用范围，将公司产品的服务范围扩大到发电、供暖、制药、污水、环保等领域。百得纸业公司自主研发了微细瓦楞纸板、纸箱、纸盒的一整套加工工艺技术，采用具有碳化钨图层的各传纸辊，使得微细瓦楞生产设备进纸部能够全自动涨紧，并在提高了单位时间产能的基础上降低了设备材料损耗和生产成本，从而掌握

① 王阳：《智能制造实践，看大西洋集团是怎么做的？》，搜狐网。

了相关生产过程及工艺技术中的多项关键技术。

三是依托对生产制造环节的深耕培养自己独特的竞争优势。在制造环节转型升级一定要形成自己独特的竞争优势才能真正成功。红领集团依靠自己长期以来在西服生产制造方面的经验，与最新的大数据、网络化、智能化技术相结合，形成了独特的个人定制化大规模生产的经营模式，提升了自己的竞争力。泰安中联通过智能工厂的建设，充分发挥了自己在水泥生产制造上的专长，建成了国内水泥行业第一条全智能化生产线，实现了节能环保、提质增效，取得了领先一步的竞争优势。富士康则依靠在电子代工领域生产制造环节的深耕，形成了独特的、竞争对手难以超越的电子化、零组件、模块化机光电垂直整合服务模式，并通过将这一模式在全球各地复制取得了持续竞争优势。

总之，通过分析红领集团、泰安中联、富士康、力神电池、大西洋焊接材料、中德传动、中环自动化、百得纸业 8 家企业在生产制造端直接转型升级的成功路径，可以得出制造企业要想成功在生产制造端直接转型升级，需要具备以下三个条件：一是重视产品质量的提升，通过持续不断的提升产品质量建立差异化优势；二是通过对生产线、物流、零配件等生产制造全环节的技术创新来提升企业的科技创新水平，从而最终靠提升企业的劳动生产率扩大企业的利润空间；三是制造企业要通过在生产制造环节的深耕来培育自己的核心竞争能力和独特的、不宜模仿的竞争优势。

此外，从红领集团、泰安中联、富士康、力神电池、大西洋焊接材料、中德传动、中环自动化、百得纸业 8 家企业在生产制造端直接转型升级的成功之路可以看出，制造企业并不一定必须向产业链的上游研发设计端和下游品牌服务端升级，它们如果在生产制造端直接转型升级可能更容易成功，因为毕竟它们已经在生产制造端积累了大量的经验。而且，如本研究所提出的新微笑曲线所言，只要提高科技创新水平，生产制造环节所产生的利润其实并不比产业链的两端少，甚至可能成为产业链上利润最丰厚的环节。而这也已经在已有研究中得到了证实，如日本经济产业省《2006年制造业白皮书》披露，日本制造业产业链各环节的利润率分别为产品回收2.8%、售后服务10.5%、销售30.8%、制造和组装44.4%、研发设计8.4%，即生产制造环节的利润是最高的。[①]

① 王茜：《中国制造业是否应向"微笑曲线"两端攀爬——基于与制造业传统强国的比较分析》，《财贸经济》2013年第8期。

第八章　研究结论与政策建议

本章主要对本书的研究结论进行回顾和提炼，提出了支持中国制造业转型升级的政策建议，并指出了本书的创新之处、主要贡献、研究局限与未来研究方向。

第一节　研究结论

本书对支持制造业转型升级的相关文献进行了梳理，并结合日本、德国等发达国家制造业转型升级的经验和对中国制造业转型升级的启示，将代表科技进步的变量——科技水平引入传统的微笑曲线模型，提出了用于中国制造业转型升级的新的微笑曲线理论，并利用案例研究的方法，对新微笑曲线理论所指出的三种具体的实施路径进行了验证，最终得出如下主要研究结论：

一、科技创新是中国制造业转型升级的根本路径

一方面，从德国、日本制造业转型升级的过程和经验来看，科

技创新从中发挥了极其重要的作用，可以说，没有科技的进步，没有创新发明，就不会有这些国家发达的制造业。而改革开放以来，中国制造业的蓬勃发展也可以说是科技创新的作用，那么在制造业的转型升级过程中，科技创新也应该发挥极其重要的作用。另一方面，很多国内外学者对科技创新与制造业转型升级的关系进行了研究。例如，新古典增长理论的代表人物索洛(Solow)通过实证研究提出了“经济增长就是科技进步”①的著名论断。新增长理论的学者则认为专利、发明与创新等科技进步会引起产业结构的调整。② 顾海认为科技进步是产业结构变动升级的原动力。③

另外，从本书所提出的新微笑曲线理论模型中可以看出，科技创新水平是产业价值链上利润分布的决定性力量，无论采取哪一条转型升级路径，哪一环节的科技水平最高，就能获得最高的附加值。而且，这也在本书所选择的 24 个制造企业转型升级案例研究中得到了证实。

由此，可以得出本书的第一个结论：

科技创新是中国制造业转型升级的根本路径，无论选择哪一条转型升级路径，都必须加大科技投入，进行科技创新，提升科技水平。

---

① Solow, R M, “A Contribution to the Theory of Economic Growth,” *The Quarterly Journal of Economics*, 1956, 70(1): 65—94.

② 赵新华、李晓欢：《科技进步与产业结构优化升级互动关系的实证研究》，《科技与经济》2009 年第 4 期。

③ 顾海：《科技进步是产业结构升级的基础推动力》，《江苏社会科学》2002 年第 1 期。

二、产业链的生产制造环节也能发展成为价值链的高端

很多学者将产业链上的价值分布视为静态的、不变的，将传统微笑曲线上的研发设计端和品牌服务端等同于高端环节，而将生产制造环节视为价值链的低端。但从本书所提出的新微笑曲线理论可知，价值链的高端和低端的划分并不是一成不变的，它会随着产业链上不同环节科技创新水平的变化而不断变化，实际上这应该是一个动态的概念，而非静态的概念。例如，传统价值链上的低端生产制造环节在经过对生产工艺、产品、内部物流等方面加大研发投入，提升制造企业的整体科技创新水平和劳动生产率之后，其所获得的附加值也可能超过产业链的研发设计、品牌服务等传统价值链的高端环节，成为新的高端环节，而相对的，研发设计、品牌服务等传统价值链上所谓的高端环节却变成了低端环节。

而从红领集团、泰安中联、力神电池、富士康、大西洋焊接材料、中德传动、中环自动化、百得纸业 8 家企业在生产制造端直接转型升级的成功经验来看，制造企业确实能够在生产制造端直接转型升级，并超过业内大多数企业获得丰厚利润。而且，这也与“日本经济产业省《2006 年制造业白皮书》披露在日本制造业产业链各环节中，生产制造环节的利润是丰厚的”[①]相一致。

由此，可以得出本书的第二个结论：

价值链上各环节高端和低端的划分是一个动态的概念，生产

① 王茜：《中国制造业是否应向“微笑曲线”两端攀爬——基于与制造业传统强国的比较分析》，《财贸经济》2013 年第 8 期。

制造环节并不永远等同于价值链的低端环节，通过科技创新，在一定的条件下，生产制造环节也能转变成为价值链的高端环节。

三、制造企业要根据自身实际情况选择最合适的转型升级路径

根据本书所提出的新微笑曲线理论及其案例研究，可以发现，无论是哪一条转型升级的基本路径，都有制造企业取得了成功，但是每一条转型升级路径各有其不同的适用条件（如表 8.1 所示）。每一家制造企业要根据自身的实际情况，选择最适合自己的转型升级路径。

表 8.1　制造企业转型升级路径及其所需的必要条件

转型升级路径	制造企业自身需具备的必要条件
向研发设计端转型升级	1. 在生产制造环节有一定的技术积累，本身具备一定的向研发设计端升级的技术条件，或者至少要能从外部获取关键的研发技术； 2. 要有大量的资金进行支持，充足的研发投入非常关键； 3. 要有向研发设计端转型升级的大量人才储备，或者能有引进关键的研发人才。
向品牌服务端转型升级	1. 公司已经在生产制造环节积累了一定的资金实力，或者能够融到向品牌服务端转型升级所必需的资金； 2. 有品牌创造方面的专业人才，有好的营销策划能力，或者与知名营销策划公司合作制定实施切实可行的、差异化的品牌推广方案； 3. 有广泛的服务网络和好的服务人才； 4. 能够进行科技创新，提升企业的科技创新水平。

续表

转型升级路径	制造企业自身需具备的必要条件
在生产制造环节直接转型升级	1. 重视产品质量的提升，通过持续不断的提升产品质量建立差异化优势； 2. 通过对生产线、物流、零配件等生产制造全环节的技术创新来提升企业的科技创新水平，从而最终靠提升企业的劳动生产率扩大企业的利润空间； 通过在生产制造环节的深耕来培育自己的核心竞争能力和独特的、不宜模仿的竞争优势。

由此，可以得出本书的第三个结论：

“条条大路通罗马”，没有最优的制造业转型升级路径，制造业转型升级的三条基本路径都可能取得成功，制造企业要根据自己的实际情况进行选择，适合自己的才是最好的。

第二节　中国制造业转型升级存在的主要问题与政策建议

根据本章第一节所总结和提炼的研究结论和中国制造业转型升级中存在的主要问题，本节提出了对中国制造业转型升级的政策建议。

一、中国制造业转型升级存在的主要问题

尽管中国在推动制造业转型升级方面做了大量的工作，也取

得了很大的成绩，但仍然存在一些问题亟待解决。

1. 对制造业尤其是传统制造业转型升级的支持政策比较零散、顶层设计不足

尽管各级政府已经出台了一些支持制造业转型升级的政策，但这些政策并不集中，过于零散，并没有专门的支持政策出台，产业政策、科技创新等一些政策中对制造业转型升级有所涉及，但这些政策还不够细致全面，难以在推动产业转型升级方面发挥最佳效果和有效合力。而且，与全国正在大力发展战略性新兴产业相比较，对传统制造业的转型升级重视程度明显不够。但是，从现有的产业结构来看，中国仍然是一个制造业大国，传统制造业明显占据相当大的比重，战略性新兴产业尽管发展速度快于传统制造业，但比重还偏小，短期之内还难以承担起经济振兴的重任。而且，随着科技的进步，尤其是随着大数据、云计算、物联网、人工智能等新兴技术被应用到传统产业中，传统制造业产业实现转型升级后仍可能发展成为优势产业，开始一个全新的产业生命周期。因此，要重视制造业的转型升级问题，尤其是传统制造业的转型升级问题，要进一步加强顶层设计，将推动制造业转型升级与大力发展智能科技等战略性新兴产业放到同等重要的地位。

2. 绝大多数制造企业在向智能化、数字化、绿色化的转型升级方面存在一些障碍

当前，各级政府正在大力推动传统制造业向智能化、数字化、绿色化等方面转型升级，这是非常正确的，也符合未来产业的发展方向和趋势。但是，仅有少数大的制造企业能够满足智能化、数字

化、绿色化的转型升级条件，对于绝大多数的中小制造企业而言，它们并不具备这样的条件。例如，向智能化、数字化、绿色化转型升级，通常需要大量的资金投入，而且还存在较大的风险，并不一定能够确保成功，在这种情况下，绝大多数的传统企业存在较多的顾虑。再如，绝大多数传统企业现有的信息化水平难以满足人工智能技术的实施要求，智能化改造通常需要重新建立数据采集系统、训练模型等一套体系，至少要投入几十万到一百万元，而且数据标注难度比较高，需要标注操作员与资深专家共同参与，费时费力，很多企业家考虑投资回报，对应用人工智能技术持谨慎态度，热情程度不高。

3. 转型升级企业融资难、融资贵问题突出

制造业进行转型升级需要大量的资金，尽管各级政府利用智能制造专项、技术改造项目等政策对传统产业的转型升级给予一定的资金支持，但是能够享受这些资金支持的制造企业毕竟是少数，绝大多数转型升级企业的融资需求难以满足，融资难、融资贵的问题较为突出。一是融资难，由于绝大多数制造企业营利能力较弱，规模也普遍偏小，它们很难从银行拿到成本相对较低的贷款，即使能够顺利申请到贷款，通常也需要很长的时间进行审批，资金到位比较慢，难以满足企业的紧迫性需求。二是融资贵，由于绝大多数制造企业属于中小企业，银行对它们的融资条件比较严格，即使能够获得贷款，其贷款利率通常也会有一定的上浮，再加上其他手续费用，贷款成本通常在10%以上。因此，很多制造企业进行转型升级时只能依靠小贷公司和民间借贷获得资金，融资成

本在20%左右，给企业造成了很大的负担和风险。

4.转型升级所需的人才严重不足

人才不足成为制约传统产业转型升级的一大难题。一是具有战略思维的高级管理人员和企业家严重不足。在制造行业，存在观念落后、思维僵化的现象，一些中小企业的管理者和企业家没有危机意识，存在小富即安的想法，满足于现状，并不愿意进行转型升级，毕竟进行转型升级必然要增加一定的投入和承担较高的风险。二是高素质的人才严重不足，随着制造企业进行转型升级，其对劳动力和人才的需求结构已经发生了根本转变，对高学历、高素质的人才需求大幅增加，尤其是对技能型和管理型的人才需求量更大。由于大多数传统企业原有人才储备不足，对现有员工的培训在短时期内难以达到要求，绝大多数需要从外部进行招聘，而这类人才本身在市场上就比较稀缺，成本较高，即使能够招聘到，其到企业后能否快速适应新的环境也存在很大的不确定性。因此，人才问题严重阻碍了中国制造业的转型升级。

5.中国制造业转型升级的发展环境需进一步改善

中国制造业转型升级需要一个良好的发展环境，但从现实来看，发展环境还需要进一步完善。一是中国的经济发展速度近两年有所放缓，出口、消费、投资等都出现了不同程度的下降，使得制造业在这一外部环境下进行转型升级的难度进一步加大。二是不公平竞争依然存在，绝大多数的中小企业在市场准入、资源配置和政府服务等方面难以享受到与大企业同等的待遇，绝大多数的政策优惠都给了有规模的企业，中小企业的发展空间受到了挤压。

三是知识产权保护不力，由于中国知识产权相关的法律法规还不够完善，不能有效地阻止他人模仿自己的创新成果，使得很多企业在转型升级过程中花费很多推出的新产品很容易被竞争对手模仿、抄袭，而进行维权的话，成本太高，且很难取得实际效果，这严重降低了中国制造企业转型升级的积极性。

二、对中国制造业转型升级的政策建议

根据本书所提出的新微笑曲线理论和主要结论，以及当前在推动制造业转型升级中所存在的主要问题，提出如下政策建议：

1. 转变支持制造企业转型升级的传统观念和政策导向

由于微笑曲线理论的广泛传播，传统观念认为，支持制造业转型升级就是要支持制造企业沿着产业链的两端向上游的研发设计端和下游的品牌服务端转型升级，就是要放弃低端制造业，大力发展高端制造业。而从本书所提出的新微笑曲线理论可知，价值链上各环节高端和低端的划分实际上是一个动态的概念，生产制造环节并不永远等同于价值链的低端环节，通过科技创新，在一定的条件下，生产制造环节也能转变成为价值链的高端环节；支持制造业转型升级并不意味着支持制造企业仅仅向产业链的两端攀升，生产制造环节也蕴含着很多的机会和很高的利润，支持制造企业直接在生产制造环节转型升级也是一种可能的选择；所谓的低端制造业，也并不永远是低端，在一定条件下可能会获得比所谓高端制造业更高的利润，成为高端制造业，同样，现在的一些高端制造业虽然看起来利润很高，但随着越来越多的企业进入和不断地重

复建设，利润有可能越来越低，实际上成为低端制造业。因此，支持制造业转型升级，就必须改变这些传统观念和政策导向，才能制定出更有效的支持政策，才能帮助中国的制造企业真正实现转型升级。

2. 加强顶层设计，制定出台推动制造业转型升级的专项规划

一是加强顶层设计，根据中国各个制造业细分行业的实际情况，立足区域资源禀赋和产业比较优势，坚持有所为、有所不为，按照“进退并转、分类指导”的原则，分行业制定转型升级的行动路线；[①]二是深入研究制造业转型升级发展的客观规律，根据其发展规律来加强对转型升级的指导，提高支持政策的针对性；三是要建立较完善的动态监控评估机制，了解掌握并及时解决政策执行过程中存在的问题，确保所制定的各项政策措施能够落实到位和采取必要的纠偏措施；四是进一步加大宣传力度，通过转型升级政策宣讲等各种举措来充分调动企业进行转型升级的积极性，充分发挥企业的主体性作用。

3. 聚焦制造企业向智能化、数字化、绿色化转型升级的痛点难点，开展全方位支持

针对绝大多数传统制造企业向智能化、数字化、绿色化转型升级的痛点难点，把握住企业转型升级的关键环节，从不同阶段需求出发，提供全方位的支持。一是在诊断设计阶段，免费聘请第三方机构，为转型升级企业进行专业的评估评测，为企业实施数字化、

① 赤诚：《山东省出台传统产业转型升级指导》，《中国橡胶》2014 年第 1 期。

网络化、智能化改造“把脉会诊”,为制定数字化、网络化、智能化转型升级方案并开始实施的企业,提供一定的服务费用补贴。二是在改造实施阶段,给予企业充分的选择空间,可以选择按照设备总投资的一定比例给予补助,也可以选择贷款贴息补贴或者融资租赁补贴。三是在企业上云阶段,向试点示范企业和重点企业发放“云惠券”,支持企业上云,通过专业服务、政府买单的形式,促进上云企业和服务机构双赢的良性运转。[①] 四是在投入运营阶段,打造智能工厂、绿色工厂、数字化车间,树立智能制造示范标杆,对被认定为国家级、市级示范智能工厂、绿色工厂、数字化车间,且通过竣工验收的转型升级企业给予一定的补助。

4. 采取多种举措支持制造企业进行科技创新

由本书所提出的新微笑曲线理论可知,科技创新是产业链上价值分布的决定性因素,是制造企业转型升级的根本路径,因此建议政府采取多种举措来鼓励和支持制造企业进行科技创新。一是通过“企业研发费用加计扣除政策、企业研发准备金制度”等政策降低企业的直接研发成本;二是建设、开通国家和地方各级大型科学仪器设备共享平台,为制造企业提供科研设备租赁、委托测试等较为低廉的研发公共服务;三是建立各类大型数据库和公共资源云平台,在依法加强安全保障和隐私保护的前提下,向企业和社会进行开放试点,引导鼓励制造企业利用大数据进行科技创新;四是采取财政后补助形式,引导、鼓励制造企业积极申请和建设各类研

① 吴巧君:《为智能科技企业提供全流程服务》,《天津日报》2018 年 7 月 2 日。

发中心、工程技术中心和技术创新中心，并支持其牵头申报各级科技计划项目；五是支持建立以企业为主导、产学研合作的产业技术创新战略联盟或者研发公共服务平台，开展重大产业关键共性技术、装备和标准的研发攻关，并让企业低价或者免费共享；六是建立包括业内专家、高校、研究机构和企业在内的、开放共享互动的技术创新网络，促进创新知识在网络内的流动和传播，降低企业获取新知识、新技术的成本；七是试点建立企业科技创新失败风险补偿机制，利用“PPP 模式”由政府、行业协会、企业共同成立企业创新失败补偿基金，对于经评估，确属企业先行投入、开展的重大产业关键共性技术、装备和标准的研发攻关项目，失败时给予一定的资金补偿。

5. 根据制造企业的不同情况制定精准的支持政策

由本书的结论可知，并没有最优的制造业转型升级路径，“条条大路通罗马”，制造业转型升级的三条基本路径都可能取得成功，制造企业要根据自己的实际情况选择适合自己的转型升级路径。支持政策也不例外，也应该对选择不同转型升级路径的制造企业进行精准支持，根据其不同的情况采取不同的支持政策。对选择向研发设计端转型升级的制造企业，制定包括“支持其提高研发投入”“为引进关键技术人才设立人才公寓、社保、人才补助等绿色通道”“为这类企业通过兼并形式获取技术提供低息融资”“加强知识产权保护”等具有针对性的支持政策；对选择向品牌服务端转型升级的制造企业，提供较低的融资渠道，采取政策鼓励其在国内外的证券市场公开发行股票，为这类企业建立品牌和广泛的服务网络提供各种便利条件等；对选择在生产制造环节直接转型升级的制造企业，制定政策鼓励它们充分发挥自身的专长，通过技术创新提升劳动生产率等。

6. 发扬工匠精神，支持更多的制造企业直接在生产制造环节转型升级

由本书的研究结论可知，对于绝大多数的中国制造企业来说，其最适合的转型升级路径绝不是沿着产业链向两端攀升，而是在生产制造环节直接转型升级，这样更有助于它们利用已有的生产制造优势，而且所需的资源也比向两端升级少得多。而工匠精神的重要作用已经在日本、德国企业深耕制造业的转型升级中得到了证明。因此，应该大力发扬工匠精神，支持更多的制造企业直接在生产制造环节转型升级。一是开展国家和地方各层级“中国工匠”评选活动，深入挖掘恪尽职守、精益求精、任劳任怨的工人模范，培育中国制造业的工匠文化；二是制定专门政策鼓励制造企业在生产工艺、产品质量、生产效率等方面进行科技创新，深入挖掘制造企业在生产制造环节的利润空间，积极培育中国制造企业在产品质量、制造技术等方面的竞争优势；三是设立中小制造企业转型升级引导基金和智能制造专项，支持中国制造企业利用大数据、云计算、智能制造等新兴技术对生产制造的各个环节进行技术改造，通过不断改进、完善生产工艺，在提高产品质量上精益求精，持续不断提升劳动生产率来实现在生产制造环节的直接转型升级。

7. 加大对转型升级企业的融资支持，重点解决融资难、融资贵问题

一是充分发挥政府财政资金的引导和示范作用，在已有各类产业创新引导基金、创新创业引导基金的基础上设立转型升级专项引导基金，引导金融机构、企业和社会资金投向转型升级企业，放大财政资金的杠杆效应，着力缓解企业的融资难问题；二是积极探索项目配套、跟进投资、贷款贴息、风险补偿、创新补助等多种形式的财税政策投入方式，支持转型升级企业开展技术开发、成果转化和科研基础条件建设；三是实施分类管理，精准帮扶，根据转型升级企业的不同类型和特点，制定"量体裁衣"式的金融支持政策；四是支持区县搭建传统产业转型升级金融对接服务平台，使之成为银行和企业的桥梁，解决银行金融产品与企业需求信息不对称的难题，同时鼓励银行开发转型升级贷等新型产品，为转型升级企业提供绿色通道和快速服务；五是鼓励有条件的企业进行股份制改造，通过上市拓展融资渠道。

8.外引内培相结合，着力补齐转型升级人才缺口

一是加大人才引进力度，以产业选人才，遵循市场规律，围绕转型升级的重点产业、重点企业，在调查摸清人才需求具体领域、数量和层次的基础上，更加突出人才与产业的匹配度、与地方经济社会发展的衔接性，努力实现产业集聚与人才荟萃的良性互动；二是根据传统产业转型升级对人才的具体需求，打破地域、户籍、身份限制，以招聘、调动、特聘、柔性引进等多种方式，引进传统产业转型升级中紧缺的高级管理人才和专业技能人才；三是探索建立高校和科研院所为转型升级企业提供定制化的人才培养机制，鼓励和引导企业开展各种形式的技能培训，通过内部培养满足转型

升级对人才的迫切需求。

9.营造有利于企业转型升级的发展环境

一是深入推进垄断行业改革，取消对中小企业的各类行政干预和限制，为转型升级企业提供公平的发展机会和充足的发展空间。二是切实加强反垄断执法，预防形成自然垄断，重点治理垄断环节延伸和滥用市场地位的行为，切实保护转型升级企业的合法权益，给予转型升级企业公平竞争的市场机会。三是营造鼓励转型升级企业自主创新的环境氛围：一方面，要进一步完善知识产权立法，加强知识产权保护执法，通过知识产权的有效保护来促进企业通过自主创新进行转型升级；另一方面，要积极鼓励和保护转型升级企业进行自主创新，特别是在一些新技术、新产业、新商业模式出现的最初阶段，不要进行过早的管制和规范，反而要特别注意保护这些创新不被市场领导企业及其他既得利益者扼杀在摇篮之中。

第三节 创新之处与主要贡献

一、本书的创新之处

本书对中国制造业转型升级的实施路径问题进行了研究，有以下三点创新：

（一）提出了用于指导制造业转型升级的新微笑曲线理论

施振荣所提出的微笑曲线理论是当前指导中国制造业转型升级的统治性理论，很多学者都认为中国的制造企业所处的生产制造环节利润最低，没有发展空间，应该沿着产业链向利润较高的研发设计端和品牌服务端转型升级。然而，这只是一种理想状态或者说美好的愿望，从中国制造企业的转型升级实施效果来看，向产业链两端转型升级成功的案例有，但是较少。而且，理论界还存在着与微笑曲线理论截然相反的理论，即日本学者所提出的武藏曲线理论（倒微笑曲线），这一理论认为产业链的生产制造环节所产生的利润远远高于研发设计环节和品牌服务环节。

本书创造性地将代表科技创新的变量科技水平引入传统微笑曲线模型，考察了在不同生产方式下的产业链价值分布形态，发现施振荣所提出的微笑曲线理论和日本学者所推崇的倒微笑曲线理论是可以共存的，这两个理论仅仅分别代表了制造业产业链上不同环节价值分布的一部分内容，只有将两者合并在一起才能构成完整的微笑曲线理论，即新微笑曲线理论，也可称为科技收益曲线理论。

通过本书所提出的新微笑曲线理论，可以发现：在不同科技水平下，产业链附加值的曲线是在不断变化的，分别呈现U型、倒U型和直线型三种基本类型，而且这三种曲线并不是相互排斥的，是可能同时存在的。与传统微笑曲线理论强调向产业链的两端转型升级不同，新微笑曲线理论提供了第三种转型升级路径，即在生产制造环节直接转型升级，这就是新微笑曲线理论与传统微笑曲线理论的最大不同与创新之处。

（二）提出了“绝大多数中国制造企业转型升级的最适合路径是直接在生产制造环节转型升级而非向两端攀升”的新观点

中国很多学者都认为，中国制造企业应该沿着产业链从利润较低的生产制造环节向利润较高的研发设计端和品牌服务端转型升级，例如余建形等（2005）[①]、吴敬琏（2010）[②]。尽管还有一些学者对微笑曲线理论进行了批判性研究，指出制造企业也可以从生产制造环节着手，通过降低成本进行转型升级，但他们仅仅将之视作传统微笑曲线理论转型升级路径的补充，所提的具体转型升级方式也仅限于降低成本等简单手段，对制造企业转型升级的实际指导意义并不是很大，如毛蕴诗、熊炼（2011）[③]所提出的对偶曲线

① 余建形、徐维祥、楼杏丹：《“微笑曲线”和高技术产业发展》，《经济问题探索》2005年第9期。

② 吴敬琏：《向“微笑曲线”两端延伸》，《新经济导刊》2010年第8期。

③ 毛蕴诗、熊炼：《企业低碳运作与引入成本降低的对偶微笑曲线模型——基于广州互太和台湾纺织业的研究》，《中山大学学报（社会科学版）》2011年第4期。

理论。

与这些研究不同，本书根据所提出的新微笑曲线理论和企业权变理论对制造企业转型升级的三种基本路径进行了考查，发现：尽管本研究所提出的制造企业转型升级的三种基本路径并没有高低优劣之分，但从中国制造业的实际情况来看，绝大多数的中国制造企业实际上并不具备向产业链的两端即研发设计端和品牌服务端转型升级的必要条件，而发挥其在生产制造环节长期积累的优势，才是最符合这些企业实际情况的现实选择，而且大数据、云计算、智能制造等新技术所引发的新一代生产方式的变革也为它们在生产制造环节直接转型升级提供了条件。因此，本书提出了"绝大多数中国制造企业转型升级的最适合路径是直接在生产制造环节转型升级而非向两端攀升"的新观点。

（三）提出了价值链高低端划分的动态观点

由于传统微笑曲线理论的广泛传播，很多人，甚至一些专家学者将价值链的高端等同于产业链上的研发设计端和品牌服务端，将价值链的低端等同于产业链的生产制造环节。这实际上是对价值链高低端划分的静态观点，忽略了实际情况。本书则与前人的研究不同，提出了价值链高端、低端的划分实际上应该是动态的、不断变化的观点，即价值链的低端并不等同于产业链的生产制造环节，高端也不等同于产业链上的研发设计端和品牌服务端，在一定的条件下，尤其是在不同的科技水平之下，高低端的划分会发生改变，如产业链的生产制造环节有可能由价值链的低端变为价值链的高端，同样，产业链上的研发设计端和品牌服务端也有可能从价值链的高端变为价值链的低端。

二、主要贡献

(一)理论贡献

陈晓萍等(2008)对理论研究的贡献途径进行了总结,将其划分为“深化(elaboration)、繁衍(proliferation)、竞争(competition)和整合(integration)”四种类型。[①] 其中,深化是指对原有理论进行增加或者简化,使其的解释力更强;繁衍是指将某一或者某些思想从传统领域应用到新的领域中去;竞争是指提出一个与原有理论完全对立的新理论;整合则是指将多个已有的理论整合在一起形成新的理论。当然,这四种途径并不是相互排斥的,在一项研究中可以同时使用其中的两种,甚至全部的四种。

本书使用了深化和整合两种理论发展方法。一方面,本书使用深化的方法,对传统微笑曲线理论增加了内容,将制造业转型升级路径从原有的研发设计端和品牌服务端两条增加到了三条(增加了在生产制造环节直接转型升级)。另一方面,本书还使用了整合的方法,将传统的微笑曲线理论和倒微笑曲线理论整合在一起,形成了新微笑曲线理论,这一新的理论对制造企业转型升级的解释力更强,也更能为制造企业的转型升级提供理论支撑。总之,本书利用深化和整合两种方法,突破了传统理论的束缚,提出了支持中国制造业转型升级的新微笑曲线理论,为传统的企业转型升级

① 陈晓萍、徐淑英、樊景立:《组织与管理研究的实证方法》,北京大学出版社2008年版。

理论和制造业转型升级理论研究提供了新的研究思路，进一步丰富了已有的理论研究成果。

（二）实践意义

在实践方面，本书也具有一定意义：本书所提出的新微笑曲线理论能够为中国制造业实现转型升级提供重要的理论支持。中国制造业到底如何实现转型升级，一直是困扰理论界和实业界的重大难题。本书所提出的新微笑曲线理论，以及“绝大多数中国制造企业转型升级的最适合路径是直接在生产制造环节转型升级而非向两端攀升”“科技创新是制造业转型升级的根本路径”“在一定条件下，生产制造环节也能转变为价值链的高端”等研究结论和新观点，将有助于解决这一难题，帮助中国制造业真正实现转型升级。

第四节　局限性与未来研究方向

一、研究局限性

尽管本书进行了一些理论上的探索，提出了一些新的观点和较有价值的研究结论，但是，由于水平和能力有限，本书还存在不足之处，这些不足主要体现在以下几方面：

首先，研究方法本身的不足。在研究过程中，新微笑曲线理论的提出采取了逻辑演绎的方法，并采取案例研究的方法进行了初步验证，但由于研究水平有限，演绎推理的过程可能存在不严谨、不严密的情况，这可能导致本书的一些研究结论需要采取一些更严谨的实证研究方法进一步验证。

其次，案例样本选择方面的问题。一方面，本书的研究对象是中国制造业，但制造业所包含的范围太广泛，根据国家统计局颁布的国民经济行业分类（GB/T 4754—2017），制造业共包括 31 个大类。而在本书的案例研究中，尽管采取了尽可能多的样本选择（共选取了不同制造业细分行业的 24 个案例），但相对于整个制造业而言，所选的样本还是太少了，样本的代表性可能存在不足。另一方面，为了便于资料搜集和处理，本书所选择的大部分案例都是知名企业，以二手数据为主，一手数据相对较少，案例资料的质量可能会受到影响。

最后，本书提出了一个新的理论和一系列较新的观点来支持中国制造业的转型升级，但所提出的这些理论和观点是否能够真正为实践提供支持，还需要将其应用到越来越多的制造企业中去验证，去证实这些理论和观点是否正确、是否适用。

二、未来研究方向

尽管本书存在着诸多不足，但对已有的转型升级理论进行了一定的突破，具有较高的价值，这些研究局限性可以在今后的研究中突破。未来的研究可以在以下方面展开：

一方面，进一步加强和完善逻辑推演过程。由于本书是首次将科技创新引入到传统的微笑曲线理论中去，演绎推理的过程不严谨、不严密的情况是可能存在的，在以后的研究中，需要进一步加强和完善逻辑推演过程，以进一步提高研究结论的可靠性。

另一方面，采取更多的不同的研究方法做深入研究。例如，采取经济计量模型的方法对新微笑曲线理论进行推导、验证；进一步扩大样本数量，采取更多的案例样本来考察研究结论的适用性，或者采取单案例研究方法对某一具体的转型升级路径进行更为深入的研究；利用问卷调查、企业家访谈等方法获得更多的制造企业转型升级的一手数据，弥补一手数据不足的局限；对某一或者某几个代表性的转型升级企业进行长期跟踪研究，认真考察提出理论和观点的有效性。

总之，本书所提出的新微笑曲线理论在理论和实证方面还有很多不足，需要进一步深入研究，这些研究将有助于提高理论的有效性和指导中国制造业的转型升级针对性，真正帮助中国制造企业早日实现转型升级。

参考文献

一、英文文献

[1]Bibeault D. B. *Corporate Turnaround*[M]. Mcgraw—Hill, 1982.

[2] Eisenhardt, KM. Building theories from case study research [J]. *Academy of Management Review*, 1989, 14 (4): 532—550.

[3]Elias Carayannis, Patrice Laget. Transatlantic Innovation Infrastructure Networks: Public - private, EU—US R&D Partnerships[J]. *R&D Management*, 34(1): 17—31.

[4]Gereffi G. Beyond the Producer - driven/Buyer - driven Dichotomy The Evolution of Global Value Chains in the Internet Era[J]. *Ids Bulletin*, 2001, 32(3): 30—40.

[5]Gereffi G. The organization of buyer—driven global commodity chains: How US retailers shape overseas production networks[A]. In Gereffi G, KorzeniewiczM(eds). *Commodity chains*

and global capitalism[M]. Westport:Praeger,1994. pp. 95—122.

[6]Gereffi,G. International Trade and Industrial Upgrading in the Apparel Commodity Chain[J]. *Journal of International Economics*,1999(48),pp. 187—215.

[7]Humphrey J. and Schmitz H. How does insertion in global value chains affect upgrading in industrial clusters? [J]. *Regional Studies*,2002,9(36),pp. 1017—1027.

[8]Humphrey,J. and H. Schmitz. Governance in global value chains[J]. *IDS Bulletin*,2001,32(3),pp. 19—29.

[9]Levy A,Merry U. Organizational Transformation:Approaches,Strategies,and Theories[J]. *Administrative Science Quarterly*,1988,33(3)p. 471.

[10]Zhongzhen Yang,Liquan Guo,Feng Lian. Port integration in a region with multiport gateways in the context of industrial transformation and upgrading of the port[J]. *Transportation Research Part E:Logistics and Transportation Review*,2019,122, pp. 231—246.

[11]Chi Zhang,Kaile Zhou,Shanlin Yang,Zhen Shao. Exploring the transformation and upgrading of China's economy using electricity consumption data: A VAR - VEC based model[J]. *Physica A:Statistical Mechanics and its Applications*,2017,473: 144—155.

[12]Wei Chen, Yue Shen, Yanan Wang. Evaluation of eco-

nomic transformation and upgrading of resource—based cities in Shaanxi province based on an improved TOPSIS method[J]. *Sustainable Cities and Society*, 2018, 37: 232—240.

[13]Mingmin Pan, Hongyang Song. Transformation and upgrading of old industrial zones on collective land: Empirical study on revitalization in Nanshan [J]. *Habitat International*, 2017, 65: 1—12.

[14]Dinar Kale. From small molecule generics to biosimilars: Technological upgrading and patterns of distinctive learning processes in the Indian pharmaceutical industry[J]. *Technological Forecasting and Social Change*, 2019, 145: 370—383.

[15]Tsun Se Cheong, Yanrui Wu. The impacts of structural transformation and industrial upgrading on regional inequality in China[J]. *China Economic Review*, 2014, 31: 339—350.

[16]Yang Zhou, Ying Kong, Jie Sha, Hankun Wang. The role of industrial structure upgrades in eco—efficiency evolution: Spatial correlation and spillover effects[J]. *Science of The Total Environment*, 2019, 687: 1327—1336.

[17] Zhenguo Gao. Sustainable development and upgrading mode of coal industry in China[J]. *International Journal of Mining Science and Technology*, 2012, 22(3): 335—340.

[18]Yuan Zhou, Jiyuan Zang, Zhongzhen Miao, Tim Minshall. Upgrading Pathways of Intelligent Manufacturing in China: Tran-

sitioning across Technological Paradigms[J]. *Engineering*,2019,5(4):691—701.

[19]Yanting Guo,Gang Zheng. How do firms upgrade capabilities for systemic catch—up in the open innovation context? A multiple—case study of three leading home appliance companies in China[J]. *Technological Forecasting and Social Change*, 2019, 144:36—48.

[20]Jaslin Md Dahlan,Omar Samat,Akmal Aini Othman. Upgrading in Global Value Chain of Malaysian Aviation Industry[J]. *Procedia Economics and Finance*,2015,31:839—845.

[21]Deniz E. Yoruk. Dynamics of firm—level upgrading and the role of learning in networks in emerging markets[J]. *Technological Forecasting and Social Change*,2019,145:341—369.

[22]Sandrine Kergroach. National innovation policies for technology upgrading through GVCs: A cross—country comparison [J]. *Technological Forecasting and Social Change*,2019,145:258—272.

[23]Guanie Lim. Value chain upgrading: Evidence from the Singaporean aquaculture industry[J]. *Marine Policy*,2016,63:191—197.

[24]Xiuzhen Lia. Upgrading of China's Manufacturing Industry:Two—sector Analysis Based on the Facilitation of Producer Services[J]. *Procedia Environmental Sciences*,2011,10:307—312.

[25]Seth Pipkin, Alberto Fuentes. Spurred to Upgrade: A Review of Triggers and Consequences of Industrial Upgrading in the Global Value Chain Literature[J]. *World Development*, Volume 98, October 2017, pp. 536—554.

[26] Alexander M. Kaminski, Sven Genschick, Alexander S. Kefi, Froukje Kruijssen. Commercialization and upgrading in the aquaculture value chain in Zambia[J]. *Aquaculture*, Volume 493, 1 August 2018, pp. 355—364.

[27] Slavo Radosevic, Esin Yoruk. Technology upgrading of middle income economies: A new approach and results[J]. *Technological Forecasting and Social Change*, Volume 129, April 2018, pp. 56—75.

[28]Xun Li, Eddie Chi—man Hui, Wei Lang, Shali Zheng, Xiaozhen Qin. Transition from factor—driven to innovation—driven urbanization in China: A study of manufacturing industry automation in Dongguan City[J]. *China Economic Review*, In press, journal pre — proof, Available online 18 November 2019, Article 101382.

[29]Mark Vicol, Jeffrey Neilson, Diany Faila Sophia Hartatri, Peter Cooper. Upgrading for whom? Relationship coffee, value chain interventions and rural development in Indonesia[J]. *World Development*, Volume 110, October 2018, pp. 26—37.

[30] Lizbeth Navas — Alemán. The Impact of Operating in

Multiple Value Chains for Upgrading: The Case of the Brazilian Furniture and Footwear Industries[J]. *World Development*, Volume 39, Issue 8, August 2011, pp. 1386—1397.

[31] Ingeborg Vind. Transnational companies as a source of skill upgrading: The electronics industry in Ho Chi Minh City[J]. *Geoforum*, Volume 39, Issue 3, May 2008, pp. 1480—1493.

[32] Shaowei He, Zaheer Khan, Oded Shenkar. Subsidiary capability upgrading under emerging market acquirers[J]. *Journal of World Business*, Volume 53, Issue 2, February 2018, pp. 248—262.

[33] Thomas Horschig, Andrew Welfle, Eric Billig, Daniela Thrän. From Paris agreement to business cases for upgraded biogas: Analysis of potential market uptake for biomethane plants in Germany using biogenic carbon capture and utilization technologies [J]. *Biomass and Bioenergy*, Volume 120, January 2019, pp. 313—323.

[34] Xuejun Lin, Beihe Huang, Jiyan Wu, Mengying Ge, Junhua Lin. Industrial Upgrading with Innovation Production Service System: Evidence from Guangzhou, China[J]. *Procedia CIRP*, Volume 83, 2019, pp. 351—357.

[35] Qingna Zhou, Ping Gao, Admos Chimhowu. ICTs in the transformation of rural enterprises in China: A multi—layer perspective[J]. *Technological Forecasting and Social Change*, Vol-

ume 145, August 2019, pp. 12—23.

[36]Xuejun Lin, Bingqian Liu, Jiaxu Han, Xiangyue Chen. Industrial upgrading based on global innovation chains: A case study of Huawei technologies Co., Ltd. Shenzhen[J]. *International Journal of Innovation Studies*, Volume 2, Issue 3, September 2018, pp. 81—90.

[37]Wenling Liu, Zhaohua Wang. The effects of climate policy on corporate technological upgrading in energy intensive industries: Evidence from China[J]. *Journal of Cleaner Production*, Volume 142, Part 4, 20 January 2017, pp. 3748—3758.

[38]Yee—Siong Tong. Vertical specialisation or linkage development for agro—commodity value chain upgrading? The case of Malaysian palm oil[J]. *Land Use Policy*, Volume 68, November 2017, pp. 585—596.

[39]Humair Ahmed Baloch, Sabzoi Nizamuddin, M. T. H. Siddiqui, Sajid Riaz, G. J. Griffin. Recent advances in production and upgrading of bio—oil from biomass: A critical overview[J]. *Journal of Environmental Chemical Engineering*, Volume 6, Issue 4, August 2018, pp. 5101—5118.

[40]Marina Celia Campos—Mañas, Patricia Plaza—Bolaños, Ana Belén Martínez—Piernas, José Antonio Sánchez—Pérez, Ana Agüera. Determination of pesticide levels in wastewater from an agro—food industry: Target, suspect and transformation product

analysis [J]. *Chemosphere*, Volume 232, October 2019, pp. 152—163.

[41]Guozhu Mao,Xin Dai,Yuan Wang,Jianghong Guo,Peng Zhao. Reducing carbon emissions in China:Industrial structural upgrade based on system dynamics[J]. *Energy Strategy Reviews*, Volume 2,Issue 2,September 2013,pp. 199—204.

[42]Alejandro G. Frank,Glauco H. S. Mendes,Néstor F. Ayala,Antonio Ghezzi. Servitization and Industry 4. 0 convergence in the digital transformation of product firms:A business model innovation perspective [J]. *Technological Forecasting and Social Change*,Volume 141,April 2019,pp. 341—351.

[43]Zhi Li,Shuai Shao,Xunpeng Shi,Yongping Sun,Xiaoling Zhang. Structural transformation of manufacturing, natural resource dependence,and carbon emissions reduction:Evidence of a threshold effect from China[J]. *Journal of Cleaner Production*, Volume 206,1 January 2019,pp. 920—927.

[44]Jaewon Jung,Jean Mercenier. On modeling task,skill and technology upgrading effects of globalization with heterogeneous labor[J]. *Economic Modelling*,Volume 39,April 2014,pp. 49—62.

[45]An Tongxin,Fan Yuejin,Zhang Huan. An Analysis of the Model of China's Industrial Restructuring and Upgrading—Borrowing Ideas from the Experience of Japan[J]. *Energy Procedia*, Volume 5,2011,pp. 1461—1466.

[46]Ruey Jer“Bryan”Jean. What makes export manufacturers pursue functional upgrading in an emerging market? A study of Chinese technology new ventures[J]. *International Business Review*, Volume 23, Issue 4, August 2014, pp. 741—749.

[47]Donghoon Ro, Hoda Shafaghat, Seong—Ho Jang, Hyung Won Lee, Young—Kwon Park. Production of an upgraded lignin—derived bio—oil using the clay catalysts of bentonite and olivine and the spent FCC in a bench—scale fixed bed pyrolyzer[J]. *Environmental Research*, Volume 172, May 2019, pp. 658—664.

[48]A. Veses, J. M. López, T. García, M. S. Callén. Prediction of elemental composition, water content and heating value of upgraded biofuel from the catalytic cracking of pyrolysis bio—oil vapors by infrared spectroscopy and partial least square regression models[J]. *Journal of Analytical and Applied Pyrolysis*, Volume 132, June 2018, pp. 102—110.

[49]Zahra Gholami, Ahmad Zuhairi Abdullah, Keat—Teong Lee. Dealing with the surplus of glycerol production from biodiesel industry through catalytic upgrading to polyglycerols and other value—added products[J]. *Renewable and Sustainable Energy Reviews*, Volume 39, November 2014, pp. 327—341.

[50]Sabine Dörry, Marit Rosol, Fee Thissen. The significance of creative industry policy narratives for Zurich′s transformation toward a post—industrial city[J]. *Cities*, Volume 58, October

2016,pp. 137—142.

[51]Seth Pipkin. Local Means in Value Chain Ends:Dynamics of Product and Social Upgrading in Apparel Manufacturing in Guatemala and Colombia[J]. *World Development*, Volume 39, Issue 12,December 2011,pp. 2119—2131.

[52]Günther Laufenberg, Benno Kunz, Marianne Nystroem. Transformation of vegetable waste into value added products:(A) the upgrading concept; (B) practical implementations[J]. *Bioresource Technology*, Volume 87,Issue 2,April 2003,pp. 167—198.

[53]Yong—Long Lü, Jing Geng, Gui—Zhen He. Industrial transformation and green production to reduce environmental emissions:Taking cement industry as a case[J]. *Advances in Climate Change Research*, Volume 6,Issues 3 - 4,September - December 2015,pp. 202—209.

[54]Ao Xia,Jun Cheng,Jerry D. Murphy. Innovation in biological production and upgrading of methane and hydrogen for use as gaseous transport biofuel[J]. *Biotechnology Advances*, Volume 34,Issue 5,September - October 2016,pp. 451—472.

[55]Jun Zhang,Keijiro Otsuka,Xiaolan Fu,Shanping Yan. Introduction to symposium: Structural change, industrial upgrading and China's economic transformation[J]. *China Economic Review*, Volume 46,Supplement,December 2017,pp. s1—s2.

[56]Jun Zhang,Xiaolan Fu,Shanping Yan. Symposium:Struc-

tural Change, Industrial Upgrading and China's Economic Transformation[J]. *Economic Systems*, Volume 41, Issue 2, June 2017, pp. 163—164.

[57]Chao Lu, Ke Rong, Jianxin You, Yongjiang Shi. Business ecosystem and stakeholders' role transformation: Evidence from Chinese emerging electric vehicle industry[J]. *Expert Systems with Applications*, Volume 41, Issue 10, August 2014, pp. 4579—4595.

[58]B. Mohanty, G. Thavalingam. Techno—economic viability of upgrading thermal effluents in industries: Application in developing countries[J]. *Heat Recovery Systems and CHP*, Volume 13, Issue 3, May 1993, pp. 189—200.

[59]Tim Stock, Michael Obenaus, Sascha Kunz, Holger Kohl. Industry 4.0 as enabler for a sustainable development: A qualitative assessment of its ecological and social potential[J]. *Process Safety and Environmental Protection*, Volume 118, August 2018, pp. 254—267.

[60]Sri Kolla, Meysam Minufekr, Peter Plapper. Deriving essential components of lean and industry 4.0 assessment model for manufacturing SMEs[J]. *Procedia CIRP*, Volume 81, 2019, pp. 753—758.

[61]Jun Shao, Junqing Zhou. Study on the Influences of Industry Transformation on the Sustainable Development of Re-

source—Exhausted City Space[J]. *Procedia Engineering*, Volume 21, 2011, pp. 421—427.

[62]Ying Liu, Yanliu Lin, Na Fu, Stan Geertman, Frank van Oort. Towards inclusive and sustainable transformation in Shenzhen: Urban redevelopment, displacement patterns of migrants and policy implications[J]. *Journal of Cleaner Production*, Volume 173, 1 February 2018, pp. 24—38.

[63]Delu Wang, Gang Ma, Xuefeng Song, Yun Liu. Political connection and business transformation in family firms: Evidence from China[J]. *Journal of Family Business Strategy*, Volume 7, Issue 2, June 2016, pp. 117—130.

[64]Ping Gao, Adnan Rafiq. The transformation of the mobile telecommunications industry in Pakistan: A developing country perspective[J]. *Telecommunications Policy*, Volume 33, Issues 5 - 6, June - July 2009, pp. 309—323.

[65]Vinit Parida, Thommie Burström, Ivanka Visnjic, Joakim Wincent. Orchestrating industrial ecosystem in circular economy: A two—stage transformation model for large manufacturing companies[J]. *Journal of Business Research*, Volume 101, August 2019, pp. 715—725.

[66]Shaoying Zhang, Haoxin Li, Qi Zhang, Xin Tian, Feng Shi. Uncovering the impacts of industrial transformation on low—carbon development in the Yangtze River Delta[J]. *Resources, Con-*

servation and Recycling, Volume 150, November 2019, Article 104442.

[67] Liang Shuna, Jin Zhaohuai. Development Models of Resource—dependent Cities' Transformations and Its Experience and Lessons—Take Baishan City's Development of Transformations as an Example [J]. *Energy Procedia*, Volume 5, 2011, pp. 1626—1630.

[68] Huizheng Liu, Zhe Zong, Kate Hynes, Karolien De Bruyne. Can China reduce the carbon emissions of its manufacturing exports by moving up the global value chain? [J]. *Research in International Business and Finance*, Volume 51, January 2020, Article 101101.

[69] Ailton Conde Jussani, James Terence Coulter Wright, Ugo Ibusuki. Battery global value chain and its technological challenges for electric vehicle mobility [J]. *RAI Revista de Administração e Inovação*, Volume 14, Issue 4, October - December 2017, pp. 333—338.

[70] Michael Murphree, John (Andy) Anderson. Countering Overseas Power in Global Value Chains: Information Asymmetries and Subcontracting in the Plastics Industry [J]. *Journal of International Management*, Volume 24, Issue 2, June 2018, pp. 123—136.

[71] Gilmar Masiero, Mario Henrique Ogasavara, Ailton

Conde Jussani,Marcelo Luiz Risso. The global value chain of electric vehicles:A review of the Japanese,South Korean and Brazilian cases[J]. *Renewable and Sustainable Energy Reviews* ,Volume 80, December 2017,pp. 290—296.

[72]Kexin Bi,Ping Huang,Xiangxiang Wang. Innovation performance and influencing factors of low—carbon technological innovation under the global value chain:A case of Chinese manufacturing industry[J]. *Technological Forecasting and Social Change* , Volume 111,October 2016,pp. 275—284.

[73]Seth Pipkin,Alberto Fuentes. Spurred to Upgrade:A Review of Triggers and Consequences of Industrial Upgrading in the Global Value Chain Literature[J]. *World Development* , Volume 98,October 2017,pp. 536—554.

[74]Yingying Lu. China's electrical equipment manufacturing in the global value chain:A GVC income analysis based on World Input— Output Database(WIOD)[J]. *International Review of Economics&Finance* ,Volume 52,November 2017,pp. 289—301.

[75] Eduardo Armando, Ana Claudia Azevedo, Adalberto Americo Fischmann, Cristina Espinheira Costa Pereira. Business strategy and upgrading in global value chains:a multiple case study in Information Technology firms of Brazilian origin[J]. *RAI Revista de Administração e Inovação* , Volume 13, Issue 1, January - March 2016,pp. 39—47.

[76]Fang Zhang, Kelly Sims Gallagher. Innovation and technology transfer through global value chains: Evidence from China's PV industry [J]. *Energy Policy*, Volume 94, July 2016, pp. 191—203.

[77]Chuanwang Sun, Zhi Li, Tiemeng Ma, Runyong He. Carbon efficiency and international specialization position: Evidence from global value chain position index of manufacture[J]. *Energy Policy*, Volume 128, May 2019, pp. 235—242.

[78]Tilo F. Halaszovich, Aseem Kinra. The impact of distance, national transportation systems and logistics performance on FDI and international trade patterns: Results from Asian global value chains[J]. *Transport Policy*, In press, corrected proof, Available online 4 September 2018.

[79]Jorge Katz, Carlo Pietrobelli. Natural resource based growth, global value chains and domestic capabilities in the mining industry[J]. *Resources Policy*, Volume 58, October 2018, pp. 11—20.

[80]David Harnesk, Sara Brogaard, Philip Peck. Regulating a global value chain with the European Union's sustainability criteria - experiences from the Swedish liquid transport biofuel sector[J]. *Journal of Cleaner Production*, Volume 153, 1 June 2017, pp. 580—591.

[81]Carlo Pietrobelli, Roberta Rabellotti. Global Value Chains

Meet Innovation Systems: Are There Learning Opportunities for Developing Countries? [J]. *World Development*, Volume 39, Issue 7, July 2011, pp. 1261—1269.

[82]Kanako Tanaka, Toshihiro Inoue, Ryuji Matsuhashi, Koichi Yamada. Global value chain assessment based on retrospectively induced economic costs associated with technology application: A case study of photovoltaic power system in Japan[J]. *Journal of Cleaner Production*, Volume 181, 20 April 2018, pp. 460—472.

[83]Nhuong Tran, Conner Bailey, Norbert Wilson, Michael Phillips. Governance of Global Value Chains in Response to Food Safety and Certification Standards: The Case of Shrimp from Vietnam[J]. *World Development*, Volume 45, May 2013, pp. 325—336.

[84]Lone Riisgaard. Global Value Chains, Labor Organization and Private Social Standards: Lessons from East African Cut Flower Industries[J]. *World Development*, Volume 37, Issue 2, February 2009, pp. 326—340.

[85]Sjoerd Beugelsdijk, Torben Pedersen, Bent Petersen. Is there a trend towards global value chain specialization? —An examination of cross border sales of US foreign affiliates[J]. *Journal of International Management*, Volume 15, Issue 2, June 2009, pp. 126—141.

[86]Oscar F. Contreras, Jorge Carrillo, Jorge Alonso. Local Entrepreneurship within Global Value Chains: A Case Study in the

Mexican Automotive Industry[J]. *World Development*, Volume 40, Issue 5, May 2012, pp. 1013—1023.

[87] Graham Hollinshead. China and Global Value Chains Globalization and the Information and Communications Technology Sector, Routledge Frontiers of Business Management[J]. *Journal of International Management*, Volume 25, Issue 1, March 2019, pp. 140—141.

[88] Tomy Perdana, Kusnandar. The Triple Helix Model for Fruits and Vegetables Supply Chain Management Development Involving Small Farmers in Order to Fulfill the Global Market Demand: A Case Study in "Value Chain Center (VCC) Universitas Padjadjaran"[J]. *Procedia—Social and Behavioral Sciences*, Volume 52, 2012, pp. 80—89.

[89] Armando Rungi, Davide Del Prete. The smile curve at the firm level: Where value is added along supply chains[J]. *Economics Letters*, Volume 164, March 2018, pp. 38—42.

[90] Guanie Lim. Value chain upgrading: Evidence from the Singaporean aquaculture industry[J]. *Marine Policy*, Volume 63, January 2016, pp. 191—197.

[91] Natasha Hamilton—Hart, Christina Stringer. Upgrading and exploitation in the fishing industry: Contributions of value chain analysis[J]. *Marine Policy*, Volume 63, January 2016, pp. 166—171.

[92]Carlo Pietrobelli, Anabel Marin, Jocelyn Olivari. Innovation in mining value chains: New evidence from Latin America[J]. *Resources Policy*, Volume 58, October 2018, pp. 1—10.

[93]Seth Pipkin. Local Means in Value Chain Ends: Dynamics of Product and Social Upgrading in Apparel Manufacturing in Guatemala and Colombia[J]. *World Development*, Volume 39, Issue 12, December 2011, pp. 2119—2131.

[94]Stefano Ponte, Joachim Ewert. Which Way is "Up" in Upgrading? Trajectories of Change in the Value Chain for South African Wine[J]. *World Development*, Volume 37, Issue 10, October 2009, pp. 1637—1650.

[95]J. F. W. Durr, D. Hagedorn—Hansen, G. A. Oosthuizen. Waste to Resource Process Chain Strategies for Global Manufacturers [J]. *Procedia Manufacturing*, Volume 8, 2017, pp. 595—602.

[96]Md Taj Uddin, Apurba Goswami, Md Salehur Rahman, Aurup Ratan Dhar. How can governance improve efficiency and effectiveness of value chains? An analysis of pangas and tilapia stakeholders in Bangladesh[J]. *Aquaculture*, Volume 510, 15 August 2019, pp. 206—215.

[97]James Allen Rodger, James A. George. Triple bottom line accounting for optimizing natural gas sustainability: A statistical linear programming fuzzy ILOWA optimized sustainment model

approach to reducing supply chain global cybersecurity vulnerability through information and communications technology[J]. *Journal of Cleaner Production*, Volume 142, Part 4, 20 January 2017, pp. 1931—1949.

[98]John Frederick D. Tapia, Sheila Samsatli, Stephen S. Doliente, Elias Martinez—Hernandez, Nur Shafira Nisa Binti Shaharum. Design of biomass value chains that are synergistic with the food - energy - water nexus: Strategies and opportunities[J]. *Food and Bioproducts Processing*, Volume 116, July 2019, pp. 170—185.

[99]Kanghwa Choi, Ram Narasimhan, Soo Wook Kim. Postponement strategy for international transfer of products in a global supply chain: A system dynamics examination[J]. *Journal of Operations Management*, Volume 30, Issue 3, March 2012, pp. 167—179.

[100]Justus von Geibler. Market—based governance for sustainability in value chains: conditions for successful standard setting in the palm oil sector[J]. *Journal of Cleaner Production*, Volume 56, 1 October 2013, pp. 39—53.

[101]Mojtaba Hosseini, Staffan Brege, Tomas Nord. A combined focused industry and company size investigation of the internationalization—performance relationship: The case of small and medium—sized enterprises(SMEs) within the Swedish wood manu-

facturing industry[J]. *Forest Policy and Economics*, Volume 97, December 2018, pp. 110—121.

[102] Maria Stoettrup Schioenning Larsen, Ann—Louise Andersen, Kjeld Nielsen, Thomas Ditlev Brunoe. Challenges in developing modular services in manufacturing companies: A multiple case study in Danish manufacturing industry[J]. *Procedia CIRP*, Volume 81, 2019, pp. 399—404.

[103] Alejandro Germán Frank, Lucas Santos Dalenogare, Néstor Fabián Ayala. Industry 4.0 technologies: Implementation patterns in manufacturing companies[J]. *International Journal of Production Economics*, Volume 210, April 2019, pp. 15—26.

[104] Iván Henao—Hernández, Elyn L. Solano—Charris, Andrés Muñoz—Villamizar, Javier Santos, Rafael Henríquez—Machado. Control and monitoring for sustainable manufacturing in the Industry 4.0: A literature review[J]. *IFAC—PapersOnLine*, Volume 52, Issue 10, 2019, pp. 195—200.

[105] Sachin S. Kamble, Angappa Gunasekaran, Rohit Sharma. Analysis of the driving and dependence power of barriers to adopt industry 4.0 in Indian manufacturing industry[J]. *Computers in Industry*, Volume 101, October 2018, pp. 107—119.

[106] Yusuke Kishita, Yuji Mizuno, Yasushi Umeda. Scenario Design Approach to Envisioning Sustainable Manufacturing Industries to 2050[J]. *Procedia CIRP*, Volume 48, 2016, pp. 407—412.

[107] Djerdj Horvat, Thomas Stahlecker, Andrea Zenker, Christian Lerch, Marko Mladineo. A conceptual approach to analysing manufacturing companies' profiles concerning Industry 4.0 in emerging economies[J]. *Procedia Manufacturing*, Volume 17, 2018, pp. 419—426.

[108] Alan T. L. Chan, Eric W. T. Ngai, Karen K. L. Moon. The effects of strategic and manufacturing flexibilities and supply chain agility on firm performance in the fashion industry[J]. *European Journal of Operational Research*, Volume 259, Issue 2, 1 June 2017, pp. 486—499.

[109] Ray Y. Zhong, Xun Xu, Eberhard Klotz, Stephen T. Newman. Intelligent Manufacturing in the Context of Industry 4.0: A Review[J]. *Engineering*, Volume 3, Issue 5, October 2017, pp. 616—630.

[110] Pettigrew, A. Longitudinal Field Research on Change: Theory and Practice[J]. *Organization Science*, 1990, 1(3): 267—292.

[111] Poon T S C., Beyond the Global Production Networks: a Case of Further Upgrading of Taiwan's Information Technology Industry[J]. *International Journal of Technology and Globalisation*, 2004, 1(1): 130—144.

[112] Solow, R M. A Contribution to the Theory of Economic Growth[J]. *The Quarterly Journal of Economics*, 1956, 70(1): 65

—94.

[113] United Nations Industrial Development Organization. Competing through innovation and learning—the focus of UNIDO's industrial development 2002/2003[R]. *Vienna*, 2002: 107—116.

[114] Yam, RC. M., Guan, JC. Pun, K. F., et al. An Audit of Technological Innovation Capabilities In Chinese Firms: Some Empirical Findings In Beijing, China[J]. *Research Policy* 2004, 33(8): 1123—1140.

[115] Yin R. K.. *Case Study Research: Design and Methods* (4th ed)[M]. Newbury Park, CA: Sage Publications Inc., 2008.

[116] Yin, R. *Applications of case study research* [M]: Sage Publications, Inc, 2003.

二、中文文献

[1]安踏体育用品有限公司. 二零一六年报. [EB/OL]http://data. eastmoney. com/notices/detail/02020/AN201703020376251187, JUU1JUFFJTg5JUU4JUI4JThGJUU0JUJEJTkzJUU4JTgyJUIy. html.

[2]安踏品牌官方网站. [EB/OL] http://www. anta. com/aboutanta/aboutus/story/.

[3]百度百科. 比较优势理论. [EB/OL]https://baike. baidu. com/item/比较优势理论/5026689.

[4]百度百科. 企业生命周期理论. [EB/OL]https://baike.

baidu. com/item/企业生命周期理论/618722? fr＝aladdin.

[5]百度百科. 小岛清. [EB/OL]https://baike. baidu. com/item/小岛清/2936367? fr＝aladdin.

[6]百度百科. 要素禀赋论. [EB/OL]https://baike. baidu. com/item/要素禀赋论/2617225.

[7]百度文库. 2017 年陕鼓动力企业社会责任报告. [EB/OL]https://wenku. baidu. com/view/8751c6a6c0c708a1284ac850ad02de80d4d806f9. html.

[8]报告:中国制造业产量全球第 1 整体竞争力仅第 13. [EB/OL]http://money. 163. com/15/0424/13/ANVJT7 V000252G50. html.

[9]陈查某. 微笑曲线与上游攻略——对中国手机产业的冷思考[J]. 企业管理,2003,05:85－89.

[10]陈佳贵. 关于企业生命周期与企业蜕变的探讨[J]. 中国工业经济,1995,11:5－13.

[11]陈柳钦. 全球价值链:一个关于文献的综述[J]. 兰州商学院学报,2009,25(5):22－32.

[12]陈柳钦. 有关全球价值链理论的研究综述[J]. 重庆工商大学学报(社会科学版),2009,29(5):55－65.

[13]陈柳钦. 关于全球价值链理论的研究综述[J]. 全球科技经济瞭望,2009,(12):33－45.

[14]陈明. 向德国学创新(3)中国制造 2025 学什么. 同济大学德国研究在线. [EB/OL]http://german－studies－online. tongji.

edu. cn/_s5/0f/74/c48a3956/page. psp.

[15]陈清泰. 按比较优势调整中国制造业[J]. 包装世界，2002(1)：27.

[16]陈清泰：我国劳动密集型加工制造业有极强比较优势[J]. 包装世界，2002(1)：22.

[17]陈伟. 比较优势理论与我国出口制造业发展及产业结构升级策略新析[D]. 华东政法大学 2010 年硕士学位论文.

[18]陈晓萍，徐淑英，樊景立. 组织与管理研究的实证方法[D]. 北京：北京大学出版社. 2008：70—72.

[19]崔志，王吉发，冯晋. 基于生命周期理论的企业转型路径模型研究[J]. 预测，2006，25(6)：22—27.

[20]赤诚. 山东省出台传统产业转型升级指导[J]. 中国橡胶，2014，(1)：21.

[21]大卫・李嘉图(Ricardo D.)著；晏智杰编；周洁译. 政治经济学及赋税原理[M]. 北京：华夏出版社，2013 年 7 月.

[22]大西洋集团打造焊接行业智能制造典范[N]. 中国信息化周报，2018 年 11 月 12 日，2019 年 5 月 13 日.

[23]代宏坤. 企业转型研究进展[J]. 生产力研究，2008(8)：155—157.

[24]邓欣. 浙江民营制造业升级途径研究——基于逆微笑曲线视角[J]. 经济论坛，2012，10：22—24.

[25]杜传忠，杨志坤. 德国工业 4.0 战略对中国制造业转型升级的借鉴[J]. 经济与管理研究，2015，7：82—87.

[26]杜昔月.中国对印度农产品出口波动研究——基于CMS模型的因素分解[D].广东外语外贸大学硕士学位论文,2018年6月.

[27]樊宇,吴舜泽,逯元堂,赵云皓,辛璐."微笑曲线"视角下的我国环保产业竞争力研究[J].生态经济,2015,11:47-50.

[28]冯梅.上海制造业比较优势演化与转型升级的路径研究[J].上海经济研究,2013,5:112-120.

[29]冯荷英.浅谈我国制造业转型升级问题[J].中国商贸,2012,30:234-235.

[30]富士康科技集团.公司概况.[EB/OL].http://www.foxconn.com.cn/GlobalDistribution.html.

[31]高敬峰.山东制造业比较优势与产业结构升级探讨[J].山东经济,2009,(2):155-160.

[32]高敬峰.中国制造业比较优势与产业结构升级研究[D].山东大学博士学位论文,2008年5月.

[33]高敬峰.中国制造业比较优势变化及其要素禀赋特征分析[J].商业经济与管理,2009,(4):53-59.

[34]郭惠君.中国制造业出口贸易技术结构研究[D].对外经济贸易大学博士学位论文,2018年5月.

[35]耿伟,战楠.中国制造业比较优势变迁的实证分析[J].现代财经,2006,12:24-28.

[36]胡迟.制造业转型升级:"十二五"成效评估与"十三五"发展对策[J].经济研究参考,2016,(1):3-27.

[37]韩亮,仵琳,张敬,薛梅云."微笑曲线"视角下中国客车制造行业竞争战略及其优化[J].长安大学学报(社会科学版),2016,(1):19—24.

[38]顾伟.人才引进当"以用为本"[J].中国人才,2014,(7):51.

[39]顾海.科技进步是产业结构升级的基础推动力[J].江苏社会科学,2002,1:69—71.

[40]何永达,邓云伟,赵志田.技术创新与浙江省民营经济转型升级的实证研究[J].经营与管理,2013(2):122—125.

[41]侯德元,董淑量.某锂离子动力电池厂房消防设计要点探析[J].机电信息,2017,(21):94—95转97.

[42]互动百科.罗伯特·索洛[EB/OL].http://www.baike.com/wiki/罗伯特·索洛.

[43]黄志鹏.从"代工"走向"服务"[D].复旦大学硕士学位论文,2019年10月.

[44]季良玉.技术创新影响中国制造业转型升级的路径研究[D].东南大学博士学位论文,2016年10月.

[45]锦恒汽车安全技术控股有限公司(HK:0872)北京锐意泰克汽车电子有限公司[J].汽车工程师,2012(5).

[46]阚放.推进中国在全球价值链分工中地位升级的路径研究——基于OFDI的角度[D].辽宁大学博士学位论文,2016年6月.

[47]克里斯托夫·弗里曼.技术政策与经济绩效:日本国家创

新系统的经验[M]. 南京:东南大学出版社,2008 年 3 月.

[48]康建. 影响中日吸收外商直接投资政策的因素比较[D]. 复旦大学硕士学位论文,2012 年 6 月.

[49]浪潮集团有限公司. 浪潮集团简介[EB/OL]. http://www.inspur.com/lcjtww/2314915/2315125/index.html.

[50]李廉水,杜占元. “新型制造业”的概念、内涵和意义[J]. 科学学研究,2005,23(2):184—187.

[51]李廉水,杜占元. “新型制造业”的概念及评价指标体系研究[J]. 第七届中国科学技术指标学术研讨会论文集,北京:2004 年 10 月 1 日.

[52]李瑞芳. 典型国家煤炭企业转型的经验及启示——基于产业生命周期的视角[J]. 企业经济,2016(7):115—119.

[53]李文龙,章羊. 技术创新与稀土产业转型升级的耦合机理分析[J]. 科学管理研究,2016,6:61—64.

[54]李跃,蒙永胜. 比较优势与地区制造业升级研究——以新疆为例[J]. 企业经济,2014,4:137—142.

[55]李志军. 依靠技术创新促进纺织机械行业转型升级[J]. 中国国情国力,2013(11):16—18.

[56]廖涵,谢靖,范斐. 基于出口增加值的中国制造业比较优势研究[J]. 宏观经济研究,2016,10:63—74.

[57]林春艳,孔凡超. 技术创新、模仿创新及技术引进与产业结构转型升级——基于动态空间 Durbin 模型的研究[J]. 宏观经济研究,2016,5:106—118.

[58]林毅夫.按比较优势调整中国制造业[J].领导决策信息,2002,18:26.

[59]黎继子,刘春玲,蔡根女.全球价值链与中国地方产业集群的供应链式整合:以苏浙粤纺织服装产业集群为例[J].中国工业经济,2005(2):118—125.

[60]刘志彪.全球化背景下中国制造业升级的路径与品牌战略[J].财经问题研究.2005,(5):25—31.

[61]刘常勇,刘阳春.产业升级转型的技术与市场生命周期——以新兴经济的高科技产业为例[J].中山大学学报(社会科学版),2009,49(1):187—193.

[62]刘瀚元.产品生命周期与中国贸易模式的转型——以汽车行业分析[J].港澳经济,2016,5:9—11.

[63]刘婷,平瑛.产业生命周期理论研究进展[J].湖南农业科学,2009,8:93—96转99.

[64]卢朵宝.美国制造业到底有多强[EB/OL].http://finance.eastmoney.com/news/1355,20140722403804872.html.

[65]路杨.高管团队特征对内部控制有效性的影响研究[D].重庆理工大学硕士学位论文,2010年10月.

[66]吕乃基,兰霞.微笑曲线的知识论释义[J].东南大学学报(哲学社会科学版),2010,03:18—22.

[67]吕文栋,逯春明,张辉.全球价值链下构建中国中药产业竞争优势——基于中国青蒿素产业的实证研究[J].管理世界,2005(4):75—84.

[68]马建堂. 马建堂:经济转型升级的关键是加大技术创新[J]. 中国科技产业,2013,9:13.

[69]马茹. 基于产业微笑曲线解读制造业产业升级发展[J]. 经济与管理,2015,06:63—66.

[70]马文秀. 日本的经济增长与产业结构调整[J]. 日本问题研究,2000,4:12.

[71]马永驰,季琳莉. 从“微笑曲线”看“中国制造”背后的陷阱[J]. 统计与决策,2005,5月下:132—133.

[72][美]迈克尔·波特著,陈小悦译. 竞争优势[M]. 北京:华夏出版社,1997.

[73]毛蕴诗,熊炼. 企业低碳运作与引入成本降低的对偶微笑曲线模型——基于广州互太和台湾纺织业的研究[J]. 中山大学学报(社会科学版),2011,4:202—209.

[74]毛蕴诗,张伟涛,魏姝羽. 企业转型升级:中国管理研究的前沿领域——基于SSCI和CSSCI(2002—2013年)的文献研究[J]. 学术研究,2015(1):72—82.

[75]毛蕴诗,郑奇志. 基于微笑曲线的企业升级路径选择模型——理论框架的构架与案例研究[J]. 中山大学学报(社会科学版),2013,(3):162—174.

[76]梅强,沈静. 运营视角下连锁孵化器竞争力分析——基于扎根理论的跨案例研究[J]. 科技进步与对策,2019,(1):1—9.

[77]裴长洪,彭磊,郑文. 转变外贸发展方式的经验与理论分析——中国应对国际金融危机冲击的一种总结[J]. 中国社会科学,

2011,1:77—87.

[78]青岛市社科院课题组.青岛红领集团创新模式的特点与启示[J].中共青岛市委党校:青岛行政学院学报,2001(5):70—72.

[79]邱红,林汉川.全球价值链、企业能力与转型升级——基于我国珠三角地区纺织企业的研究[J].经济管理,2014(8):66—77.

[80]任家华,王成璋.基于全球价值链的高新技术产业集群转型升级[J].科学学与科学技术管理,2005,26(1):118—121.

[81]任声策,刘颖.基于技术创新的企业转型升级[J].企业管理,2013,3:98—101.

[82]司桂霞.长三角地区高技术产业结构优化研究[D].华东师范大学博士学位论文,2015年1月.

[83]陕西鼓风机(集团)有限公司.集团介绍[EB/OL].http://www.shaangu-group.com/wzzw_list.jsp?urltype=tree.TreeTempUrl&wbtreeid=1009.

[84]陕西鼓风机(集团)有限公司.系统方案一分布式能源及能源互联岛[EB/OL].http://www.shaangu-group.com/sjwzzw_list.jsp?urltype=tree.TreeTempUrl&wbtreeid=1165.

[85]施振荣.微笑曲线[J].竞争力·三联财经.2010.4:50—52.

[86]山东省经济和信息化委员会.山东省22个重点行业转型升级典型案例汇编[EB/OL].http://www.zbeic.gov.cn/art/2016/2/3/art_2321_247497.html

[87]沈志锋，焦媛媛，李智慧，等. 企业项目选择及组合、社会网络变化与战略调整——基于城市基础设施行业的纵向案例分析[J]. 管理评论，2018，(2)：256—272.

[88]沈谦. 探究陕鼓服务模式推动陕西工业转型[N]. 陕西日报，2016 年 4 月 27 日.

[89]宋洋，王志刚. 珠三角制造业转型升级与技术创新路径研究——以新常态下 2010—2015 数据分析[J]. 2016，34(5)：61—64.

[90]孙杭生，丁庆蔚. 日本"世界工厂"繁荣期的制造业转型升级[J]. 商业研究，2010，10：170—173.

[91]孙德升，刘峰，陈志. 中国制造业转型升级与新微笑曲线理论[J]. 科技进步与对策，2017，34(15)：49—54.

[92]孙德升. 天津市万企转型升级的实施路径探析[J]. 中国商论，2014(21)：78—79.

[93]孙畅. 产业共生视角下产业结构升级的空间效应分析[J]. 宏观经济研究，2017，(07)：14—127.

[94]孙鑫. 山东省加工贸易价值链提升策略研究[D]. 中国海洋大学硕士学位论文，2013 年 6 月.

[95]慎海雄. 以"创新驱动"引领实现"中国梦"[N]. 新华每日电讯，2013 年 3 月 8 日. http://www. chinanews. com/gn/2013/03—08/4627194. shtml.

[96]索贵彬，靳素颖. 基于产业生命周期理论的矿产资源型产业转型问题研究[J]. 前沿，2015，6：52—54.

[97]田曼. 山东中行客户信用评级体系优化研究——以浪潮 A

公司为例[D]. 山东财经大学硕士学位论文,2018 年.

[98]天津锐意泰克研发新型扭矩模型 EMS 系统[J]. 农业装备与车辆工程,2013,(7):78.

[99]钛媒体. 美国制造业"兴衰"的背后[EB/OL]. http://www.tmtpost.com/1434663.html.

[100]涂颖清. 全球价值链下我国制造业升级研究[D]. 复旦大学博士学位论文,2010 年 4 月.

[101]谭黎阳. 论科技进步对产业结构变迁的作用[J]. 产业经济研究,2002,1:52—58.

[102]谭云. 大西洋:被倒逼的智能化转型[J]. 中国工业和信息化,2018,(7):68—73.

[103]谭云. 大西洋传统制造业向智能制造转型的蜕变[N]. 中国信息化周报,2018 年 6 月 25 日.

[104]万君康. 论产品生命周期理论的发展及应用[J]. 武汉商学院学报,1999(1):16—18.

[105]王一鸣,王君. 关于提高企业自主创新能力的几个问题[J]. 中国软科学,2005,(7):10—14 转 32.

[106]王福君. 比较优势演化与装备制造业升级研究——基于辽宁省的实证研究[D]. 东北师范大学博士学位论文,2009 年 5 月.

[107]王军利. 技术创新机制推动河北省产业转型升级[J]. 经济研究导刊,2014,12:46—47.

[108]王敏,冯宗宪. 全球价值链、微笑曲线与技术锁定效应——理论解释与跨国经验[J]. 经济管理研究,2013,09:45—54.

[109]王茜. 中国制造业是否应向“微笑曲线”两端攀爬——基于与制造业传统强国的比较分析[J]. 财贸经济，2013，08：98－104.

[110]王婷婷，程巍. 不同微笑曲线视角下辽宁装备制造业升级的路径选择[J]. 沈阳大学学报(社会科学版)，2016，01：13－16.

[111]王春. 码头转型：未来，做一个智能“码头医生”[J]. 智慧中国，2017，(7)：56－57.

[112]王志. 浪潮集团：6 次打破服务器技术世界纪录勇攀世界“高峰”，2015 年 4 月 27 日[EB/OL]. http://business. sohu. com/20150427/n411971761. shtml.

[113]韦小鸿，张伟伟. 基于产业生命周期理论的珠三角传统优势产业转型政策研究[J]. 沿海企业与科技，2015，5：3－7.

[114]魏志强. 从微笑曲线到穹顶弧线[N]. 东方烟草报，2015 年2 月 10 日.

[115]文嫮，曾刚. 嵌入全球价值链的地方产业集群发展——地方建筑陶瓷产业集群研究[J]. 中国工业经济，2004(6)：36－42.

[116]文嫮，张生丛. 价值链各环节市场结构对利润分布的影响——以晶体硅太阳能电池产业价值链为例[J]. 中国工业经济，2009，05：150－160.

[117]吴家曦，李华燊. 浙江省中小企业转型升级调查报告[J]. 管理世界，2009(8)：1－5 转 9.

[118]吴敬琏. 向“微笑曲线”两端延伸[J]. 新经济导刊，2010，08：12－13.

[119]吴巧君. 为智能科技企业提供全流程服务[N]. 天津日

报，2018年7月2日.

[120]魏昕，廖小东. 富士康内幕：全球最大代工企业成长真相[M]. 重庆出版社，2010年10月.

[121]习近平在亚太经合组织工商领导人峰会开幕式上的演讲(全文)，新华网，2014年11月9日[EB/OL]. http://politics.people.com.cn/n/2014/1109/c1001-25999767.html

[122]肖新艳. 全球价值链呈现"双曲线"特征——"微笑曲线"和"彩虹曲线"[J]. 国际贸易，2015，08：38-40.

[123]徐欣. 技术升级投资与产品成本优势效应的实证研究——基于产品技术生命周期与工艺创新的视角[J]. 科研管理，2013，34(8)：82-89.

[124]许晖，许守任，王睿智. 嵌入全球价值链的企业国际化转型及创新路径——基于六家外贸企业的跨案例研究[J]. 科学学研究，2014，32(1)：73-83.

[125]许庆瑞，吴志岩，陈力田. 转型经济中企业自主创新能力演化路径及驱动因素分析——海尔集团1984—2013年的纵向案例研究[J]. 管理世界，2013(4)：121-134.

[126]谢泗薪，吴叶兵. 民航企业资本运营体系再造与战略创新[J]. 空运商务，2012(4)：4-8转10.

[127][英]亚当·斯密(Adam Smith)著，谢宗林，李华夏译. 国富论[M]. 北京：中央编译出版社，2016年9月.

[128]雅迪集团控股有限公司. 走进雅迪[EB/OL]. http://www.yadea.com.cn/about/index.html.

[129]杨桂菊,刘善海. 从 OEM 到 OBM:战略创业视角的代工企业转型升级——基于比亚迪的探索性案例研究[J]. 科学学研究,2013,31(2):240—249.

[130]杨林,曾繁华. 微笑曲线视角下的我国制造业竞争策略及其演化[J]. 科技进步与对策,2009,26(16):59—62.

[131]杨永华. 国际分割生产条件下的我国制造业比较优势分析[J]. 国际贸易问题,2013,01:4—16.

[132]杨勇军,匡建国. 生命周期视角下的广东中小工业企业转型与成长探讨[J]. 2015,15:123—126.

[133]伊查克·爱迪思(Ichak Adizes)著,王玥译. 企业生命周期[M]. 北京:中国人民大学出版社,2017 年 10 月.

[134]于喜展,隋映辉. 基于生命周期的资源产业转型与科技创新互动研究[J]. 内蒙古社会科学(汉文版),2009,30(5):105—109.

[135]余建形,徐维祥,楼杏丹. "微笑曲线"和高技术产业发展[J]. 经济问题探索,2005,09:86—88.

[136]余志良,谢洪明. 技术创新政策理论的研究评述[J]. 科学管理研究,2003,21(6):32—37.

[137][美]约瑟夫·熊彼特. 经济发展理论[M]. 北京:商务印书馆,1990.

[138]岳琪琳. 比较优势与地区制造业升级研究——以新疆为例[J]. 经济论坛,2010,7:77—79.

[139]岳文厚,白津夫. 美国:超级大国的"再工业化"之路[EB/

OL]. http://news. hexun. com/2017—06—28/189814010. html.

[140]张才明. 产品生命周期对产业转型升级的启示[N]. 韶关日报,2012年11月3日第A03版.

[141]张凤海,侯铁珊. 技术创新理论述评[J]. 东北大学学报(社会科学版),2008,10(2):101—105.

[142]张海波. 中国制造业的比较优势与发展战略[J]. 统计与决策,2006,(12):120—122.

[143]张辉,王缉慈. 全球价值链下的西班牙鞋业集群[J]. 温州论坛,2005(1):37—43.

[144]张会恒. 论产业生命周期理论[J]. 财贸研究,2004,6:7—11.

[145]张伟. 科技型小微企业成长制约因素分析[J]. 河南广播电视大学学报,2019,(1):26—28.

[146]曾繁华,何启祥,冯儒等. 创新驱动制造业转型升级机理及演化路径研究——基于全球价值链治理视角[J]. 科技进步与对策,2015(24):113—120.

[147]郑长征. 发达国家怎样"补短板"实现制造业转型升级[EB/OL]. http://www. ccidgroup. com/sdgc/7947. htm.

[148]中国国家统计局. 制造业分类 http://www. stats. gov. cn/tjsj/tjbz/hyflbz/201310/P020131023305383704163. pdf.

[149]赵新华,李晓欢. 科技进步与产业结构优化升级互动关系的实证研究[J]. 科技与经济,2009,(4):12—16.

[150]赵桐. 双重价值链视角下京津冀地区装备制造业产业升

级研究[D].燕山大学博士学位论文,2018 年 11 月.

[151]浙江频道——人民网.年销售 2000 万美元圣德义把跨境电商做得风生水起[EB/OL].http://zj.people.com.cn/n2/2019/0123/c186941－32564070.html.

[152]杜朝晖.发达国家传统产业转型升级的经验及启示[J].宏观经济管理,2017,(6):87－92.

[153]刘勇.传统产业转型升级的困难与对策[J].中国经贸导刊,2019,(2):58－60.

[154]白昌易."互联网＋"中国传统产业高质量转型升级研究[J].东北财经大学学报,2019,(3):39－45.

[155]张公嵬、薛晓光.在转型升级中做强做精传统产业[N].经济日报,2014 年 8 月 26 日第 016 版.

[156]赵立昌.互联网经济与我国产业转型升级[J].当代经济管理,2015,(12):54－59.

[157]殷小丽.互联网金融对产业结构升级的影响探析[J].现代经济探讨,2018,(12):110－114.

[158]石喜爱,季良玉,程中华:"互联网＋"对中国制造业转型升级影响的实证研究——中国 2003－2014 年省级面板数据检验[J].科技进步与对策,2017,(22):64－71.

[159]魏艳秋,和淑萍,高寿华."互联网＋"信息技术服务业促进制造业升级效率研究基于——DEA－BCC 模型的实证分析[J].科技管理研究,2018,(17):195－202.

[160]余菲菲,高霞.产业互联网下中国制造企业战略转型路

径探究[J]. 科学学研究,2018,(10):1770—1778.

[161]张银银,邓玲. 创新驱动传统产业向战略性新兴产业转型升级:机理与路径[J]. 经济体制改革,2013,(5):97—101.

[162]李少林. 战略性新兴产业与传统产业的协同发展——基于省际空间计量模型的经验分析[J]. 财经问题研究,2015,(2):25—32.

[163]陆立军,于斌斌. 传统产业与战略性新兴产业的融合演化及政府行为:理论与实证[J]. 中国软科学,2012,(5):28—39.

[164]苑清敏,赖瑾慕. 战略性新兴产业与传统产业动态耦合过程分析[J]. 科技进步与对策,2014,(1):60—64.

[165]万文海,孙锐. 传统产业借力 O2O 进行创新性转型升级的路径与政策研究——以福建鞋服产业为例[J]. 甘肃社会科学,2016,(3):250—255.

[166]徐宗本,冯芷艳,郭迅华,等. 大数据驱动的管理与决策前沿课题[J]. 管理世界,2014,(11):158—163.

[167]许振亮. 国际技术创新研究前沿与学术群体可视化分析[D]. 大连理工大学博士学位论文,2010 年 1 月.

[168]谢兰璋. 服务贸易的比较优势分析及对我国的启示[J]. 武汉船舶职业技术学院学报,2011,(1):58—61.

[169]谢家智,姚领,叶盛. 促进制造业转型升级的金融服务机制重塑研究[J]. 当代经济研究,2019,(3):73—83 转 113.

[170]宗丹青,韦储学. 跨国供应链的理论探讨[J]. 企业改革与管理,2016,(10):25.

[171]仵志浩. 宁波纺织服装产业转型升级研究：以全球价值链为视角[J]. 北方经济，2011，(9)：41－42.

后　记

本书是天津社会科学院重点研究课题《中国制造业转型升级问题研究》的最终成果，也是我在2018年南开大学和中国科学技术发展战略研究院博士后研究报告的基础上完成的，凝聚了我多年的心血。此书历经多次修改，最终完成，尽管还存在很多不足，但能够付梓，还是一大幸事。

更值得庆幸的是，本书的最终出版受到了天津社会科学院学术著作出版基金的资助，感谢天津社会科学院学术委员会专家们的支持与鼓励。

本书在成稿过程中，受到了天津社会科学院、南开大学、中国科学技术发展战略研究院很多领导、老师和同事的亲切关怀和无私帮助，没有他们，本书很难最终完成，顺利出版。在此，不一一具名，我谨向他们表示衷心的感谢。

感谢我的父母、岳父母和妻子对我做科研工作的理解和支持，没有亲人的无私帮助，本书很难出版，谢谢他们！

最后，将本书献给我两个聪明可爱的女儿，在写书期间不得不减少和她们相处的快乐时光，借此机会祝她们快乐茁壮地成长。

孙德升

2020年8月于北京家中